国家级一流本科专业建设点成果
外交部澜湄职业教育基地建设成果

旅游电子商务实务与案例分析

主　编　刘　燕
副主编　陈永涛　岩温罕
参　编　高　姗　李永芬
　　　　赵蔚霞　朱　逾

湘潭大学出版社
XIANGTAN UNIVERSITY PRESS

图书在版编目（CIP）数据

旅游电子商务实务与案例分析 / 刘燕主编. -- 湘潭：
湘潭大学出版社，2023.5
ISBN 978-7-5687-1130-2

Ⅰ. ①旅… Ⅱ. ①刘… Ⅲ. ①旅游业—电子商务—教
材 Ⅳ. ①F590.6-39

中国国家版本馆 CIP 数据核字（2023）第 102457 号

旅游电子商务实务与案例分析

LÜYOU DIANZI SHANGWU SHIWU YU ANLI FENXI

刘燕 主编

责任编辑：丁立松
封面设计：十 一
出版发行：湘潭大学出版社
社　　址：湖南省湘潭大学工程训练大楼
电　　话：0731-58298960 0731-58298966（传真）
邮　　编：411105
网　　址：http://press.xtu.edu.cn/
印　　刷：长沙印通印刷有限公司
经　　销：湖南省新华书店
开　　本：710 mm×1000 mm 1/16
印　　张：16.5
字　　数：270 千字
版　　次：2023 年 5 月第 1 版
印　　次：2023 年 5 月第 1 次印刷
书　　号：ISBN 978-7-5687-1130-2
定　　价：58.00 元

前　言 *PREFACE*

近年来，旅游电子商务在国内以超乎想象的速度发展，几乎覆盖了旅游行业的所有业态，越来越多的旅游企业正在通过电脑客户端和移动客户端的旅游电商平台来实现自身经营目标，无处不在的旅游电子商务经营业务已经成为旅游企业在“互联网+”背景下的创新盈利模式。在线旅游日趋成熟，庞大的在线旅游市场是任何一个旅游企业都不能忽视的，抢占在线客源市场、开拓在线市场渠道刻不容缓。这也给旅游教育工作者提出了新的课题，那就是如何培养既掌握旅游业务知识又熟悉电子商务应用的人才，以适应当今旅游行业的需求。我们编写这本教材的初衷就是想在这方面做一些初步的探索。

电子商务作为互联网经济的外在表现和实质行为正强烈地冲击着全球旅游业。同时，作为信息密集型和信息依托型产业的现代旅游业，又非常适合开展电子商务，而旅游电子商务的发展，也催生了旅游企业、旅游市场和旅游消费行为模式的巨大变化。旅游电子商务是随着信息技术在旅游业中的深入应用，新形成的一门典型的应用学科。有关旅游电子商务的研究是一个全新的领域，它是电子商务发展的一个行业分支，既具有电子商务普遍的特性，又具有其独特性。因此，不能简单地将电子商务披上旅游的外衣，而应形成旅游电子商务独立的教学内容。

由于信息技术发展变化十分迅猛，旅游电子商务又是一门在不断发展变化的学科，为此，本教材编写的指导思想，是注重完善旅游专业学生的知识结构，提升学生的信息素养，培养学生运用已有知识独立地、创造性地分析问题、解决问题的能力，更好地适应行业和社会发展的需要。本书为了开拓学生的相关视野与思维，不仅传递常规的一些通用理念和方法，介绍目前一些已经成熟的旅游电子商务技术，而且还积极关注旅游业的行业特色与发展趋势，对于旅游电子商务的一些理论、模式与案例也有涉及，力求反映最新的理念与技术动态。

现代旅游企业电子商务应用战略的主要目标集中在两个方面：第一，有效进行营销活动，树立企业形象，传递产品信息和服务信息，开发新的客源市场，维持现有客户资源；第二，对企业内部资源进行合理化配置，提高资源利用率，降低运营成本。

在本书编写过程中，相关内容参考了许多最新的学术与学位论文，在此表示衷心的感谢！由于关于旅游电子商务教学实践方面的系统研究还较少，再加上编者水平有限，其中的一些想法和尝试还在探索之中，所以本书在内容及结构体系上难免有不当之处，望学术同仁不吝赐教，以便在今后的教学实践中得以完善和提高。

目 录 CONTENTS

第一章

旅游电子商务概述

20世纪80年代以来，伴随着互联网的高速发展和普及，以此为基础的电子商务应运而生，并以惊人的速度蓬勃发展。作为国民消费的重要组成部分，旅游也不可避免地受到了互联网经济的影响，电子商务已经逐步渗透到旅游行业的各个角落。

第一节　旅游电子商务的概念及优势

一、旅游电子商务的概念

（一）旅游电子商务定义

旅游电子商务是电子商务在旅游业这一具体产业领域的应用，是通过现代网络信息技术手段实现旅游商务活动各环节的电子化，包括信息发布、电子交易、信息交流、客户管理、网上预订和支付、售前售后服务，也包括旅游企业内部的电子化及管理信息系统的应用，利用信息技术改造商务流程，从而高效地开展旅游服务。

旅游电子商务开始于互联网诞生之前的EDI时代，并随着互联网的普及而飞速发展，移动网络、多媒体终端、语音电子商务等新技术的发展不断丰富和扩展着旅游电子商务的形式和应用领域。

（二）旅游电子商务内涵

从技术基础来看，旅游电子商务是采用数字化电子方式进行旅游信息数据交换和开展旅游商务活动，是现代信息技术与旅游商务过程的结合，是旅游商务流程的信息化和电子化。

从应用角度来看，旅游电子商务，一是面向市场的经营活动，如网上发布旅游信息、旅游市场调研、售前咨询、网上订购、网上支付、网上分享点评等；二是利用网络重组和整合旅游企业内部的经营管理活动，包括旅游企业建设内联网，依托企业管理信息系统、客户关系管理系统等实现旅游企业内部管理信息化。

从系统环境看，旅游经济活动基于 Internet 的开展还需要有环境的支持，包括旅游电子商务的相关法规、运行规范，旅游行业管理机构对旅游电子商务活动的引导、协调和管理，旅游电子商务的支付与安全环境等。

（三）旅游电子商务的分类

旅游电子商务按照不同的标准，有多种分类方法。这里重点介绍按照旅游电子商务的交易类型分类，以及线上线下结合实现旅游电子商务的模式类型。

1. 按交易类型分类

（1）B2B

B2B（Business to Business，B2B）模式指旅游商家之间的电子商务交易，是依托互联网，旅游同业间的交易平台，其基本功能是通过信息化手段，聚合供应商和经销商，打通双方的信息不对称，便于双方进行交易。旅游业是一个由众多子行业构成、需要各个子行业协调配合的综合性产业，食、宿、行、游、购、娱各类旅游企业之间存在着复杂的代理、交易、合作关系。B2B 电子商务的实现，极大地提高了旅游企业间的信息共享和对接运作效率，也提高了整个旅游业的运作效率。

这种交易模式主要包括旅游电子信息公布、旅游网上谈判、旅游商品交易三个部分。旅游电子信息公布采用了网络信息检索方式向各旅游企业发布相关信息；旅游网上谈判一般采用网络可视电话和网络安全数据传输相结合的方式，一旦签订旅游合同，就可以进入旅游产品交易阶段。

旅游电子商务中，B2B 模式按业务内容可划分为以下四种形态。

①旅游企业之间的产品代理，如旅行社代订机票，旅游代理商代售旅游批发商的旅游产品等。

②旅游组团之间相互拼团，也就是当两家或多家旅行社经营同一条旅游线路，并且出团时间相近而每个团的客人比较少时，旅行社征得游客同意后

将客源合并，交给其中一家旅行社操作，以实现规模化运作，从而降低成本。

③旅行社批量订购当地旅游饭店客房、景区门票。

④客源地组团社与目的地地接社之间的委托、支付关系。

（2）B2C

B2C（Business to Consumer，B2C）旅游电子商务交易模式指旅游商家与旅游消费者之间的电子商务交易，也就是电子旅游零售。这种交易模式可以让旅游者足不出户就能通过网站获得各种旅游信息和服务。交易时，旅游者先通过网络获取旅游相关信息，然后在网上自主设计旅游活动日程表，预订旅游饭店客房、车船机票等，或报名参加旅行团。

对旅游业这样一个客户高度地域分散的行业来说，旅游 B2C 电子商务方便旅游者远程搜寻、预订旅游产品，克服距离带来的信息不对称。当旅游消费者使用主页中的各种资源，最终确定购买自己中意的旅游产品之后，旅游电子商务网站就先把预订信息通过网络发送到旅游公司，然后接到预订信息的旅游公司将旅游消费者和旅游商品的相关信息发送到银行认证中心进行认证并登记，最后再由旅游公司将各种票据和凭证送到旅游消费者手中，通过网上支付系统获得旅游消费者支付的款项。

通过旅游电子商务网站订房、订票，是当今世界应用最为广泛的电子商务形式之一。另外，旅游 B2C 电子商务还包括旅游企业对旅游者拍卖旅游产品，由旅游电子商务网站提供中介服务等。

（3）C2C

C2C（Customer to Customer，C2C）是个人与个人之间的电子商务。在中国 C2C 市场，最著名的就是淘宝。在旅游电子商务领域，国内的短租平台均是出自对短租行业的鼻祖美国 Airbnb 网站的模仿，主要形态是以“蚂蚁短租”和“小猪短租”为代表的 C2C 模式，就是搭建平台让租客和房东直接沟通。这种草根式的在线短期租房模式被业界称为租房界的“淘宝网”。

以蚂蚁短租为例，它在提供一个信息平台的同时也提供了交易的平台，无论是房东还是租客，在注册验证后都可以轻松提供或查找租赁信息；同时，网站提供第三方的资金管理、房东房屋的验证、信息确认、退房保障等服务。作为一个交易平台，用户的订金首先会打到蚂蚁短租的账上，等用户去到实地住了并且没有什么问题，蚂蚁短租才会把钱打给房东。如果描述不符或者房东没有留房等，蚂蚁短租负责赔付。这种为双方担保的平台交易模式无论是对房东还是对房客都是安全的。

（4）C2B

C2B（Customer to Business，C2B）交易模式是由旅游者提出需求，然后由企业通过竞争满足旅游者的需求，或者是由旅游者通过网络链接成群体与旅游企业讨价还价。旅游 C2B 电子商务的“反向拍卖”是竞价拍卖的反向过程。由旅游者提供一个价格范围，求购某一旅游产品服务，由旅游企业出价，出价可以是公开的或是隐蔽的，旅游者将选择认为质价合适的旅游产品成交。在国外旅游电商 Priceline 的网站上，游客可以在平台上实现限定一个价格区间，旅游网站安排设计行程，从而实现“你出价，我安排”的个性化互动体验。旅游 C2B 电子商务的“反向定制”是基于大数据来统计客户的偏好并设计出相应的旅游产品，以提升消费者在旅行中的体验以及带来更多的实惠。

2. 线上线下模式 O2O

（1）O2O 的定义

O2O（Online to Offline，O2O）线上服务到线下服务。互联网行业加上旅游，就是一个很典型的 O2O 模式。将线下商务机会与互联网结合在一起，让互联网成为线下交易的前台，通过互联网聚合线下闲散的资源，消费者线上筛选并进行支付，而后线下消费。

追溯中国 O2O 模式，携程旅行网可以说是中国最早的 O2O 模式，只是早期模式仅注重信息流的传递，资金流和服务流一般在线下实现。而团购模式的出现，将信息流与资金流一举通过线上实现，商业流与服务流在线下实现，但团购仅仅是 O2O 市场的极小缩影。

①线上 Online：对消费者来说线上展现能力更加丰富、全面，能降低消费者比价成本，消除支付门槛，点评、反馈更易实现。对商家来说可以更好地记录、收集消费者消费行为信息，为精准营销提供便利。

②线下 Offline：提供真实、直观的消费体验，弥补线上交易的缺陷。线上支付，线下消费。O2O 可以通过打折、提供信息、服务等方式，把线下商店的消息推送给线上用户，进而将他们转换为线下客户。

（2）O2O 模式的在线旅游应用

O2O 适合应用于非标准化、个性化的必须进行线下交互或交付的商品及服务，如酒店、机票、度假线路、租车等旅游产品。飞机订票是一项相当普及的O2O服务应用，随着电子机票的普及，旅客可以在网上订购飞机票，然后到现实的机场去接受航空旅行服务；同样，对传统租车市场模式产生颠覆性影响的打车软件电召出租车业务，也是O2O模式的典型应用。

旅游服务与传统的商品交易有很大的不同，旅行是一种复杂的服务产品，从产品预订，到过程消费，再到售后保障，需要强大的体系化服务。在线预订只是旅游服务过程的一部分，还需要有完整的线下服务，特别是目的地接待体系，才能有效地完成旅游消费服务，并且保障旅游服务质量。

二、旅游电子商务的优势

（一）旅游与网络的契合性

旅游业是信息密集型产业和信息依托型产业，而网络本身具有廉价、快速、便捷、手段多样等特性，旅游业与电子商务的结合必定给其发展带来新的生机和活力。旅游业是目前公认的最容易与电子商务整合的行业之一，且旅游电子商务已成为全球电子商务的第一大行业。电子商务由于其高速度、高精确度和低运行成本，非常适合处理像旅游业这样远距离、多批次的小额交易。互联网超越时空的特点，将旅游经营者与旅游消费者连在一起，使无限多的信息交换成为轻而易举的事情。

（二）适合跨国界合作和跨空间运作

自20世纪80年代以来，国际旅游业迅速发展，国际旅游消费提出的快速反应和产品灵活机动的要求，使传统的操作方式和技术已经远远跟不上时代的需要。国际化的旅游业，需要解决旅游产品信息和旅游交易信息的跨国传递、资金的跨国结算等问题，其涉及众多的单位以及相关的业务，至少涉及两国以上的语言和法律，操作中的票据、票证、文件繁多，处理过程繁杂。信息技术的发展尤其是Internet的形成，给国际旅游业的发展提供了有力保障。Internet完全不同于传统媒体，它是互动的、开放的、多媒体结合的、不受时空限制的。利用互联网跨国交流信息的平均成本和边际成本极为低廉；国际旅游业通过互联网直接传递和处理电子单证，既节约了纸单证的制作费用，又可以缩短交单结汇的时间，加快了资金周转，节省了开支。

（三）旅游产品自身特点适合电子商务

旅游产品是指旅游经营者通过开发、利用旅游资源提供给旅游者的旅游吸引物与服务的组合，它不是以物质形态表现出来的一个具体劳动产品，而是以多种服务表现出来的无形产品。旅游产品的电子商务，与实物的电子商务，最大的不同在于，前者具有不可复制性和超强的时效性。

1. 旅游产品一般由旅游资源、旅游服务设施和旅游交通等方面组成，这些方面决定了旅游产品具有不可移动和不可储藏的特点，其生产和销售的过程是在服务的过程中同时完成的，而且消费过程是旅游者向旅游目的地进行移动，因此，在电子商务的实现上，基本不需要物流配送环节。

2. 旅游产品包含大量相关的食、住、行、游、购、娱等产品信息。旅游销售的过程其实质就是将各类信息传递到旅游需求人群的信息传递过程。由于旅游产品的这些特性，发展旅游电子商务的条件可谓得天独厚。

3. 旅游产品的消费与其他商品消费不同。游客在实现旅游消费之前，是看不到旅游产品的实物的，因此，对于旅游者来说，旅游信息的充分与否非常重要，而传统的旅行社与游客之间往往信息不对称，电子商务可以弥补这一不足。旅游者在购买旅游产品之前可以通过浏览旅游企业的网站，获取更充分的产品信息以指导自己的购买行为；对于旅游景点来说，也可以将景点的特色、人文景观、服务设施和交通情况等，以图、文、声、像的方式发布到互联网上，供全球范围的消费者查询浏览，为游客提供大量丰富的旅游信息，吸引大批潜在的游客前往实地游览。

（四）能较好地集聚分散的旅游客户资源

过去居于主流的团队旅游，正被个性化、零散化的旅游消费所代替。仅从信息服务这一点来看，散客旅游带给传统旅游经营者大量的咨询业务量，效率低下，成本昂贵。而旅游电子商务可以为消费者提供目的地预览和决策参考信息，这种服务是全天候、跨地域的。传统旅行社在散客接待上力不从心，根本原因是由于单个旅行社的客源量和信息流量有限，造成无法使购买个性旅游线路的旅游者聚集，无法发挥旅行社规模经营的优势。而通过互联网提供可视的、可查询的、可实时更新的信息平台，通过旅游经营者和旅游消费者对旅游市场的参与，网上成团和网上拼团得以实现。

第二节　旅游电子商务的兴起及发展

旅游电子商务在国外的起步比国内要早，其在国内外的发展环境与发展程度并不相同。下面分别对旅游电子商务在国外和国内的兴起与发展进行介绍，对两者的发展状况做对比，并着重对国内旅游电子商务发展过程中存在的问题及发展条件进行分析。

一、国外旅游电子商务的兴起与发展

按照信息技术尤其是计算机预订系统的应用，主要结合美国的旅游电子商务发展情况，可将旅游电子商务的发展历程分为以下四个阶段。

（一）萌芽阶段

美利坚航空公司联合 IBM 于 1959 年开发了世界上第一个计算机订位系统 Sabre，这是旅游电子商务萌芽阶段的标志。Sabre 最初用于改善电话电传的应用，提高业务管理的效率，后来逐步演变为一个复杂的计算机预订系统。在此之后，各航空公司迫于竞争的压力都逐步开发了自己的预订系统。

（二）发展阶段

1978 年，美国出台航空管制取消法案，游客购买机票的选择范围越来越大，迫切需要建立一个有效的预订和销售体系，这一需求的结果是通过计算机与通信技术的应用，将预订系统延伸至旅行代理商。到 1982 年，大约 82% 的旅行代理商都在使用计算机预订系统。到 1985 年，计算机预订系统可以开展各种业务，包括订购机票、预订饭店客房、预约租车等，销售面和应用领域不断扩大。

（三）繁荣阶段

1994 年底，也就是现代电子商务产生的前夜，美国开始出现新式的电子机票，实行“无票旅行”方式，这标志着旅游电子商务的繁荣时代已经到来。与此同时，各种计算机预订系统层出不穷并相互联网，形成网中网的格局。尤其随着互联网的迅速发展，预订系统逐渐成为立体化、全球性的促销与预订计算机系统。信息的通畅、易获得性使游客足不出户就可以安排旅行活动，甚至能够在网络上进行虚拟旅行。1995 年 9 月 25 日至 27 日，由美国国家旅游局、世界旅游组织、世界旅游理事会等机构举办的世界信息技术与旅游会议在美国密苏里州堪萨斯城举行，这次会议进一步推动了旅游电子商务的进程。德国从 1996 年 3 月开始推行无票旅行，乘客使用航空公司发出的一张芯片卡（Chipcard）可直接办理登机手续。截至 1996 年 7 月，美国已有 53%的旅行商提供无票旅行服务，21%的旅行商上了互联网。

（四）成熟阶段

据美国一研究机构统计，1999 年全美的旅游电子商务销售额为 70 亿美元，而 2000 年美国旅游电子商务销售额达到了 130 亿美元，占全球旅游电子商务销售总额的 20%以上，旅游电子商务消费者人数由 1999 年的 1100 万增加到 2000 年的 2100 万。据美国旅游协会的调查结果，2000 年度美国共有 5900 万人上网查询旅游目的地、价格及日程等信息，人数在过去 3 年中增长了 395%。在这一群体中，2500 万人实际上利用电子方式购买了旅游产品或服务，人数自 1997 年以来上升了 384%。类型功能比较齐全、涵盖旅游业各个方面的网上旅游产业体系由此开始形成。旅游电子商务网站主要包括两大类：一为在线旅游服务代理商模式，其代表为 Expedia 和 Travelocity；二为在线销售公司模式，其代表是 Orbitz 和 Travelweb。作为世界上经济水平和信息技术最发达的国家，美国具有良好的经济基础和先进的技术条件，再加上人们消费观念超前、收入水平高、休闲时间充裕，美国旅游电子商务日益成熟。PhoCusWright 的调查数据显示，2007 年的美国在线旅游市场总值达到 910 亿美元，美国 51%的旅游产品是通过在线预订完成的。PhoCusWright 估计在 2009 年至少完成过一次休闲旅游的美国互联网用户人数将达到 11200 万，这些旅游者人数占到美国人口总数的 49%。

从旅游电子商务规模看，据美国 comScore 公布的一项数据显示，2012 年美国旅行电子商务交易额突破 1000 亿美元，同比增长 9%。其中，航空旅行占比高达 65%，酒店占比 19%，美国在线旅游市场规模约为中国的 4 倍。同时，以独立用户访问量排名的全球网站 TOP1000 中旅游网站共 22 家，其中美国就占 14 家，份额高达 63.6%，成为全球旅游网站的重要组成部分。

从在线旅游市场结构看，美国机票在线预订业务以航空公司直销为主，大型第三方在线旅行服务代理商未将机票在线预订列入重点业务；酒店在线预订则是第三方在线旅行服务代理商和旅游社区的主要业务，市场保持稳步快速增长；度假旅游业务发展速度较快，2012 年，同比增长 10%，但网上入口较少，仅占在线旅游交易额的 5.0%，度假产品的能量尚未得到释放，发展潜力巨大；在线租车在美国发展时间较长，很多第三方在线旅行服务代理商都参与了这项业务，2012 年，交易额达到近 97 亿美元，占比 9.4%，市场相对成熟。

美国是现代旅游业发达的国家之一，其旅游收入曾多年稳居世界第一。在新冠疫情暴发之前，2016 年，美国旅游业占到全球旅游业 GDP 的 20%，对美国当年 GDP 贡献了 1.5 万亿美元，即 8.1%的比重。2019 年，美国旅游业总营收 2141 亿美元，仍旧让美国成为全球旅游收入最高的国家。2020 年开始，受疫情影响，各国旅游业几乎都处于停滞状态，导致很多西方发达国家无法吃到旅游业这块经济增长“大蛋糕”，美国也是其中之一。数据显示，2020 年 1 月至 10 月，美国旅游业收入损失超过 1472 亿美元，并影响了约 1500 万旅游业从业者，他们面临着收入降低以及失业的风险。

二、国内旅游电子商务的兴起与发展

相对而言，我国旅游电子商务的建设落后于西方发达国家，目前尚处于起步和发展阶段。从信息技术的应用来看，计算机技术真正应用于我国旅游企业是在 20 世纪 80 年代初期。1981 年，中国国际旅行社引进美国 PRIME550 型超级小型计算机系统，用于旅游团数据处理、财务管理和数据统计。1984 年，上海锦江饭店引入美国 Conic 公司的计算机管理系统，用于饭店的预订排房、查询、客户账务处理。在此之后，航空公司的网络订票系统、旅游企业办公自动化系统等计算机系统在旅游企业开始得到逐步推广，然而能实现全球预订的网络还是极少。从旅游信息的提供来看，还存在着信息渠道不畅和失真的现象，更不用说获取信息的迅速与便捷。因此，面对来自国际旅游一体化大市场的信息化浪潮的挑战，为了避免被淘汰，必须加快我国旅游业信息化建设的步伐。

为适应旅游业的迅速发展，国家旅游局从 1990 年起开始实施信息化管理并筹建信息中心，先后投资了 1000 多万元用于机房改造和设备的配置，并根据客观实际与发展的可能性，建设了一些旅游信息网络及信息传递系统。1994 年，信息中心独立出来为国家旅游局和旅游行业的信息化管理提供服务和管理技术。起步于 1992 年的国家旅游局旅游管理业务网，经过 1997 年的大规模改造，建设成为内部办公网络。当时，在国家旅游局内部已普及了电脑和业务流程的网络化管理，其也成为中央机关第一批上网的单位。

国家旅游局在1997年就开通了中国旅游网，为“三网一库”总体目标中的公众信息网建设打下了基础。2000年，信息化建设最主要的成果包括三个方面：首先是启动了建设中心主站的工作，网络节点增加了4倍，实现了全局机关和直属单位的人员都能够上网；其次是建立了节假日旅游预报系统，在旅游高峰到来之前做好准备，把全国各地的旅游情况及时汇总到国家旅游局；最后是根据国家“十五”规划要求在2000年下半年制定出实施信息化建设的总体框架，并确定了相关的技术方案和技术规划。

2001年，国家旅游局全面推动信息化建设的重大项目“金旅工程”的实施，建立覆盖全国各省、计划单列市、重点旅游城市的管理业务网络节点，开始通过网络进行业务数据处理。目前国家旅游网站已链接了30个省市旅游管理部门的网站，各地方网站已经开始介绍当地旅游资源，提供旅游相关信息。

基于我国旅游业的蓬勃发展，我国旅游电子商务正处于发展上升的加速期，面临着巨大的发展机遇。目前我国已经成功实现了由旅游资源大国向世界旅游大国的跨越。2008年，我国旅游业虽然连续遭受金融危机和各种突发事件、不利因素的冲击，但是面对严峻的旅游市场形势，全国旅游行业克服困难，总体上保持了平稳发展，旅游业总收入为1.16万亿元人民币，比上年增长5.8%。旅游经济大环境的蓬勃发展为旅游电子商务创造了良好的氛围，联合国世界旅游组织预测，5年之内旅游电子商务将占全球所有旅游交易的25%，其在电子商务中的比重将达到20%~25%。

由于国家相关政策的支持以及整个经济的高速发展，近年来旅游互联网站如雨后春笋般涌现。短短的几年时间内，全国各种规模的旅游网站和旅游频道已发展到50000多个，成为旅游业内发展最快、资本最密集、科技含量最高的新兴产业群。这些旅游网可分为六大类。

（1）全国性的旅游网，如携程旅行网（http：//www.ctrip.com）、一起游（http：//www.17u.com）、乐途旅游网（http：//www.lotour.com）、中旅在线（http：//www.ctsol.com）。

（2）一些以订房、订票、订团为主的旅游网站，如信天游（http：//www.travelsky.com）等。

（3）地区性、区域性的旅游网，如山西旅游数码港（http；//www.sxta.com.cn）。

（4）一些综合性门户网站的旅游频道，如新浪网、搜狐网、网易等的旅游频道。

（5）旅游机构和企业为宣传自身形象而制作的网页，如中华人民共和国文化和旅游部（http：//mct. gov. cn），云南文化和旅游厅（http：//dct. yn. gov. cn）等。

截至2016年12月，网上预订机票、酒店、火车票或旅游度假产品的网民规模达到2. 99亿人，较2015年年底增长3967万人，增长率为15. 3%。网民使用网上预订火车票、机票酒店和旅游度假产品的比例分别为34. 0%、15. 9%、17. 2%和7. 4%。其中，手机预订机票、酒店、火车票和旅游度假产品的网民规模达到2. 62亿人，较2015年年底增长5189万人，增长率为24. 7%。我国网民使用手机在线旅行预订的比例由33. 9%提升至37. 7%。美国联合市场研究（ Alied Market Research）机构最近公布的一份研究报告预测，全球在线旅游领域的市场规模到2022年将达到1. 091万亿美元。

随着旅游电子商务市场整体规模不断扩大，越来越多的资源类企业、互联网平台类企业、客户服务型企业进入这个充满活力而又广阔的市场，其中不乏京东、苏宁、腾讯、百度、盈科律师事务所等企业，我们可以看到旅游电子商务市场的吸引力。

（6）一些专题性个人旅游网站。

然而，由于国内各地区和行业的发展程度参差不齐，电子商务模式尚在探索中，尽管市场发展潜力巨大，但欲发展成熟还需要较长的时间。目前全国性旅游网站基本集中在北京、上海和广东这几个较发达地区，多数省份只有少数的旅游电子商务网站。

此外，我国的旅游交通和旅游区的电子商务程度总体并不高。交通业中的民航正在建立全球预订系统。车船运输的电子商务应用水平也很低，部分原因是旅游车船企业尚未形成全国性的网络企业，运输服务的销售基本集中在本地市场，而且以旅行社和团体为主要服务对象，在目前的市场运作条件下，还没有能直接广泛向社会消费者销售服务的环境，发展电子商务的紧迫性不强。

三、国内外旅游电子商务发展比较

与发达国家相比，我国旅游电子商务程度较低，被认为是一种“亚电子商务”。首先，企业内部信息化管理水平不足。企业管理、资源管理、供应链管理等深层应用未能有效实施，仅仅是建立了面对消费者的网上营业场所。大量的后台支持工作仍需要采取传统方式进行。这导致实际操作效率低下、实时性差、运作成本高，多数网站不具备竞争力。其次，旅游企业间缺乏合作意识，旅游资源横向整合不足，从而无法提供有竞争力的服务提供方式。大部分网络旅游企业对网下旅游产品资源的整合显得力不从心，很大程度上基于有效资源整合的个性化旅游产品也成了一句空洞的口号。具体比较如表1-1所示。

表1-1　中国旅游业信息化部分指标项目的国际比较

项目	中国	旅游发达国家
企业网络	企业网站有400多家，不到总额的2%；有网页的企业约3000家，不到总额的10%	企业网站和网页占企业总数的80%~90%。美国旅行社企业的网站数占比为30%~40%
全球预订系统	正在建设，出现了多家系统	最早建立于约30年前，已相当普及
计算机普及程度	部分普及，正在发展中	基本普及到每个员工
电子商务占旅游业务总额的比重	少于5%	在62%~67%
内部计算机系统	拥有内部计算机系统，但功能较简单	基本上都拥有内部计算机管理系统
电子邮件的应用	少数企业应用电子邮件系统	一定数量
CRM、ERP等系统的应用	极少	多数实现宽带上网
互联网接入线路	少数拥有专线，逐渐开始宽带上网	基本上都拥有内部计算机管理系统

四、中国旅游电子商务发展现存的问题

（一）网民数量多但购买力不足

网民的整体消费能力不强，中低收入者占大多数，约80.2%的网民月收入在3 000元之下。

互联网市场具有高沉没成本、低边际成本的特点。与传统产业的供给方规模经济不同，对于网络经济来讲，需求方规模经济是一个非常重要的市场因素。只有需求方达到一定规模，才会出现被称为梅特卡夫定律的网络效应。相对于由于供给方规模不经济造成中国旅行社行业的整体呈弱、小、散、差的格局，购买力弱和需求方规模不经济，对于国内旅游网络企业来说更是致命的。

（二）旅游业各相关部门和企业对旅游电子商务战略认识不足

在旅游企业中，拥有自己独立网站的企业很少，利用电子商务对自己的产品和服务进行营销的企业更是凤毛麟角了。因此，包括旅行社、旅游饭店和旅游景点等在内的企业级的信息化程度还比较低。大多数专业网站是由网络公司、大型旅游企业、旅游行政管理部门和其他综合性网站创建的。大量的中小企业既没有信息渠道，也没有巨额广告费，更没有技术和资金实力建设和维护一个专业网站。多数旅游饭店、旅行社、旅游景点还只是通过建立自己的网页进行促销。

（三）具有完善功能并可以充分为旅游企业服务的旅游网站较少

全国旅游网站发展较快，但真正能为企业提供全面电子商务服务的不多。第一，目前，互联网上专注做旅游电子商务的站点十分有限。第二，目前中国旅游市场信息不对称、透明度低、旅游产品价格混乱，多数旅游网发布的旅游信息只是少数旅行社的线路信息，未能最大程度地发挥网络的作用。这既无法锁定网民，也加大了搜索成本。总之，目前我国的旅游电子商务网站还没有充分利用现代互联网强大的信息管理与传递的功能，将企业的核心业务流程、客户关系管理（Customer Relationship Management，CRM）及开发潜在客户资源等延伸到网络上。

（四）旅游信息服务和运行环境不够完善

至今我国还没有建立旅游信息公共服务体系，没有形成与旅游网站匹配的游客接待体系，没有建立提高旅游吸引力的网络展示平台。此外，我国旅游电子商务的发展还处于初级阶段，很多应用因素和运行环境不健全。如在环境因素方面，大多数互联网用户为没有支付能力或者支付能力较低的青少年，旅游电子商务中的有效客户很少；在法制因素方面，尽管国家有颁布旅游业经营管理的法定条例，但对旅游电子商务如何管理、网上交易纠纷的解决措施等并未做出明确规定。

五、中国旅游电子商务发展的条件

根据国际电子技术、计算机技术、网络技术发展状况和我国电子商务发展现状，发展旅游电子商务已经具备较好的条件。电子商务的主要功能是极大地简化贸易的环节，使交易的过程变得简单。这种功能集中体现在电子商务可以使贸易的信息传递更迅捷及时、交易协议更准确简便、交易支付实现无纸化。但对传统货物贸易来说，电子商务最终还是无法解决产品的生产、运输、仓储、交付等环节，也就是说，电子商务的优势应主要体现在信息流、资金流而非物流上。但对作为服务贸易主体的旅游业而言，物流的重要性不大，信息流、资金流却有至关重要的位置。因此。在旅游业这一世界最大的服务贸易领域中，电子商务的发展潜力巨大、前景光明。

（一）旅游业与电子商务的共同发展趋势

现阶段，人们认识到旅游业的众多益处而大力发展旅游业，使其成为世界第一大产业，具有非常巨大的发展潜力。而电子商务作为一项新的技术已演化成为推动经济发展的一种手段，其内在蕴藏的巨大商业效益必将驱动这种手段向最广阔的领域推广。这与旅游业的发展趋势相一致，也与旅游业的发展规模相契合。从长远看，电子商务必将在旅游业中得到广泛应用。

（二）电子商务代表了旅游业发展方向

电子商务的主要优势之一是减少了交易环节，最大限度地实现供需交易前的沟通与交流，这也与我国旅游业的发展状况和转型升级需要相吻合。

对大型企业而言，由于其在发展过程中已经建立起比较固定和庞大的采购、销售网络，所以其发展电子商务的主要目的是追求便捷和降低成本；而对于实力不强而又亟须扩大商业渠道的中小企业来说，电子商务则极大地弥补了其在传统市场上网络少、知名度低的弱势，为其提供了更为广泛的发展机遇和更为平等的竞争手段。在从事旅游业务的企业中，中小规模企业较多（饭店业固定资产较多，但其市场网络一般），互联网上的宣传和交易为这些旅游企业的发展提供了一个非常好的途径。因此，旅游业利用电子商务有非常大的益处。在条件成熟的情况下，这种市场利益将形成行业内的自推力，驱动企业产生应用电子商务的愿望。

（三）旅游业应用电子商务具备的基础条件

网络传输技术的突飞猛进已经使网上在线交易成为现实，网上交易资格认证、网上合同的签订、网上收付的完成等方面的技术难题都已经解决。同时，新发展的网上模拟技术、全景技术还为消费者提供了购买前全面了解产品的可能性。由于旅游业具有异地消费的特点，且需求越来越趋于个性化，这种技术对旅游者事先掌握所购旅游产品的信息尤其具有重要意义。旅游者可以在选择产品时通过网络进行虚拟的全方位感受，以进行对产品的价值认定，更可以通过全景感受找出不满意之处，并即时在网上提出自己的意见和要求，实现产品的“定做”。

（四）旅游业应用电子商务有利的政策导向

面对世界迅猛发展的网络经济，国家已经认识到开展电子商务对紧跟世界潮流、提高综合国力、保证经济持久增长的重要意义，提出了大力发展电子商务的方案构架，这为旅游业应用电子商务提供了非常好的大环境。同时，国家文化和旅游部和各地文化和旅游局也已充分认识到旅游电子商务的重要性，在利用网络方面走出了可喜的一步。现在各地建立的旅游网，尽管还有诸多不完善之处，但从全行业发展的高度看已经具备了发展电子商务的雏形。随着行业发展、环境变化和技术进步，旅游电子商务的发展必然前景广阔。

（五）我国旅游业已具备开展电子商务的实力

截至 2020 年 12 月 31 日，全国旅行社总数为 40682 家（按 2020 年第四季度旅行社数量计算），比 2019 年增长 4.47%。全国各类文化和旅游单位 34.16 万个、全国 A 级旅游景区 13332 个，比上年末增加 930 个。其中，5A 级旅游景区 302 个，增加 22 个。企业在多年的市场运作和竞争中也已经建立起了四通八达的业务网络，市场竞争机制也正在逐步建立和成熟，专门的旅游网络公司已经出现。以上这些都可以成为我国旅游业开展电子商务的基础。

第三节　旅游电子商务的功能及特性

一、旅游电子商务的功能

（一）旅游电子商务的信息流功能

旅游电子商务需要处理复杂的信息流程，为旅游活动的消息沟通与交易提供服务。旅游电子商务的信息流功能不仅包括旅游信息的有序传递，还包括信息的合理组织、再造、存储和提供查询等功能。

旅游电子商务的信息流功能包括两个方面：一方面是提供旅游业中开放的信息发布与查询平台，使公共的、开放的旅游信息能在平台上得到最充分的传播与共享；另一方面是处理涉及旅游交易的点对点信息沟通与交换。

旅游电子商务的信息流可分为基本信息流和交易信息流两大类。

1. 旅游电子商务中的基本信息流

旅游电子商务中的基本信息流是公开的、开放的，通常包括以下形式：

（1）旅游机构自身通过网络发布有关旅游目的地信息、旅游机构资料和旅游产品信息等，供旅游者浏览查询；

（2）旅游机构通过第三方信息中介，即专业的旅游网站或公共服务平台发布有关信息，供旅游者浏览查询；

（3）旅游企业之间交互分享有关产品和服务的信息，实现企业间的信息共享并发掘合作机遇；

（4）旅游者通过电子商务系统查询旅游信息，并反馈有关信息，包括登记个人资料、评论、留言和响应市场调查等；

（5）旅游机构基于客户信息数据，通过电子邮件等手段向客户发送旅游信息，实现主动营销，等等。

2. 旅游电子商务中的交易信息流

旅游电子商务中的交易信息流通常是封闭和一对一的。旅游者的产品与服务预订、旅游企业之间的电子交易，都是依赖于交易双方之间信息的传递而完成的。通常包括：

（1）身份识别，对交易双方的身份进行确认，确定客户的类型等；

（2）权限管理，对交易双方的权限进行管理。确认系统端或客户端可以操作的权限；

（3）电子商务认证，以电子认证手段进行交易主体的确认；

（4）预订及电子商务管理系统，管理预订信息，包括预订的产品或服务、交易的金额等；

（5）电子支付，通过电子支付手段实现交易的完成；

（6）网络信息自动转向移动电话、传真、打印设备，如将交易或相关信息通过手机短信的方式发送到客户的移动电话等。

旅游电子商务的信息流程中三个环节最为关键，分别是信息的收集、信息的加工和信息的利用。信息收集的实质是确定信息的来源、信息收集的内容和信息收集的方式；信息加工主要确定信息加工的方式、信息存储的方式以及信息整理的方式，即如何将信息从无序状态转为有序状态；信息的利用实质是确定信息的作用、信息的利用者和信息的传递等问题。这三个环节中，信息的收集是基础，支撑其后的信息流程；信息加工是中间环节，在决定信息的功能过程中起关键作用；信息利用是信息的终极目标，决定信息收集的内容和信息加工的方式。旅游电子商务的相关技术和信息服务分别与这三个环节相对应，各个电子商务系统相互独立或相互合作地提供旅游信息收集、加工和利用的解决方案。

（二）旅游电子商务系统的服务功能

随着旅游业的兴旺与发展，快节奏的生活使人们不再满足于传统低效率的旅游方式。一方面人们希望在旅游之前就能全面地了解与旅游相关的信息，并且可以享受到各种方便快捷的服务；另一方面旅游企业需要及时向潜在的客户群体提供丰富的旅游目的地信息，及时把握客源市场信息和客户需求，根据客户需求提供各种相关服务。旅游企业对客户需求的满足程度即旅游企业的服务质量是否优质决定其在激烈的竞争中能否获得更多的生存与发展机会。旅游电子商务系统被认为是将传统手工运作的旅游业务活动转换到旅游电子商务这一新型的和极具开发潜力的市场的强有力工具。

一个完善的旅游电子商务系统至少应该提供如下功能。

1. 信息查询：提供包括旅游服务机构信息、旅游景点信息、旅游线路信息以及旅游常识的浏览、分类浏览与检索。

2. 在线预订：提供酒店客房、民航机票、旅行社旅游线路和旅游目的地接待等旅游产品与服务的实时、动态的在线预订业务。

3. 客户服务：提供可实施互联网在线旅游产品预订的客户端应用程序。利用这种程序客户可以与服务代理进行实时的网上业务洽谈，管理自己的预订记录。

4. 代理服务：提供给酒店、民航、旅行社等多种旅游产品代理端应用程序。代理可以与客户进行实时的网上业务洽谈、管理其旅游产品的预订记录、查阅账目。

借助旅游电子商务系统提供的各种服务，旅游者可以远程接入该系统，查询旅游目的地的相关旅游信息，包括旅游目的地简介、旅游景点和线路、酒店、票务代理中心、旅行社及旅行常识等，可以根据自己的需要和旅行预算选择并预订酒店，享受系统提供的各种服务。旅游者在整个服务提供过程中可以节省大量的时间和精力，并且可以享受各种快捷如意的服务。

二、旅游电子商务的特性

旅游电子商务作为电子商务在旅游行业的应用，既具有电子商务本身的特性，同时又具有旅游行业的特性。作为一种特殊的产品和服务，旅游电子商务呈现出四个显著特点，即生产消费同步化、产品服务预约化、物流管理简单化和经营线上线下结合化。

（一）生产消费同步化

在产品和服务的供需方面，旅游企业提供的是食、住、行、游、娱、购六方面与旅游行为有关的产品和服务，这六要素构成了旅游产品和服务的总体特征。大多数旅游产品和服务的生产过程会和消费行为同步发生，即产品和服务的生产过程就是其消费过程。即使对于少数不符合上述特性的产品和服务而言，如购物活动，旅游者往往也是亲临当地体验，这也和其他类型的电子商务有很大不同。旅游电子商务的生产消费同步化特性，决定了只有旅游者确实存在某种特定需求时，企业才能提供相应的产品和服务。

（二）产品服务预约化

由于旅游产品和服务的生产消费同步化，而且旅游者所在地和目的地往往不同，旅游者无法对产品和服务预先感知。对旅游者而言，远距离异地消费的方式存在明显的信息不对称性，使得旅游者在消费产品和服务前更倾向于掌握更多有关目的地的信息。因此，为保证旅游消费过程的顺利完成，在信息迅速传播的网络经济时代，旅游者通常会事先通过互联网查询、浏览和熟悉旅游目的地的相关信息，包括旅游企业提供的产品和服务信息。旅游者对产品和服务了解后，为确保旅游达到预期效果，会选择以预约的方式来确定提供产品和服务的企业。

（三）物流配送简单化

多数旅游产品和服务具有不可转移性，旅游者必须实地消费，使得复杂的物流环节得以省略。与其他行业不同，旅游电子商务对物流配送的需求相对较小。旅游产品具有异地购买、当地消费的特点，一个旅行社推广旅游线路，无论消费者身在何处，都需要亲临当地进行消费。如消费者预订酒店时，可以在地球的另一端，但只有亲自入住酒店才能完成消费。旅游产品的这种消费特点能够有效地避免电子商务实施过程中的诸如商品远距离物流配送的问题，而只需要解决一些交通票据的近距离送递。

（四）经营线上线下结合化

对于开展旅游电子商务的企业来说，在电子商务普遍应用的时代，无论是借助第三方平台还是建设自身的系统，一定要通过利用信息技术开展企业的网上经营，因此，旅游电子商务将呈现基本的线上特性。但旅游是由旅游者亲身体验消费企业提供的产品和服务的。与一般的电子商务如在线游戏和数字内容消费等不同，旅游企业除提供电子商务的基本服务外，还必须落实旅游产品和服务的提供直到旅游者的消费结束。因此，旅游电子商务的整体活动流程中，将包括线上的预订和线下的消费，旅游电子商务因而也具有经营线上线下结合化的特点。

第二章 旅游电子商务网站建设规划

随着经济的发展和生活水平的不断提高，作为高品质生活追求的一部分——旅游产品服务，越来越受到国人的青睐。所以，本章具体分析了旅游电子商务的网站建设规划。

第一节 旅游电子商务网站划分

一、旅游电子商务网站概念

旅游电子商务网站是旅游电子商务中最重要的部分，是旅游企业和用户及旅游企业间进行沟通的窗口。旅游电子商务网站是一系列网页、数据库、编程技术的组合，是旅游企业体现企业形象、实施经营战略的平台，同时还为旅游企业实现产品上网提供销售机会，并面向用户推出包括自助旅游在内的许多实用性服务，沟通供需，渐渐形成量的优势。

二、旅游电子商务网站分类

随着网络技术的发展和电子商务的重新升温，大大小小的旅游电子商务网站如雨后春笋般建立和发展起来。根据传统旅游企业的类型、旅游业的经营模式和旅游业的主要经营项目，旅游电子商务网站可分为不同的类别。

（一）按传统旅游企业类型分类

旅游电子商务网站如果按照旅游企业的经营模式，可划分为旅游企业的电子商务网站、辅助旅游业的电子商务网站及旅游行政管理部门的电子商务网站，其中旅游企业的电子商务网站可进一步细分为旅行社的电子商务网站、酒店宾馆饭店的旅游电子商务网站、旅游景区景点的电子商务网站。

1. 旅游企业的电子商务网站。这类旅游电子商务网站是由旅游企业直接开发、建设的网站，可以进一步细分为以下几类。

（1）旅行社的电子商务网站。其主要业务涉及出入境旅游行程和价格介绍，各种交通票务的查询和预订，各地宾馆饭店的预订，旅游产品的预订，目的地旅游资讯、旅游会务和展览及旅游相关知识介绍、网上支付等方面的电子商务活动。

（2）酒店宾馆饭店的旅游电子商务网站。其主要内容是提供酒店、宾馆、饭店的服务、餐饮和设施介绍，进行相应的网上预订和在线支付等活动。

（3）旅游景区景点的电子商务网站。其主要介绍景区景点旅游文化、历史、资源、地图等内容，开展景区景点票务预订、线路推荐、自助旅游、旅游预订、住宿预订等方面的业务。

2. 辅助旅游业的电子商务网站。辅助旅游业的电子商务网站包括交通部门、旅游商店、娱乐场所、服务公司、气象部门、电子地图、出版单位、通信设施、食品、卫生以及进行旅游开发和策划的旅游院校、旅游科研机构等行业和部门的电子商务网站。

3. 旅游行政管理部门的电子商务网站。旅游行政管理部门的电子商务网站包括国家旅游管理部门及各地各级政府旅游管理部门网站，主要内容是机构介绍、政策法规、网上政务、行业动态、旅游资料等。

（二）按经营模式分类

旅游电子商务网站如果按照旅游企业的经营模式可做如下划分。

1. 旅游企业间的电子商务（Business to Business，B2B）网站。旅游企业间的电子商务网站是旅游企业对旅游企业之间通过电子化、网络化的手段实现相互间一对一或一对多交易的网站，为旅游供应商和旅游采购商之间建立的信息通道和旅游电子商务平台。其主要业务是提供旅游信息服务、网上谈判、网络营销、旅游电子商务应用解决方案等方面的服务，B2B 旅游电子商务网站极大地提高了旅游企业之间的信息共享和运作效率。

2. 旅游企业对企业类客户的电子商务（Business to Enterprise，B2E）网站。这里所说的企业类客户通常是指旅游企业与其有频繁业务联系，或为之提供商务旅行管理服务的非旅游类企业、机构、机关等方面的客户。这类网站的主要业务是为企业类客户提供旅行方案咨询、商务旅行预算、商务旅行全程代理等旅游商务活动。

3. 旅游企业对旅游者（个人客户）的电子商务（Business to Customer，B2C）网站。这类网站的旅游电子商务活动相当于电子旅游零售，还包括旅游企业对旅游者拍卖旅游产品，使旅游者足不出户就能获得网站为其提供的各种服务。旅游者通过旅游电子商务网站获取旅游信息、设计旅游行程、预订旅游产品等，极大地方便了旅游者搜索旅游信息、预订旅游产品，高效地完成旅游商务活动的网上交易。

4. 旅游者对旅游企业的交易（Customer to Business，C2B）网站。这是旅游者与旅游企业（包括旅游服务提供商和旅游中间商）主要通过旅游电子商务的中间商（专业旅游网站、门户网站的旅游频道）进行交易的网站。其核心是通过聚合众多的旅游者形成一个强大的旅游团体，以批发商的价格订购旅游产品。

旅游电子商务的中间商提供一个虚拟的网上中介市场和信息交互平台，这是一种以旅游者为主体的电子商务经营模式网站，有助于旅游企业准确、及时地了解客户需求，促进旅游产品多元化和个性化的发展。C2B 网站的电子商务活动主要有以下两种形式。

（1）反向拍卖。反向拍卖是竞价拍卖的逆过程。旅游者如果欲购买某一旅游产品，先提出一个价格范围，由旅游企业出价，旅游者从中确定价廉物美的旅游产品成交。

（2）网上成团。网上成团即由旅游者设计个性化的旅游线路，并发布到网上，寻求志趣相投的旅游者一同前往。

（三）按主要经营项目分类

旅游电子商务网站如果按照旅游企业的主要经营项目可做如下划分。

1. 综合性旅游网站。综合性旅游网站提供的内容一般包括旅游新闻、出行参考、友情链接、旅游票务、旅游饮食文化、境内外旅游线路、景区景点介绍、宾馆酒店预订、各种旅游产品预订、旅游会务和展览、旅游论坛、旅游院校、旅游常识、天气预报、网上支付等综合性的旅游信息。这类网站集多种服务、预订、展览、贸易和交流于一体，是一个提供海量信息的网上旅游电子商务交易平台，为旅游者提供食、住、行、游、购、娱等要素在内的全部旅游资源。

2. 预订服务类网站。这类网站旅游者可以凭借网上订票系统、酒店查询预订系统定制需要的服务，可细分为以下几大类。

（1）票务预订类网站。这类网站包括航空公司机票预订网站和其他票务预订网站。提供航空信息查询、在线机票预订，同时也提供其他票务信息的查询和预订服务及其他专业服务。

（2）宾馆酒店饭店预订类网站。宾馆酒店饭店预订类网站提供宾馆、酒店、饭店的服务、餐饮和设施介绍，开辟相应的预订业务。

（3）在线旅游销售网站。在线旅游销售网站一般由旅行社、景区景点通过互联网实现旅游产品（服务）的在线销售。在线旅游销售的主要业务包括旅游信息的发布和查询、各种旅游产品介绍、景区景点资源介绍、网上预订服务、网上银行支付。这类网站可由旅游者设计旅游线路，比传统意义上的旅行社更具个性化。在线旅游销售网站帮助旅游者直接进入中央订位系统，在第一时间内获得所需信息。

3. 文化旅游网站。网站从不同角度、不同层面展示我国的灿烂文明、悠久历史和深厚的文化底蕴。其主要内容有旅游文化、旅游文学、旅游社区、主题旅游等。

4. 地方性旅游网站。地方性旅游网站是以宣传本地旅游资源、风景名胜、本地旅游商务为主要内容，打破地方旅游的时空限制，吸引国内外旅游者观光，推进本地旅游电子化、网络化的网站。

5. 旅游信息网站。旅游信息网站为旅游者提供了大量丰富的、专业性的旅游信息资源，一般涉及旅游线路、旅游资讯、旅游法规、交通线路、景区景点、宾馆饭店、旅游天气、旅游常识、注意事项、货币兑换、人文信息以及旅游观感等，是汇集、传播、检索和导航旅游信息的网站。

三、旅游电子商务网站发展

随着信息技术的不断发展，旅游电子商务网站的应用范围将更加广泛。旅游电子商务网站向用户提供无所不有的旅游信息服务，诸如旅游路线、景点、饭店、交通、气象、人文及旅游常识、注意事项、旅游观感、货币兑换等信息。目前这些旅游信息多以图、文、声、像的形式展示，难以给用户身临其境之感。

将来旅游电子商务网站利用多媒体技术，不仅可使用户从网上轻松地收集详尽的动态信息，而且还可为用户提供虚拟旅游产品，给用户身临其境之感。比如，可在网上建立虚拟客房，让用户在笑容可掬的服务员的带领下，进入虚拟客房的三维空间，享受服务员为你沏茶、放音乐等服务，并且可随着服务员悦耳动听的介绍，游览客房内的装潢、设施，查看饭店的服务项目，了解客房电器按钮的使用等。这样的虚拟产品使酒店有形产品与无形服务达到最完美的结合。不但使“足不出户、畅游天下”的梦想成为现实，而且也迎合了人们“看货订物”的消费心理。这一切是传统旅游服务所无法比拟的，而且其成本远比传统媒体宣传低得多。网站上有覆盖全国乃至世界的最广泛的旅游景点的目的地指南，可以为用户提供全面的旅游资讯、目的地预览、商旅实用信息的查询等；并可为用户的决策提供参考信息，起到了一个自然的导购作用；网站还实现了旅行产品的网上一站式服务，包括酒店、机票和旅行路线的预订，并可实现在线支付旅游费用，免去用户携款外出的麻烦，方便用户对旅游产品的订购。此外，网站可突破时空的限制，为用户提供全天候、跨地域的服务。尤为重要的是，旅游电子商务网站提供的具有竞争力的产品价格，给用户带来了实惠，从而受到用户的青睐。

第二节　旅游电子商务网站规划

旅游电子商务网站的创建是一项系统工程，网站的建设者必须考虑和分析建立网站的目的、需求和要实现的功能，并考虑网站的整体规划和具体开发步骤，才能开发出一个具有相当水准的专业商务网站。

一、域名的相关知识

（一）域名的定义

域名类似于互联网上的门牌号码，是用于识别和定位互联网上计算机的层次结构式字符标识，与该计算机的互联网协议（IP）地址相对应。但相对于 IP 地址而言，更便于使用者理解和记忆。域名属于互联网上的基础服务，基于域名可以提供虚拟主机、服务器租用、服务器托管、企业邮局等应用服务。

目前互联网上的域名体系中共有三类顶级域名，一是地理顶级域名，共有 243 个国家和地区的代码。例如，. cn 代表中国，. jp 代表日本，. uk 代表英国等。二是类别顶级域名，共有 7 个，即 . com（公司）、. net（网络机构）、org（组织机构）、. edu（教育）、. gov（政府部门）、. arpa（美国军方）、. int（国际组织）。由于互联网最初是在美国发展起来的，所以最初的域名体系也主要供美国使用，所以 . gov、. edu、. arpa 虽然都是顶级域名，但却是美国使用的。只有 . com、. net、. org 成了供全球使用的顶级域名。相对于地理顶级域名来说，这些顶级域名都是根据不同的类别来区分的，所以称之为类别顶级域名。随着互联网的不断发展，新的顶级域名也根据实际需要不断被扩充到现有的域名体系中来。三是新增加的顶级域名，是 . biz（商业）、. coop（合作公司）、. info（信息行业）、. aero（航空业）、. pro（专业人士）、. museum（博物馆行业）、. name（个人）。

在这些顶级域名下，还可以再根据需要定义次一级的域名，如在我国的顶级域名 . cn 下又设立了 . com、. net、. org、. gov、. edu，以及我国各个行政区划的字母代表，如 . bj 代表北京，. sh 代表上海等。域名层级结构如图 2-1 所示。

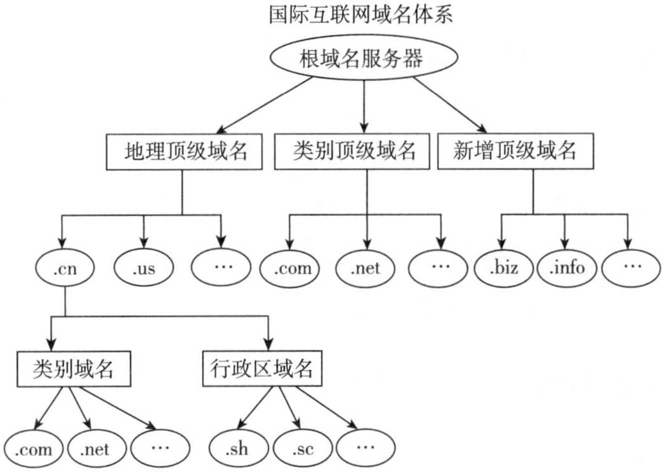

图 2-1　域名层级结构

（二）域名的注册

在 Internet 上域名注册是实现电子商务活动的第一步，同时，由于域名在全世界具有唯一性，它已经具有类似于产品商标和企业标志物的作用，因此，尽早注册又是十分必要的。域名和商标都在各自的范畴内具有唯一性，并且，随着 Internet 的发展，从企业树立形象的角度看，域名从某种意义上讲又和商标有着潜移默化的联系。所以，它与商标有一定的共同特点。许多企业在选择域名时，往往希望用和自己企业商标一致的域名，域名和商标相比又具有更强的唯一性。

（三）域名的结构

以 www. cnnic. net. cn 为例，它是由几个不同的部分组成的，这几个部分彼此之间具有层次关系。其中最后的 . cn 是域名的第一层，. net 是第二层，. cnnic 是真正的域名，处在第三层，当然还可以有第四层，如 . inner. cnnic. net. cn，至此我们可以看出域名从后到前的层次结构类似于一个倒立的树型结构。其中第一层的 . cn 叫作地理顶级域名。

二、旅游电子商务网站市场分析

（一）总体策划

业务分析，企业将在网上提供的旅游产品或服务；目标客户分析，目标客户需求特征；竞争对手分析，竞争对手的优劣势；市场定位分析，企业扬长避短的市场竞争策略。

（二）可行性分析

技术可行性，软、硬以及相关技术；经济可行性，投入产出效益；组织人员可行性，人力资源、组织设计和管理制度。

三、网站的功能定位和内容规划

旅游电子商务网站是面向出行的人的服务，这里出行的人包括旅游者、出差人员以及所有出行到一个陌生城市的人。目前市场上提供旅游电子商务服务的主要有三类企业，即旅行社、旅游景点及专业的第三方旅游服务公司。无论是哪一类企业，在旅游电子商务服务网站上都应包括以下几方面。

（一）旅游资讯

这些信息内容一般都涉及景点、饭店、交通旅游线路等方面的介绍，如旅游常识、旅游注意事项、旅游新闻、货币兑换、旅游目的地天气、环境、人文等信息以及旅游观感等内容。

（二）在线预订/代理服务

主要是提供酒店客房、民航班机机票、旅行社旅游线路等方面的实时动态的在线预订或代理业务。

（三）户外商城

提供各种旅游装备产品的浏览、购买及在线支付等功能。

（四）会员信息管理

会员的注册、登录、信息修改、订单查询、交易记录等。

（五）客户服务

在线 QQ 或呼叫中心等实时旅游业务咨询、投诉。

（六）个性化定制服务

从网上订车票、预订酒店、查阅电子地图到领先网站的指导在陌生环境中观光、购物，这种以自订行程、自助价格为主要特征的网络旅游在不久的将来会成为国人旅游的主导方式。因此提供个性化定制服务已成为旅游网站，特别是在线预订服务网站必备的功能。

四、网站技术解决方案

（一）主机方案

有三种解决方案，即自建网站方式、租用虚拟主机、主机托管。自建网站适合规模较大、资金充足、技术条件成熟的大型旅游企业；后两者适合于搭建中小旅游企业的网站。

（二）选择操作系统

可选的系统有 Unix、Linux 和 Windows 系列产品。Linux 和 Unix 属开放源代码操作系统，在安全和稳定方面比 Windows 好，且 Linux 是免费的。但租用的虚拟主机采用 Linux 和 Unix 系统的较少，且 Linux 和 Unix 操作上比 Windows 要复杂。采用哪种操作系统应结合投入成本、功能、开发、稳定性和安全性等进行综合分析。

（三）网站的实现途径

企业可自主开发电子商务网站，或者委托、购买软件公司开发的网站系统，也可利用第三方平台搭建商务平台。

（四）网站安全性措施

网站安全性措施包括信息传输的安全、操作系统的安全、Web 服务器的安全、数据库系统的安全及防恶意攻击、防病毒等其他安全方案等。

（五）网站程序开发工具

如 FrontPage、Dreamweaver、Java（J2EE）、ASP. NET、SQL Server、Oracle 等。

五、网站推广

网站推广包括搜索引擎、营销网络、社区营销、电子邮件营销、网络事件营销、即时通信营销、网络会员制营销及传统营销手段。

六、整体预算

项目管理中资金和时间预算很重要。在旅游电子商务网站中，资金预算主要有软件开发、硬件配置、维护费用、实施费用等。

第三节　旅游电子商务网站设计开发

一、网站的 CI 设计

所谓 CI（Corporate Identity），是借用的广告术语。现实生活中的 CI 策划比比皆是，杰出的例子如可口可乐公司，全球统一的标志、色彩和产品包装，给我们的印象极为深刻。更多的例子如 SONY、三菱、麦当劳等。

一个杰出的网站，和实体公司一样，也需要整体的形象包装和设计。准确的、有创意的 CI 设计，对网站的宣传推广有事半功倍的效果。在网站主题和名称确定之后，需要思考的就是网站的 CI 形象。

网站 CI 设计一般包含如下内容。

（一）设计网站的标志（Logo）

首先需要设计制作一个网站的标志（Logo）。就如同商标一样，Logo 是站点特色和内涵的集中体现，要让大家看见 Logo 就联想起网站。注意，这里的 Logo 不是指 88×31 的小图标 Banner，而是网站的标志。

标志可以是中文、英文字母，可以是符号、图案，也可以是动物或者人物等。比如，QQ 是用卡通企鹅作为标志，新浪用字母 sina+眼睛作为标志。标志的设计创意来自网站的名称和内容。

1. 网站有代表性的人物、动物、花草等，可以用它们作为设计的蓝本，加以卡通化和艺术化，例如，迪斯尼的米老鼠、搜狐的卡通狐狸、鲨威体坛的篮球鲨鱼。

2. 网站有专业性的，可以以本专业有代表的物品作为标志。比如，中国银行的铜钱标志、奔驰汽车的方向盘标志。

3. 最常用和最简单的方式是用自己网站的英文名称作标志。采用不同的字体、字母的变形、字母的组合可以很容易制作好自己的标志。

（二）设计网站的标准色彩

网站给人的第一印象来自视觉冲击，确定网站的标准色彩是相当重要的一步。不同的色彩搭配会产生不同的效果，并可能影响到访问者的情绪。

标准色彩是指能体现网站形象和延伸内涵的色彩。例如，IBM 的深蓝色、肯德基的红色条型、Windows 视窗标志上的红蓝黄绿色块，都使我们觉得很贴切、很和谐。

一般来说，一个网站的标准色彩不宜超过 3 种，太多则让人眼花缭乱。标准色彩要用于网站的标志、标题、主菜单和主色块，给人以整体统一的感觉。至于其他色彩也可以使用，只是作为点缀和衬托，绝不能喧宾夺主。

一般来说，适合于网页标准色的颜色有蓝色、黄/橙色、黑/灰/白色三大系列色。网站常用的色彩搭配参照标准如表 2-1 所示。

表 2-1 网站常用的色彩搭配参照表

颜色名称	心理反应	应用情况
红色	热情、活力、温暖、喜庆	极易吸引人们的注意，在网页中广泛使用
橙色	时尚、明快、温馨、热烈	常常用于某些时尚新潮的网站中，如时装网站等
黄色	快乐、希望、明亮、乐观	营造出愉快的氛围，能够得到大部分浏览者的认可
绿色	宁静、希望、清爽、自然	浅绿、黄绿等颜色既有绿色的特点，又能表现黄色的温暖，用在网站中能够得到年轻人和儿童的喜爱，如环保、奥运网站等多采用此色为主调
蓝色	凉爽、清新、理智、平静	在商业设计中，强调科技、效率的商品或企业形象，大多选用蓝色
灰色	柔和、高雅、可靠、成熟	与红色、橙色等有视觉冲击力的颜色相比，灰色比较低调。许多高科技产品都采用灰色传达高科技形象，如大多数汽车网站就采用灰色为主调
白色	洁白、纯真、明快、简洁	通常需要与其他色彩搭配使用，多用于网站背景色
黑色	深沉、高贵、庄严、优雅	适合与许多颜色搭配，一些艺术类的或个人网站也采用它作为主色调
紫色	高贵、神秘	具有强烈的女性化性格，在网页设计中，与粉红色一样，多用于和女性有关的网站

（三）设计网站的标准字体

文字字号的大小控制着页面的形象，大文字能给人有力量、自信的印象，而小文字则给人紧凑的印象。

网页中正文文本的字号一般设置为 10~12 像素；网页中标题文本字号一般设置为 12~18 像素；对于网页中的版权声明等文本，一般将字号设置为 9~10 像素。

（四）设计网站的宣传标语

宣传标语也可以说是网站的精神、网站的目标，要用一句话甚至一个词来高度概括。类似实际生活中的广告金句。例如，雀巢的“味道好极了”；麦斯威尔的“好东西和好朋友一起分享”；Intel 的“给电脑一颗奔腾的芯”等。

二、网页页面内容的编排

网页页面内容的编排要力求做到布局合理化、有序化和整体化，充分利用有限的屏幕空间。在编排页面内容时，主要考虑以下几点。

（一）主次分明，中心突出

编排页面时，要求版面分布具有条理性，页面排版要求符合浏览者的阅读习惯和逻辑认知顺序。例如，将导航或目录安排在页面的上面或左面，一些重要的文章和图片安排在屏幕的中央，以突出重点，在视觉中心以外的地方安排次要的内容。

（二）大小搭配，相互呼应

对于较长的文章、标题或较大的图片，不要编排在一起，要注意设定适当的距离，互相错开。这样可以使页面错落有致，避免重心偏离形成不稳定感。

（三）图文并茂，相得益彰

文本与图像合理搭配，图像应起到突出主题的作用。

（四）适当留空，清晰易读

留空是指空白的、没有信息仅有背景色填充的区域。留空区面积较大时会给人一种高雅、时尚的心理感觉。页面过于繁杂时会产生反作用，削弱整体的可读性，无法让浏览者抓住重点。页面内容的行距、字距、段间段首的留空都是为了易于阅读。

三、网页布局设计

网页布局就是把网页的基本组成部分在页面内进行合理的安排。Internet上的网页多种多样，内容千差万别，形式各异，但网页的布局归纳起来大致可分为以下几种。

（一）“匚”字形布局结构

图 2-2 为“匚”字形布局结构。

这种布局结构通常顶部是网站的 Logo、Banner、导航栏，下方的左侧是标题图片链接，右侧显示的是网页的主体内容，最底端是版权信息。使用该布局结构的网页一般背景颜色较深，形成“二”字形结构。

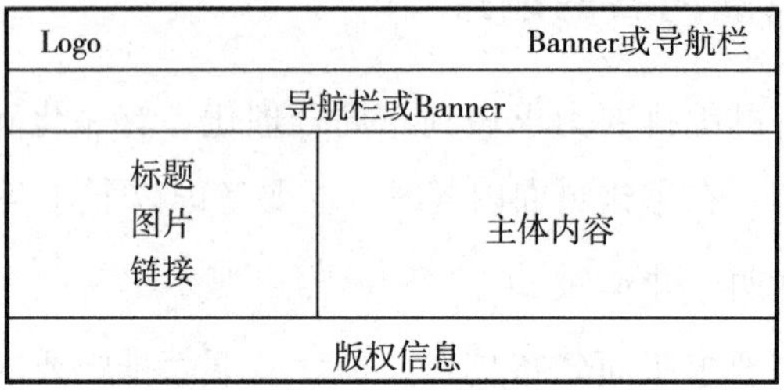

图 2-2 “匚”字形布局结构

(二)“亘”字形布局结构

这是只有一个屏幕的布局结构，该布局结构适合于内容较少、整个网站页面内容十分相似的网站，页面最上方通常是导航栏、Logo、Banner，最下方是版权信息，中间是主体内容区域，如图 2-3 所示。

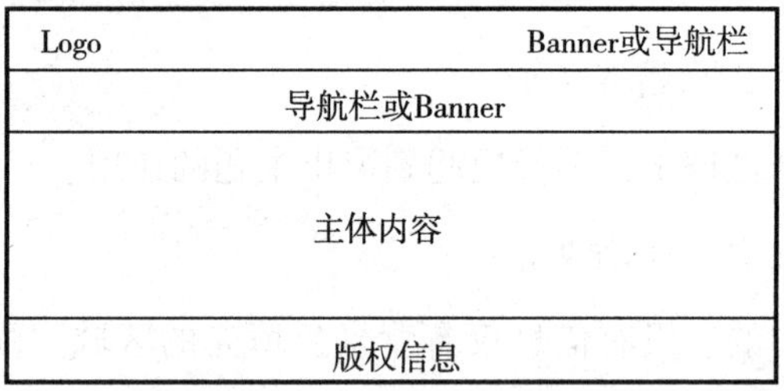

图 2-3 “亘”字形布局结构

(三)“目”字形布局结构

这种布局结构是在“匚”字形布局结构的基础上稍做变动而形成的，即在其右侧增加了一个竖列，缩小了中间主体内容的宽度，如图 2-4 所示。该布局结构充分地利用了版面，包含的信息量更大，通常应用于大型的网站。

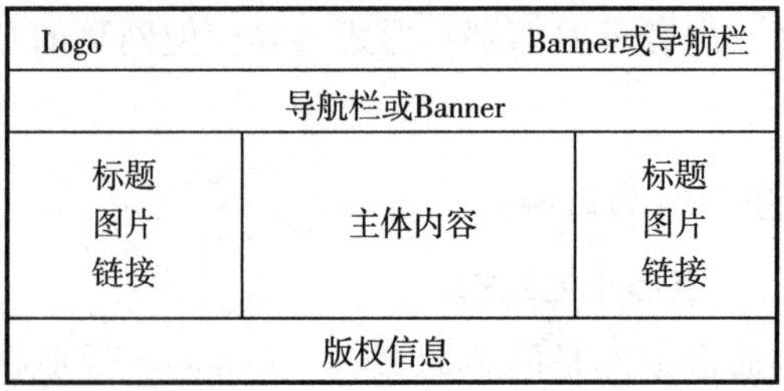

图 2-4 “目”字形布局结构

（四）POP 布局结构

该布局结构适用于广告宣传类的网页，它将页面布置得如同一张宣传海报，不讲究内容，也没有固定的排版模式，一般以精美的图片作为页面的设计核心。大多数的个人网站或娱乐网站采用该类型的布局结构。

（五）综合布局结构

该布局结构比较复杂，可以看作是上面几种布局的结合。目前这种布局结构也被广泛采用。

四、常见网页制作工具

常见的网页制作工具大致有以下几种。

（一）超文本标识语言（HTML）

HTML（Hypertext Markup Language）是 Internet 上用于编写网页的语言，它是纯文本类型的语言，可以使用记事本、写字板等编辑工具来编写 HTML 文档。用 HTML 编写的文档扩展名为“. html”或“. htm”，这是可供浏览器解释并显示的文件格式，它将文字、图片、声音等网页元素组合在一起，并且通过客户端的浏览器对其进行解释。

（二）FrontPage

FrontPage 是由微软公司推出的网页制作工具，其界面与 Word、PowerPoint 软件的界面极其相似。FrontPage 使网页制作者能够更加方便、快捷地制作和发布网页，具有直观的网页制作和管理方法，简化了大量工作，但网站管理功能不强。

（三）Dreamweaver

Dreamweaver 是由 Macromedia 公司推出的一款大众化的网页制作软件。它具有可视化编辑界面，用户不必写复杂的 HTML 源代码就可生成网页。Dreamweaver 不仅适合于专业的网页编辑人员，同时也容易被业余爱好者所掌握，即使是初学者也能够制作出相当于专业水准的网页。另外，Dreamweaver 还具有很强的网站管理功能，是网页设计者的首选工具。

（四）Expression Web

Expression Web 是美国微软公司开发的最新网页制作工具，是 FrontPage

的升级产品，功能更加强大，是一套更专业的网页制作工具。由于其对当前最新 Web 标准中 XHTML 和 CSS 的内置支持更加完美，以及此工具的操作界面更多地侧重于美工人员和程序人员的习惯和协作，这意味着如果使用 Expression Web，用户将投入很少的时间和精力就能制作出高质量的网页。

五、动态网页开发技术

（一）从静态网页到动态网页

早期的 Web 服务器传送的是静态网页，虽然网页中包括有文字和图片，但是只要不改变设计，网页的内容是不会变化的。对静态网页的访问过程如下。

客户通过 Web 服务器的 URL 申请页面—服务器向客户送回被申请的页面—在客户端下载并在浏览器上显示页面—断开客户与服务器之间的联系。

整个过程比较简单，到客户端下载完页面为止，整个过程就结束了。用于发布静态网页的网站设计也比较简单。这种设计对于早期的网站来说也许已经足够了。因为早期使用网站的大多是一些科学工作者，他们关注的重点只是交流有关科学技术的内容。

随着因特网应用领域的扩展，各种不同类型的客户加入网络中来，不少客户很快就提出了新的要求。例如，有的客户提出，能不能代我查阅一下我银行存款的变化情况？要满足类似这样的需求，服务器的工作就不那么简单了。它首先要查阅银行账户，进行必要的计算和统计，再将结果反馈给客户。这就是说，服务器在回答问题前必须先执行一些相关的程序。这段程序不仅能够回答客户的问题，还能够保障客户的信息安全，防止其他人查阅或破坏。

类似这种网页的输出内容将随程序执行的结果而有所不同。这样的网页称为“动态网页”。访问动态网页的过程如下。

客户通过 Web 服务器的 URL 申请一个网页—服务器接收请求并处理网页上的代码—将代码的处理结果转换成 HTML 代码后向客户送出—在客户端下载并在浏览器上显示网页—服务器断开与客户的联系并转向其他客户，以便提供新的服务。

（二）动态网页发展的几个阶段

和静态网页相比，动态网页的处理上多了一个处理代码的过程。用什么方式来处理代码，在不同的历史时期采用了不同的技术，大体上可以划分为三个阶段。

1. CGI 阶段

CGI 是英文 Common Gateway Interface 的缩写，代表服务器端的一种通用（标准）接口。每当服务器接到客户更新数据的要求以后，利用这个接口去启动外部应用程序来完成各类计算、处理或访问数据库的工作，处理完后将结果返回 Web 服务器，再返回浏览器。外部应用程序是用 C、C+、Perl、Pascal、Java 或其他语言编写的程序，程序运行在独立的地址空间中。具体情况如图 2-5 所示。

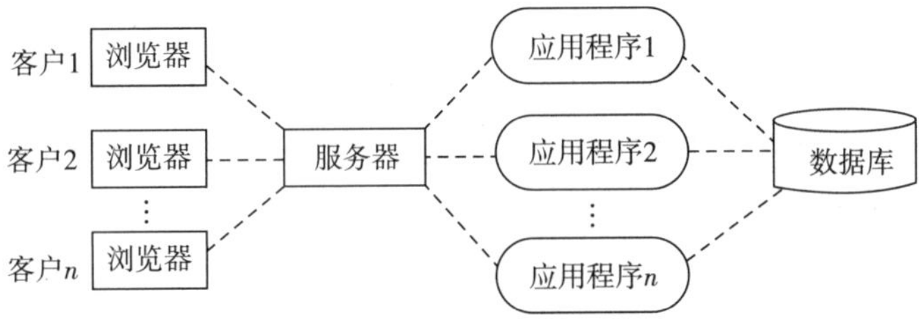

图 2-5　CGI 示意

后来出现了 ISAPI（用于 Internet Explorer 浏览器）或 NSAPI（用于 Netscape 浏览器）技术，其功能与 CGI 相同，但技术方面有些改进。外部应用程序改用动态链接库（DLL），被载入 Web 服务器的地址空间运行，并且用“线程”代替“进程”，因而显著地提高了运行效率。但不论是 CGI 还是 ISAPI 或 NSAPI，都需要编写外部应用程序，而编写外部应用程序并不是一件容易的事情。从开发人员的角度来讲，这种开发方式并没有带来开发上的方便。

2. 脚本语言阶段

这个阶段出现了许多杰出的脚本语言，如 ASP、PHP 和 JSP 等。脚本语言的出现大大简化了动态网站的开发难度，特别是 ASP 和 PHP，这两种语言学习简单、功能强大，成为许多网站开发者的首选。

JSP 与 ASP 的程序结构非常相似。JSP 的主要特点是在传统的 HTML 网页文件中加入 Java 程序片段（Scriptlet）和使用各种各样的 JSP 标志（Tag），构成 JSP 网页。Web 服务器在接收客户端的访问要求时，首先执行其中的程序片段，并将执行结果以 HTML 格式返回客户端。

3. 组件技术阶段

ASP. NET 和 Java（J2EE）技术是这个阶段的代表。这是一个由类和对象（组件）组成的完全面向对象的系统，采用编译方法和事件驱动方式运行。系统具有高效、高可靠性、高可扩展性特点。

（三）动态网页开发技术

目前常用的动态网页脚本语言有 Perl（Practical Extraction and ReportLanguage）、PHP（Hypertext Preprocessor）、JSP（Java Server Pages）、ASP（Active Server Pages）。

1. Perl

Perl 是一种很古老的脚本语言。最初的 Web 应用大多是用 Perl 编写的，Perl 很像 C 语言，使用非常灵活，对于文件操作及处理和 C 语言一样的方便快捷，但可维护性差。

结论：技术已过时，现在很少有人用。

2. PHP

PHP 是一种跨平台的服务器端嵌入 HTML 页面中的脚本语言，可在 Windows、UNIX、Linux 的 Web 服务器上正常执行，还支持 IIS、Apache 等一般的 Web 服务器，用户更换平台时，无须变换 PHP 代码。它大量地借用 C、Java 和 Perl 语言的语法，并结合 PHP 自己的特性，使 Web 开发者能够快速地写出动态页面，支持目前绝大多数数据库。

PHP 是完全免费的开源产品，不用花钱，Apache 和 MYSQL 也是同样免费开源，在国外非常流行 PHP 和 MYSQL 搭配使用，可以快速地搭建一套不错的动态网站系统。

PHP 和 Perl 的语法很相似，但是 PHP 所包含的函数却远远多于 Perl。PHP 没有命名空间，编程的时候必须努力避免模块的名称冲突。一个开源的语言虽然需要简单的语法和丰富的函数，但 PHP 内部结构的天生缺陷导致了 PHP 不适合于编写比小型业余网站更大的网站。

结论：PHP 因为结构上的缺陷，使得其只适合编写小型的网站系统。

3. JSP

JSP 是 Sun 公司在 Java 应用程序和 Java Applet 基础之上推出的一种动态网页技术。JSP 在 Servlet 和 JavaBean 的支持下，完成功能强大的站点程序。JSP 和 PHP、ASP 有着本质的区别。PHP 和 ASP 都是由语言引擎解释执行程序代码，而 JSP 代码却被编译成 Servlet 并由 Java 虚拟机执行。这种编译操作仅在对 JSP 页面的第一次请求时发生，因此普遍认为 JSP 的执行效率比 PHP 和 ASP 都高。

JSP 在技术结构上有着其他脚本语言所没有的优势，JSP 可以实现内容的产生和显示相分离，并且 JSP 可以使用 JavaBeans 或者 EJB（Enterprise JavaBeans）来执行应用程序所要求的更为复杂的处理，进而完成企业级分布式的大型应用。因此，不少国外的大型企业系统和商务系统都使用 JSP 技术，作为采用 Java 技术家族的一部分，JSP 技术也能够支持高度复杂的基于 Web 的应用。

结论：对于脚本语言来讲，JSP 还是拥有相当大的优势的，虽然其配置和部署相对其他脚本语言来说要复杂一些，但对于跨平台的大中型网站系统来讲，基于 Java 技术的 JSP（结合 JavaBean 和 EJB）几乎成为唯一的选择。

目前在国内，JSP、PHP 与 ASP 应用最为广泛。三者中，JSP 应该是未来发展的趋势。

4. ASP

ASP 是英文 Active Server Page 的缩写，1996 年 11 月由微软公司推出，是用来开发 Internet 或 Intranet 应用程序的技术。按照微软公司自己的定义，“ASP 是一种服务器端的脚本技术，用来创建动态的、交互的网站”。它的特点是，将 HTML 标记以及 Script 程序代码组织在一个网页文件中，代码以 Visual Studio Script 或 JavaScript 脚本语言为基础。当客户访问 ASP 网页时，服务器（PWS 或 IIS）将启动 ASP 文件的解释程序在服务器端执行。执行后，动态地产生 HTML 文件，然后传送到客户端的浏览器中显示。

ASP 采用的脚本语言使用起来比较简单，除此以外系统还提供了几个内建对象，利用它们创建动态网页比较容易，因此，ASP 一出现立即受到普遍欢迎，一批使用 ASP 技术创建的网站相继出现。

近几年来，人们对网站提出了更多、更高的要求。电子商务的出现就是一个典型的例子。在电子商务中，购物的过程不仅需要客户与服务器之间进行多次交互，还涉及各类网站之间的交互和计算。例如，要通过认证机构证明双方的身份；要通过银行网站付款或转账；通过税务部门纳税；通过保险公司保险；通过物流公司发货等。

与此同时，网络本身也有长足的进步，服务器功能的增强，传输网带的增宽，速度的增快，新标准 XML/SOAP 的诞生，给网络技术的发展提供了更加雄厚的基础。

在这样的形势下，新的要求与新的技术基础呼唤着新技术的诞生。

5. 新一代 ASP. NET 技术进入

21 世纪以来，微软公司鲜明地提出了 . NET 的发展战略，确定了创建下一代 Internet 平台的目标。下一代 Internet 的主要特征之一就是，它将无处不在，世界上任何一台智能数字设备都有可能通过宽带连接到因特网上。因此，作为下一代 Internet 的平台应该实现以下要求。

（1）为各种类型的客户服务。不仅能为现有的计算机、手提式计算机、移动电话等客户服务，还要能为未来可能加入因特网的智能设备（如电视机、电冰箱和洗衣机等）提供服务。（2）强大的交互和运算能力。（3）跨平台交换数据的能力。（4）快速设计和部署的能力。（5）强有力的信息安全保障能力。

在这些思想的指导之下，微软于 2000 年推出了基于 . NET 框架的 ASP. NET1. 0 版本，2002 年推出了 ASP. NET 1. 1 版本，2005 年年底又推出了 ASP. NET 2. 0 版本。ASP. NET 是在 ASP 的基础上发展起来的，但它不只是 ASP 的升级，而是重新构筑的一个全新的系统。这是因为 ASP 存在着“先天”不足，用修补、增添的办法已经很难满足要求。关键的问题是，ASP 不是一个完全的面向对象的系统，它使用的脚本语言虽然简单、灵活，但属于弱类型语言，功能不强而且容易出错，系统提供的内建对象也只有几十个，同时 ASP 通过解释来执行代码，效率比较低，等等。

ASP. NET 是建立在 . NET 框架平台上的完全面向对象的系统。ASP. NET 与 . NET 框架平台的紧密结合是 ASP. NET 的最大特点。有了 . NET 框架的支持，一些单靠应用程序设计很难解决的问题，都可以迎刃而解。. NET 框架平台给网站提供了全方位的支持，这些支持包括以下几个方面。

（1）强大的类库。利用类库中的类可以生成对象组装程序，以实现快速开发、快速部署的目的。（2）多方面服务的支持。如智能输出（对不同类型的客户自动输出不同类型的代码）、内存的碎片自动回收、线程管理和异常处理等。（3）允许利用多种语言对应用进行开发。（4）跨平台的能力。（5）充分的安全保障能力。

第四节　旅游电子商务网站测试发布

一、旅游电子商务网站测试

网站测试的主要目的是用最少的时间和人力找出系统中潜在的各种错误和缺陷，同时通过测试证明系统的功能和性能是否满足需求，建设的网站是否实现了规划的预期目标、是否能够满足业务流程的要求、界面是否友好、操作是否简单方便、输入与输出的数据信息是否准确流畅等。

任何网站在发布前都要进行周密的测试，以确保可供访问者正常浏览并能达到预期的目标。作为商务网站，在发布前更需要着重测试以下几个方面。

Web 服务器的稳定性与安全性，对客户访问的平均响应时间，可支持的最大并发连接数量等；数据库服务器的稳定性与安全性，Web 应用程序与后台数据库的协同工作情况，数据访问的准确性和存取速度等；网站导航系统的测试，导航标志是否清晰，各种链接是否正确，客户能否快速找到网站提供的所需信息；网页兼容性测试，如是否支持各种浏览器程序，是否支持各种分辨率的显示器等；是否已经达到网站规划与设计时制定的各个目标和各项需求；其他所需的各种测试。

二、旅游电子商务网站发布

（一）空间申请

申请网站空间的方案主要有以下三种。

1. 专线空间。专线空间适用于中型企业，向电信部门申请专线，建立一个自己独立的网站。

2. 服务器托管。服务器托管适用于信息量大、需要较大空间的站点。

3. 虚拟主机。虚拟主机是把一台主机分成多台“虚拟”的主机，每台虚拟主机都具有独立的域名和共享的 IP 地址。一般适合中小型企业和个人使用。

（二）申请域名

当用户购买了空间服务器之后，就可以通过服务器主机 IP 地址来访问，但是 IP 地址不便记忆，不利于网站的推广，因此用户可以根据自己的网站类型申请一个域名，然后将该域名解析到服务器主机 IP 上，就可以通过域名来访问网站了。

域名就是网站的网址，每一个网站的域名在网络中都是唯一的，它是一种宝贵的无形资产（被称为网上商标）。

域名的申请首先要在服务商的网站上注册一个用户，然后登录，登录成功后，选择相应类型的域名产品并生成订单，在支付了域名产品相关费用后，用户就可以在管理面板中对域名进行管理。

（三）网站的发布

简单地说，网站发布就是将构成网页和网站的所有文件复制到 Web 服务器的过程。网站发布有以下几种形式：

1. 通过 HTTP 方式发布网页。这是很多免费空间经常采用的服务方式。用户只要登录到网站指定的管理页面，填写用户名和密码，就可以将网页一页一页地上传到服务器。这种方法虽然简单，但不能批量上传，必须首先在服务器建立相应的文件夹之后，才能上传，对于有较大文件量和结构复杂的网站来说费时费力。

2. 通过 FTP 方式发布网站。这是最常见的做法，需要提供 Web 服务器的 IP 地址、FTP 登录服务器的用户名和密码、登录后的主目录等信息。发布时可以使用专门的 FTP 工具软件，也可使用网页制作软件的 FTP 功能。专用 FTP 软件有 FlashFXP、CuteFTP 等。

3. 通过本地局域网发布网站。这种方式通常是将服务器上 Web 发布的实际目录设为根据用户名和密码访问的完全共享模式，并通过成功登录，将该目录映射成本地的一个盘符。这样，发布网站时只需要将本地文件复制到这个盘符下的相应位置即可。

4. 通过网页表单发布网站。这是一些个人主页提供商采用的方式，允许用户通过 Web 页进行个人网页管理，其网页上传的机制和过程与网页电子邮件夹带附件文件的情形相似。

（四）网站备案

自 2005 年开始，信息产业部开展互联网网站备案登记，有独立域名的网站都要进行备案登记，未备案的网站将根据主管部门的有关规定关闭网站。网站备案是免费的，登录信息产业部备案网站（http：//www. miibeian. gov. cn）自行备案。

备案的具体步骤如下。

1. 登录 http：//www. miibeian. gov. cn 网站。

2. 单击“注册”按钮，进行 ICP 用户注册。

3. 根据系统要求填写注册信息，单击“提交”按钮。

4. 获得手机和邮件验证码后再登录系统。

5. 输入手机和邮件验证码，进入系统功能主页。

6. 根据系统提示分别输入备案主体信息和备案网站信息。

7. 系统给出录入信息，检查无误后提交备案信息。

8. 通信管理局和电信管理局对备案信息进行审核。

9. 再次登录系统功能主页。

10. 在任务列表中选择“ICP 备案业务管理/备案、许可证下载”，进入电子证书下载总览页面。

11. 单击“证书下载”按钮，进入证书下载页面。

12. 根据提示下载证书并放在正确位置。

13. 完成 ICP 信息备案。

（五）网站的维护与推广

网站在上传到服务器后，就正式开放了。为了让内容有新鲜感并吸引浏览者，要经常对网站中的信息进行更新，对站内的链接进行检查。网站建好后，如果要提高网站的知名度和访问量，就要对网站进行宣传推广。

推广网站的途径有多种，一种是交换友情链接或交换广告等进行宣传和推广（所谓交换广告就是在用户的主页上显示广告商提供的广告条幅，每显示一次，用户自己的广告条幅就可以在别人的主页上显示 0.5～1 次不等）；另一种有效的方式是搜索引擎，注册搜索引擎是目前最为成熟的网络营销方法，网站建成后，用户到搜索引擎上注册中英文加注和有效的关键字搜索。除上面介绍的以外，还有邮件推广、论坛推广、网络活动宣传、网络广告等。

第三章 旅行社电子商务信息化应用

信息技术的应用和普及给旅行社的发展带来了机遇的同时，也对旅行社形成了巨大冲击。本章将在对旅行社信息化进行概述的基础上，分析旅行社的电子商务管理以及旅行社电子商务系统的构建。

第一节 旅行社信息化概述

旅行社是旅游业重要支柱之一，是沟通旅游产品生产者和消费者的桥梁。旅行社不仅担负着旅游产品的组合、推介和销售职能，而且兼具向旅游产品供应企业及时反馈旅游市场需求的功能。

旅行社的基本业务过程是对交通部门、酒店、餐馆、旅游景点、商店、文化娱乐项目等旅游业提供的单项旅游产品统一采购，进行组合包装和线路设计，形成具有吸引力、符合市场需求的组合旅游产品销售给旅游者，实现企业利润并带动相关行业发展，产生综合效益。旅行社的这一中介地位及旅游产品的无形性和异地消费的特点决定了旅行社在收集信息、传递信息、综合利用信息方面的重要性。旅行社的业务流程如图 3-1 所示。

旅行社利用信息网络进行商务活动，不仅迅速精确、运行成本低，而且几乎不需要实物形态的配送环节，正适合处理旅行社与游客之间的远距离、多批次的小额交易。因此，旅行社运用电子商务将成为旅游业发展的必然趋势。

互联网技术的普及使越来越多的旅游产品供应商在网上建立自己的主页，进行网上促销和产品直销，使得旅游产品供应商和旅游消费者可以避开旅行社直接进行沟通和交易，这对旅行社在现代社会的生存方式提出了挑战。因此，旅行社需要借助信息技术，改变自身经营方式，积极开拓新的业务，转换服务职能，为旅游者提供更好的服务。

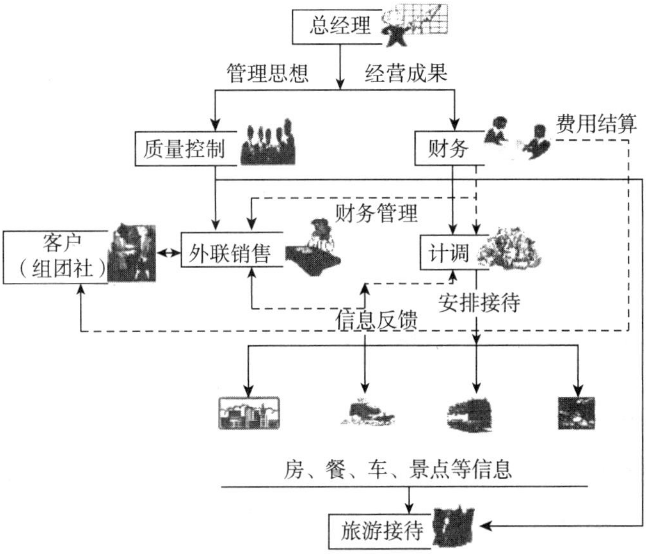

图 3-1　旅行社业务流程示意图①

一、信息化的含义与要求

（一）信息化的含义

《国民经济和社会发展第十个五年计划信息化重点专项规划》界定了信息化的内涵，指出“信息化是以信息技术广泛应用为主导，信息资源为核心，信息网络为基础，信息产业为支撑，信息人才为依托，法规、政策、标准为保障的综合体系”，从而准确地表述了应用、资源、网络、产业、人才、法规政策标准在信息化体系中的位置以及相互之间的关系。其中应用是信息化的主导和目的，其他的工作围绕应用的主导方向展开，与需求紧密结合。

（二）信息化建设的总体要求

“统筹规划，资源共享；应用主导，面向市场；安全可靠，务求实效”是我国提出的对信息化工作的总体要求。

1. “统筹规划，资源共享”是信息化建设的总体思路，统筹规划主要是

① http：//www. 17u. net/news/newsinfo_ 49830. html.

指网络基础设施建设方面，要有统一的规划实施方案，避免重复建设。信息的特点是不因交流、传递而减少，相反会产生信息的集聚效应。信息的优势在于共享，共享的结果不是单独对谁有利，而是共赢，它强调的是信息资源开发利用的社会性。

2. “应用主导，面向市场”指出了信息化的目的与方向，信息化不是单纯为了信息化而信息化，它的落脚点在应用。要加强信息化与传统产业的紧密结合，通过信息化这个手段来促进传统产业的转型、升级与发展。面向市场就是强调信息化的发展一定要面向市场需求，按照市场的需求来提供信息化服务。同时要培育和发展市场，积极拓展信息化的发展空间。

3. “安全可靠”意即信息安全是信息化发展的保障。网络环境是一个虚拟的环境，更需要通过技术手段，法律、法规建设和人们的自律行为来构建诚信的网络环境。没有安全可靠的网络环境，信息化的应用就会受到限制，难以向深层次的应用发展，因此要高度重视信息安全问题。

4. “务求实效”强调的是要以最终的应用成果作为判断信息化建设成效的标准。信息化建设一定要讲求实效，避免盲目发展和形式主义。

二、旅游信息化与旅游电子商务

（一）旅游信息化的含义

旅游信息化是指充分利用信息技术、数据库技术和网络技术，对旅游有关的实体资源、信息资源、生产要素资源进行深层次的分配、组合、加工、传播、销售，以便促进传统旅游业向现代旅游业转化，加快旅游业的发展速度，提高旅游业的生产效率。旅游信息化的内容主要包括旅游企业信息化、旅游电子商务、旅游电子政务三项。

1. 旅游企业信息化主要指企业内部的信息化。通过建设信息网络和信息系统，调整和重组企业组织结构和业务模式，提高企业的竞争能力。

2. 旅游电子商务是指旅游企业对外部的电子商务活动，旨在利用现代信息技术手段宣传旅游目的地、旅游企业和对旅游产品进行促销，加强旅游市场主体间的信息交流与沟通，提高旅游市场运行效率和服务水平。

3. 旅游电子政务指各级旅游管理机关通过构建旅游管理网络和业务数据库，建立一个旅游系统内部信息上传下达的渠道和公共信息的发布平台。实现各项旅游管理的业务处理和公共信息服务。

（二）旅游电子商务

世界旅游组织在其出版的《旅游电子商务》一书中指出：对于旅游企业而言，电子商务就是通过先进的信息技术手段改进内部和对外的连通性。从外部来看，旅游电子商务能改进旅游企业之间、旅游企业与上游供应商之间、旅游企业与客户之间的交流与交易，主要包括电子旅游营销、电子旅游销售、旅游企业电子采购。可见旅游电子商务是针对旅游企业来说的，是指旅游企业现实中各项商务活动的信息化和网络化。

简单地说，旅游电子商务是旅游企业借助于互联网和信息技术开展商务活动的一种经营方式。它改变的不是旅游企业的业务范围，而是开展业务的具体手段。旅游电子商务是旅游、商务和信息技术的交集。

（三）旅游信息化与旅游电子商务之间的关系

凡将信息技术应用于旅游业的活动均可纳入旅游信息化的范畴。而旅游电子商务则主要是指旅游企业通过信息化手段来促进旅游交易的完成。旅游信息化涉及的范围更广，电子商务是其主要的组成部分。从实践来看，旅游信息化侧重于信息化手段的应用程度，旅游电子商务则更侧重于应用的效果。

三、旅行社信息技术的应用

信息技术在旅行社的应用主要体现在对内运用管理信息系统实现管理模式的简单化、科学化、现代化；对外开展旅行社电子商务，进一步开拓市场，树立品牌形象，提高营销管理服务水平。信息技术在旅行社的应用主要包括以下方面。

（一）预订业务

航空业信息技术的发展促进了旅行社行业的信息化进程，其中中央预订系统的应用对旅行社行业的信息技术进步和行业发展具有重大推动作用。如世界著名的太阳神（Apollo）计算机管理系统。该系统由美国联合航空公司于 1976 年创立，它既可以作为一个广泛的信息咨询源，协助旅行社查询机位、票价或货币兑换率等资料，还包含各项服务的预订。

随着互联网的普及，中央预订系统已经遍及世界，从而形成了全球分销体系。除预订服务外，人们通过全球分销系统还可以直接取得全世界各地旅游相关资讯，包括航空公司、旅馆、租车公司的日程表，机场的设施，转机的时间，机场税，签证，护照，检疫，甚至信用卡查询、超重行李计费等。计算机预订系统的不断完善，使得旅行社可以为旅客提供越来越周到的服务。

（二）咨询服务

旅行社利用旅游信息服务系统可为游客提供信息咨询服务。如英国旅行社广泛使用的视频服务系统便属于此类。该系统由英国电信公司应用计算机技术和通信技术建立的数据信息传输系统，它通过电话公用网把终端设备同计算机中心联系起来，用户利用终端可以检索服务器数据库中的信息资料，然后结果会在终端屏幕上显示出来。其内容包括各国旅游风光、旅游活动项目，各种包价旅游线路、日程、价格，旅游饭店设施、等级和房价等，一些国际国内的航空、铁路、海运、汽车等运输公司也向这一系统提供最新时刻表和服务项目。旅行社只要在其营业场所安置一台与该系统相连接的显示终端，便可以查询旅游方面的有关信息，从而及时答复旅游者的询问，有利于成交。旅行社通过这一系统还可以进行机票预订。

这种系统对于一些小的旅行社比较合适，它们本身没有财力建立自己的信息系统，仅购置一台显示终端设备便可以查询有关信息。

（三）经营管理

近年来，随着信息技术的发展，越来越多的旅行社开始将信息技术运用到旅行社经营管理之中。如日本交通公社建立的“旅行-3 型”系统。该系统不仅具备咨询和预订功能，而且还具有财务、人事、工资等方面的信息处理、自动平衡各种旅游路线的客流量和旅游者统计分析等十多种功能。同时，还可将经营状况进行综合或单项分析，对市场动向进行预测。

四、旅行社管理信息系统的特点

旅行社管理信息系统利用信息技术和网络技术对旅行社生产服务过程的管理实现信息化，从而提高旅行社的生产、管理效率和市场竞争力，更好地满足旅游的个性化需求，它具有以下基本特点。

（一）拥有庞大的资源信息库

旅行社管理信息系统包括交通、饭店餐饮、景点等多种信息。这些信息的数据库与客户资料数据库共同构成旅行社经营活动的基础。因此，旅行社管理信息系统不仅指管理系统，它还包括资源信息库。为了增强信息库的完整性，其一般与外部专业旅游信息资源数据库相连接。

（二）信息量大且强的时效性

旅行社为了能给旅游者提供更加满意的信息服务，必须尽可能多地收集相关的旅游产品信息，因此，旅行社管理信息系统涉及的信息量很大。同时，旅行社所收集的包括饭店、景点、交通、购物、娱乐等信息的时效性很强，例如，饭店推出的限时特价房、特价菜等，持续时间很短。旅行社管理信息系统要及时地更新信息，确保将准确、有效的旅游信息及时地提供给旅游者。图 3-2 为旅行社管理信息系统各子系统或功能模块之间的关联示意图。

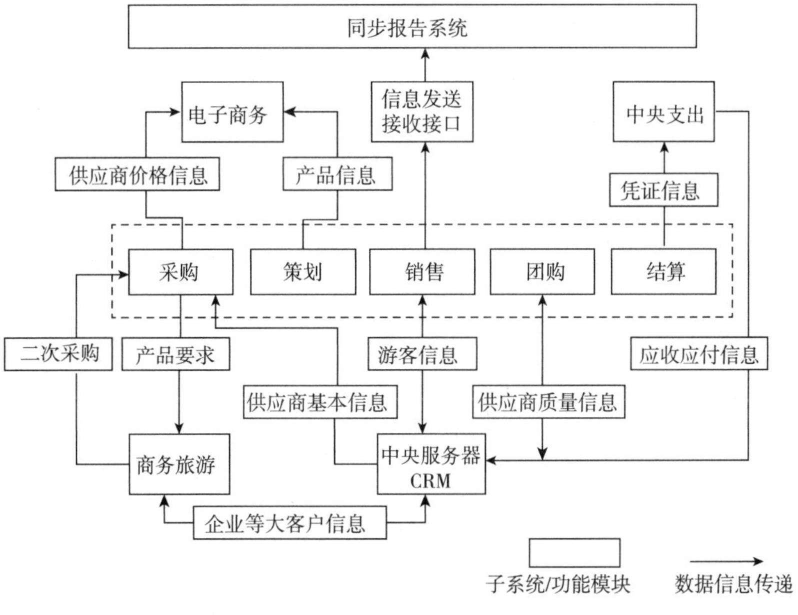

图 3-2　旅行社管理信息系统关联示意图

（三）拥有极强的互动性

通过旅行社管理信息系统可以实现旅行社与旅游者之间的互动。一方面，旅游者可以借助旅行社管理信息系统自主设计旅游线路，自主选择景点、饭店、餐饮、交通工具等；另一方面，旅行社也可以根据旅游者的信息反馈及时改进、推介旅游线路、旅游服务等，更好地为旅游者服务。

第二节　旅行社电子商务管理

旅行社电子商务就是把电子商务融合到传统旅行社业务中去，实现产品的生产、销售、预订、结算电子化及客户服务等过程。同时，旅行社可以对企业经营管理活动进行资源重组和整合，建设企业内部办公网，依托旅行社业务管理、旅行社客户关系管理和财务管理等经营管理系统，实现旅行社经营管理信息化。

一、旅行社电子商务现状

（一）国内外旅行社电子商务概况

对于国际旅行商来说，旅游电子商务网络的发展，尤其是全球分销系统的建立及国际旅游的发展，极大地促进了国际旅行业务的发展。据不完全统计，德国、法国旅行代理商入网率分别高达 100% 和 99%。在美国使用全球分销系统的旅行社也很普遍。

与此相应，一些传统的经营和管理方法也因信息技术革新而改变，逐渐向高智能化、网络化、集团化转变。

旅游电子商务网络的迅速发展，既给国际旅行商带来了新的发展机遇，也对传统的国际旅行业务带来了挑战。尤其是大量网上旅游组团、网上远程预订、网上旅游销售等，促使国际旅行商必须加快旅游电子商务的发展。

我国旅行社信息化建设存在难题，是因为中小型旅行社较多，旅行社行业准入门槛低，导致行业良莠不齐，信息化建设与国外先进水平相去甚远。

其后，随着计算机在我国的普及，越来越多的旅行社开始采用计算机进行信息处理，部分旅行社引进中型机或实现微机联网，更多的旅行社则将计算机用于财务和人事等的专项信息处理。可以说，我国旅行社在运用信息技术上已渐渐步入了管理信息系统阶段。互联网开创了电子商务的新时代，各行各业开始进军电子商务。旅游业相比其他行业更先一步进军电子商务。由于旅游业的电子商务只涉及信息流、资金流，不涉及物流，在第三方支付平台发展日益成熟的今天，使其成为更易实现电子商务的行业。直至 2022

年，据世界旅游组织商务理事会的一份报告显示，世界主要旅游客源地约四分之一的旅游产品订购将通过互联网进行，而另一项调查更是显示，现在通过网络了解外出旅游信息的游客已经上升到调查人数的三分之一。可见，旅游业开展电子商务具有巨大的发展空间。

（二）旅游网站的模式和现状

目前，我国的旅游网站主要可以归结为四类。

1. 门户网站的旅游频道或旅游栏目

其特点是通过网站的旅游栏目对一些旅游景点、旅游线路、旅游知识等作简单介绍，如新浪、搜狐、网易和中华网等。但因旅游信息仅作为网站的一部分，不能全面地提供整套的旅游服务和缺乏专业资源的支持。

2. 传统旅游企业自建的网站

这类网站虽然基本上具备信息发布、营销促进和服务顾客的功能，但还不能提供全面的旅游服务。如昆仑在线、青旅在线等。

3. 专业旅游网站

通常以良好的个性服务和强大的交互功能迅速抢占网上的旅游市场份额，并在网站建设方面有比较明确的概念和清晰的思路。另外，它们一般具有风险投资的背景，在专业资源支持、运行规模、服务内容等方面也有较大突破，如携程旅行网、中国旅游资讯网、西部旅游信息网等。

4. 政府背景类应用服务供应商（ASP）网站

这类网站以国家金旅工程的公共商务网——金旅雅途网为代表，它们自身不经营旅游业务，而是构建一座“旅游电子大厦”，为旅游企业提供电子商务平台，以全面解决旅游企业网上营销和管理问题，同时提供国家最新的旅游信息。

目前门户网站不能充分体现旅游信息的全面性、权威性、实用性和专业性，缺乏行业优势，难以展现网上旅游的魅力。专业旅游网站中，国内互联网上旅游站点十分有限，而且大部分是简单的企业介绍，大多停留在专业门户阶段，内容主要包括国内主要的旅游线路、景点介绍、旅游常识和游记作品。如华夏旅游网、中国旅游资讯网等。虽有较明确的概念和清晰的思路，但缺乏专业资源的支持，限于规模、内容及知名度等因素。在客源方面无法和传统旅行社竞争。这种现象在很大程度上证明，专业网站发展电子商务需要强大的专业产业资源做后盾。最有实力的国旅、中旅、青旅三家国有旅行社将在传统旅游市场中处于优势地位。

按照WTO协议，外商控股和独资的旅行社逐渐进入我国旅游市场。我国旅游企业已经开始了国内和国外的双重竞争。因此，建立畅通的内部、外部信息网络，提高经营管理水平，合力打造综合化服务，是我国旅游企业提升核心竞争力的关键所在。

二、电子商务背景下旅行社定位

传统旅行社的核心竞争力在于其中介商的定位和对旅游信息的垄断。网络的出现动摇了这一切，知识经济的反中介化迫使旅行社反思，寻找能尽快完成自身转型和角色重新定位的途径。在这一过程中，旅行社首先需要转变观念，主动利用网络优势，适应网络环境下的企业信息化运作。其次要借助信息化技术，开拓新的业务，增加旅游产品价值，完成从旅游产品组合者向旅游产品生产者的角色转换，创造新的利润增长点。

分析传统旅行社业务特点与互联网优势后可以发现，未来旅行社的核心能力将集中在两方面：一是旅行社在多年旅游信息收集和旅游产品组合开发中积累的专业知识、经验；二是旅行社开展并已被广大旅游消费者接受的富有人情味的导游服务。因此，传统旅行社应关注由此产生的未来旅行社业务发展趋势，谋求新的发展契机。

（一）从单一转向全面的信息交流

对于旅游者和旅游企业而言，要想在浩瀚的互联网中找到符合自己需求的信息并非易事，而旅行社可以借助技术手段和业务优势提供解决之道。

（1）旅行社可利用自身的专业优势，强化旅游信息的开发。旅行社应建立自己的网站，集中大量的旅游信息，并进行分类编辑，精心设计策划宣传材料，向旅游者提供经专业化加工处理、详尽和准确的旅游信息。如中国旅游资讯网、华夏旅游网、携程旅行网等，有明确的电子商务概念和思路，提供旅游咨询、在线行程预订和支付服务，在一定程度上较好地整合了旅游服务资源和技术服务资源，为更广大的散客旅游者提供更个性化的服务。

（2）增设信息搜寻服务，根据消费者的具体需求提供最新旅游信息。

（3）发挥信息桥梁作用，对旅游者和各旅游企业进行调查研究，逐步形成旅游需求和供给信息库，有偿向旅游企业提供。这其中，构建综合性旅游者信息资料库最为重要，信息库中关于旅游者的旅游爱好、旅游历史、消费需求等大量相关资料可以成为各旅游企业进行经营决策的重要依据。也可与市场研究公司协作，进行旅游市场发展趋势分析，以此逐步形成信息中心。

（二）开发个性化与定制化旅游产品

随着人民生活水平的提高以及整个社会消费个性化时代的到来，越来越多的消费者已经不再满足于传统的组团旅游，个性化、多样化的旅游形式正广泛地被消费者所接受。传统的旅行社组团旅游，虽然可以让旅游者不再因为交通、住宿等诸多琐事而费心。但一路走马观花，旅游者看到的几乎是相同的东西，个人的需求难以得到满足。另外，随着社会的发展和生活节奏的加快，旅行社的统一安排也难以满足旅游者各自的旅游时间要求，他们更愿意在旅游代理商的帮助下自己设计旅游路线及安排旅游时间。因此，旅行社应尽快适应市场需求，将业务重心放在为个体旅游者提供专业化产品设计上，以提高产品的技术含量，开设直接面对游客的一对一服务。组织专业人员，提供因人而异的产品设计组装指导服务，以满足每位游客的需求为宗旨，以个性化设计、定制化生产为主，逐步开发出系列个性化的时尚旅游产品。

借助信息网络技术，旅行社可向游客直观地展示定制产品的质量和特征，运用可视系统和网络多媒体技术对游客预订旅游产品的图像、视频等要素进行信息转换，实现网上虚拟实景旅游，以此降低购买风险，增加产品的吸引力。

（三）提供有特色的个性化导游服务

导游服务是旅行社独创和特有的服务项目。导游的任务一方面是通过自己的讲解，使旅游者深入了解旅游目的地，提高旅游的知识性和趣味性；另一方面是在出现意外和突发事件时，根据自己的专业能力和经验帮助游客及时处理问题，增强旅游者的安全感。

国际旅游界认为没有导游的旅游是不完整的旅游，是没有灵魂的旅游。旅游产品是一种精神产品，人们追求消费中的精神享受。在旅游过程中，导游与游客间的感情交流满足了现代人渴望沟通、希望被尊重、实现自我价值的心理需求，使旅游成为一项充满精神享受的体验活动，这是互联网无法提供的。因此，网络时代尽管人们可以大量依靠网络信息选择旅游产品，实现完全的自主旅游，但导游服务不会消失，而且对导游服务质量的要求也将更高。在网络环境下，如何更有效地整合网络服务与传统导游服务，是旅行社应该关注的新问题。

（四）旅行社售后服务功能延伸

美国《旅游代理人》杂志曾对一些常客不再光顾原旅行社的原因做过系统调查，调查结果显示，有68%的顾客认为是由于旅行社缺乏售后服务和不积极争取回头客。西方国家的旅行社都极为重视售后服务，并采取了多种多样的售后服务形式以争取每一位顾客再次光顾。例如，在客人返回后的第二天就向客人打问候电话，或在网上对客人致以问候，给客人寄送意见征询单、明信片，举行游客招待会，等等。国外旅行社的做法值得国内旅行社借鉴，做好售后服务工作是保持顾客和扩大市场的有力措施，表现在有明确的客户、有合作基础、成本低且效果好。

旅行社可利用信息化管理客户档案，利用网络加强与客户的联系，进行售后跟踪服务，了解客户的新需求，以便于推出更符合消费潮流的旅游产品。旅行社内部运作信息化为了适应个性化旅游需求及开展售后服务，旅行社的工作量和工作复杂程度都会显著增加，采用信息化管理提高旅行社内部业务运作和经营管理水平是形势所需。内部网络可使旅行社内部管理信息畅通，管理透明度加大，这必然使经营管理水平提高。

1. 旅行社利用网上采购和预订，不仅可以节省大量时间、人力和联络费用，而且由于网上联络简单易修正，可减少因计划采购量和实际采购量之间的差异而引起的纠纷；

2. 旅行社可利用网络建立管理信息系统及统一的顾客档案库，以便旅行社所属各分社或营业点掌握即时的销售状况，做到信息资源共享；

3. 建立财务管理系统，更好地管理所属各营业点的营业收入；

4. 建立网上培训课程，供分散在各地工作的员工随时随地学习；

5. 建立导游员和各类人员的资料库，以便为内部员工提供定制化服务等。

（五）向复合型企业转变将成为趋势

目前，中国旅游电子商务的发展主要有三个走向：

1. 门户网站的旅游频道，如新浪、搜狐等；

2. 旅游信息服务网站和旅游电子商务预订网，它们是新型的在线旅游分销商（如微软 Expedia 公司是世界上最大的在线旅游分销商之一），中国携程旅行网是我国较早应用现代网络信息技术的在线旅游分销商，开办有在线客房预订、机票预订、旅游线路预订和在线支付等业务；

3. 华夏、广之旅等传统旅游企业创办的旅行网站。

在一涌而起的众多网站中，大多数只是简单介绍旅游景点知识和一些旅游路线，真正实现旅游电子商务的只有寥寥几家。在这些旅游网站中，携程旅行网采用硅谷的运作模式，利用海外资金进行本土化操作，成为国内发展最快的新兴旅行中介服务企业。这三种不同的旅游电子商务企业正在挖掘各种潜力，谋求最大的发展。三股力量各具优势，都有发展的空间，今后都可以逐步壮大、联合或兼并重组为新型企业，即网络企业+传统旅游企业=复合型旅游企业。这种复合型旅游企业的活力，来自它集中了三种企业的资源优势，经整合互补后会产生更大的竞争力。例如，作为中国上市旅行社，中青旅控股公司改革传统旅游经营模式，设立电子商务公司，创办并开通了综合性旅游网站青旅在线。该公司用互联网平台进行网络营销，旅行社则作为后台，主要从事具体的市场调研、产品研发、接待等工作。由此形成利用旅游网站与旅行社业务互补的旅游经营新格局，并带动传统旅游产业的升级。同时也为旅行社在网络时代如何发展自身规模并开拓新市场，转变散、小、弱、差的落后状况指出了一条可行途径。

（六）联合经营，共建旅游零售代理集团

旅游业信息步伐的加快，为旅行社的经营带来了一系列需要解决的问题，也使旅行社一些固有的矛盾更加突出。从目前旅行社的现状来看，主要存在两大问题：一是大多数旅行社普遍规模较小，经营手段传统，使得其经营和发展比较脆弱；二是市场竞争非常激烈，竞争手段单一，难以在网络经济市场中发展壮大。国内许多中小型旅行社相互之间的过度竞争，会使其失去生存空间，也使旅游服务和信誉大打折扣。

对于中小型旅行社，可采取联合经营模式，在各目标市场区域选择专营性合作伙伴，共同组建大型旅游零售代理集团，汇集集团整体规模优势和丰富的产品知识、销售经验，在网上搭建涵盖 B2B、B2C、C2C 模式的交易中介平台，对旅游产品实行集团采购，并进行信息深加工，以强化咨询服务的增值功能，在线下实体连锁体系的支撑下实现旅游零售代理商的电子商务化和品牌塑造。在网络经济中，合作比竞争更为重要，各大、中、小型旅行社之间寻求多种形式的合作，将是未来旅行社发展的方向。

三、旅行社业务流程再造

旅行社要想实现电子商务，其内部表现是企业运作流程合理、信息畅通。现代信息技术使人们容易想到用电脑加快流程运作速度，但个人电脑的简单运用仅仅是把纸面文件改为电子文件而已。在被割裂的流程中，信息的传递、职能部门间的摩擦和协调等内部交易费用过大的问题依然存在。

流程再造的目标是与某一个旅游团的接待业务有关的所有业务人员都能即时准确地提供和获取顾客或内部管理信息，并完成相应的工作，使顾客满意，同时使企业的客户资源得到充分利用和维护，以实现旅行社的可持续发展。

（一）传统旅行社业务流程

一个机构齐全的旅行社通常设有市场部、外联部、接待部、计划部以及人事部、财务部等职能部门。执行同一职能的工作人员同属于一个部门，向本部门主管负责和汇报工作，发生跨部门交涉时由部门主管处理。其接待旅游团（者）的一般工作流程如图 3-3 所示。

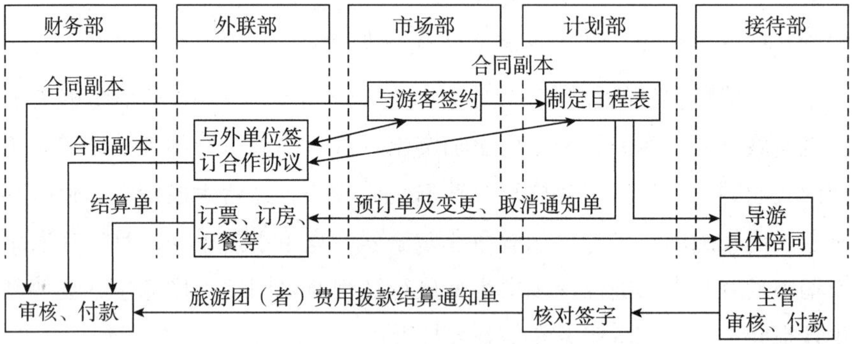

图 3-3 旅游团（者）接待流程示意图

在实际工作中，陪同人员经常会遇到各类问题，此时一般由旅行社的计划部协调处理相关问题，其工作流程如图 3-4 所示。

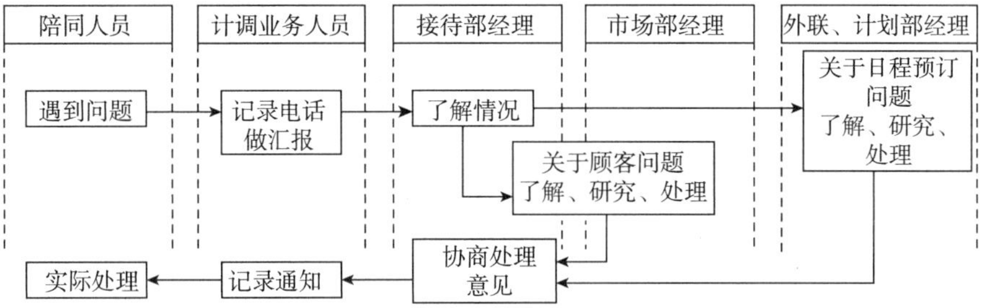

图 3-4　计调部协调工作流程示意图

（二）再造后的接待业务流程

通过建立一个数据库，旅行社接待业务的流程就得以完全改变。外联部与外单位签订合作协议书及市场部与游客签约的同时，将资料输入计算机联网的数据库。计划部在数据库的提醒下，制定日程表并输入数据库。外联部根据数据库的资料与外单位办理订票、订房、订餐等业务，并将结果输入数据库。导游从数据库中获取旅游团（者）的详细资料，完成陪同任务。接待部主管收到导游交回的结算单，与数据库中的资料核对，若符合即签收，如图 3-5 所示。

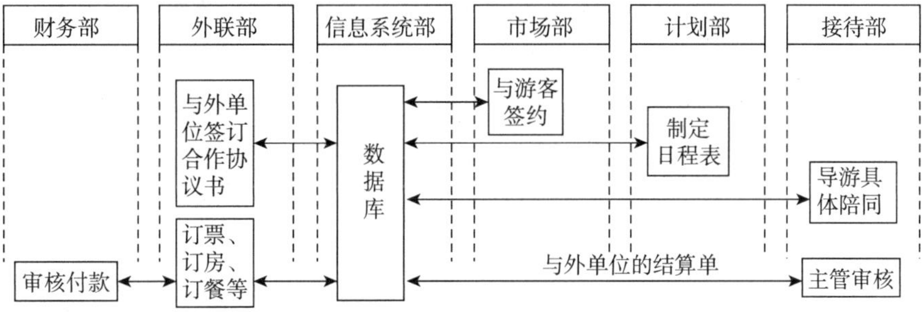

图 3-5　再造后的旅行社接待流程示意图

信息系统部收到签收的信息后，就会提醒财务人员付款。以往各部门之间错综复杂的文件往来改为与数据库单点接触，这样资料翔实，信息交换快。因为所有信息都是直接由计算机提示，故填写单据过程中出现的差错率能降到最低限度。当业务员由于合作单位或其他原因对原计划做出变动时，因为能获得充分的信息，在专家系统的协助下，可以顺利地与相关人员协商，完成改动协调工作。财务部人员也不用埋头于各类合同、单据之中。审核由部门主管把关，他们可以把更多精力投入到企业财务状况分析、融资或投资的财务分析及客户信用审核等专业工作中去，从而在很大程度上提高了企业的运作效率。

再造后的流程利用共享数据库，缩短了信息传递中介，把各环节信息传递中的拖延和失误降到最低，并降低了对各环节进行衔接、协调、监督和控制所带来的成本，极大地提高了服务的质量和运作效率。

图 3-6 为再造后的计调部门协调工作流程示意图。计调部的业务人员借助专家系统可以方便地帮助在外的陪同人员解决其遇到的问题，工作效率和顾客满意度都会大大提升。如果条件许可，还可以进一步使导游直接与数据库相连，使中间环节更少，工作效率进一步提高。

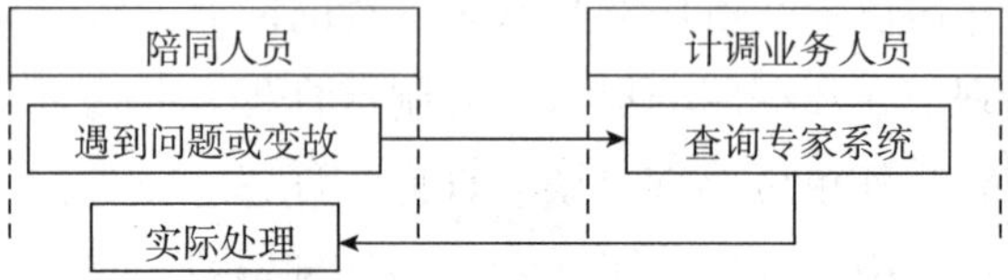

图 3-6　再造后的计调部协调工作流程示意图

经过流程再造后，市场营销人员也将得到强大的信息支持。由于可方便地随时获得信息，他们将有更多的时间与潜在顾客接触，更好地满足顾客多样化和个性化的需求；能迅速将顾客的特殊要求传达给其他业务人员，并在最快的时间内得到答复。旅行社的统计工作是决策的依据。统计人员要汇总和处理大量的合同、单据和表格，劳动量大、效率低。再造业务流程后，数据库能够自动统计所有数据，旅行社可以将统计工作的重点转向对统计结果的分析。

此外，传统营运模式下，旅行社的各个部门往往是一个个“小旅行社”，它们可以凭借旅行社的企业品牌、营销网络等企业资源从事从采购、销售到操作团队、财务结算的整套业务，侵蚀企业的利益。旅行社业务流程再造也有利于整合和聚集各部门内部资源，实现企业规模效益。

旅行社利用现代信息技术对业务流程进行再造，理顺了各部门之间的关系，缩短了流程运行时间。更重要的是提升了信息获取和处理能力，也为旅行社实施电子商务提供了条件。

第三节　旅行社电子商务系统建设

旅行社电子商务系统是旅游商务与信息技术结合的产物，因此在旅行社电子商务应用的全过程中，都必须充分兼顾旅行社自身的发展阶段和技术条件两个方面的因素，以科学、合理的程序展开系统设计、建设和应用工作。

一、旅行社实施电子商务的战略

与美国等发达国家相比，中国旅游电子商务有其特殊的国情与商情，在体制、法律、信息化基础和文化等方面均与发达国家存在着较大的差异。因此，在战略上需要确立适合中国国情和商情发展旅行社电子商务的指导原则。

（一）确立“商务为本”思想

旅行社仅仅使用信息技术并不能建立起本企业的竞争优势，而是需要与满足旅游者空间移动的核心、业务结合起来。实现二者的互动才能真正培育旅行社的核心竞争力。旅行社管理者对技术战略的制定，不仅应具有前瞻性，更需要符合企业自身条件，具有适用性。这就要求旅行社要确立“商务为本”的思想，以商务为主，以技术为辅，避免过度技术化的倾向，确立适合旅行社经营和发展的技术方案和服务方式。亦即旅行社的技术战略应从企业的本源性质出发，服从旅行社发展战略的总体要求，而不应是孤立的技术导向的战略。

（二）树立“大电子商务”观念

旅行社电子商务不仅是电子技术，也不仅是商务活动，应包含如下含义：

1. 包括 IT、商务、金融、物流、法律、信用等多个领域的大系统；

2. 包括政府、旅行社、旅游消费者、网络服务商等多方参与者的社会工程；

3. 包括旅行社内部运作流程信息化，旅行社对旅游企业（酒店、餐馆、航空公司、金融机构等）的电子商务、旅行社间（即 B2B 模式）的电子商务、旅行社对旅游消费者（即 B2C 模式）的电子商务、旅游消费者对旅游消费者（即 C2C 模式）的电子商务、政府对旅行社（即 G2B 模式）的电子商务等多种模式的复合体系。

因此，无论在旅游电子商务界扮演什么角色，不论身处何种领域，都应眼界广阔、具备系统思维，发展共生与合作，以开放性的网络精神进入旅游电子商务时代。

（三）关注行业结构调整与企业目标导向

旅行社技术战略的实施需要较大的启动成本和维护成本，因此，信息技术在我国旅行社业的广泛应用有可能导致旅行社行业结构的调整。大型旅行社可以借助资金优势和成本优势完成网络化布局，成为旅游批发商；中小旅行社由于没有能力建立独立的信息系统，最终只能成为大型旅行社的零售商或代理商。因此，以大型旅行社为核心，按照供应链关系建立旅行社电子商务体系，并带动中小旅行社的电子商务应用与发展，将是中国旅行社电子商务应用与发展的重要途径。

信息革命已经在世界范围内产生了前所未有的巨大冲击。我国旅行社应该适时抓住这一机遇，利用后发优势，把信息技术的应用与行业变革紧密结合起来，培养竞争优势，以在国际旅游市场上有所作为。

二、旅行社构建电子商务系统的步骤

（一）环境分析

旅行社的良性发展需要管理者收集环境信息，预测技术的发展趋势。网络的出现使信息收集工作更简单，也更困难。简单是因为借助网络可以获得更多信息；困难是因为信息的易得性使得个人资源更难得到保护。

一般来说，旅行社的技术决策需要技术知识和市场信息两种外部信息。技术知识是技术战略制定需要的主要信息。主管技术投资的管理者必须了解竞争对手在技术方面的信息以及对本旅行社的影响。例如，最近会出现什么新技术？对旅行社行业有什么影响？我们的竞争对手有哪些技术能力？会对我们造成什么威胁？谁在开发对本旅行社有用的技术？我们怎样才能得到它们？此外，旅行社管理者还要了解市场信息的新变化及其与技术的契合程度，识别旅行社的细分市场和营利空间，了解企业目前所处的竞争地位以及未来的目标。

除了收集外部信息外，从企业内部来看，旅行社管理者需要正确认识本企业的技术资源和能力状况，具体了解旅行社目前对技术的利用状况。如企业目前的技术是否与企业发展进程相适应？本旅行社的核心技术取得了哪些进展？是否需要替代？旅行社是否具有技术更新的资金和组织支持？旅行社技术人员的研发能力怎样？还可以在当前和预期的技术平台上开发哪些新产品？

旅行社的技术战略是一项综合性系统工程，工程目标高，技术性强。旅行社在制定技术战略之前要首先进行前期的需求调研，分析旅行社内外部环境，这是管理者在技术管理活动中首先要明确的，也是制定技术战略的基础。

（二）制定技术战略

1. 确定战略目标

技术战略制定的第一步是根据前一阶段对技术知识、市场信息和企业自身能力等旅行社内外部环境的分析，确定旅行社技术战略的目标。旅行社的技术战略应当围绕旅游者的空间移动而展开，同时从属于每个旅行社在特定时期的企业整体战略。战略目标的确定要结合旅行社的企业文化和企业整体发展战略，充分考虑到旅行社的现实需求和将来的扩展性。

2. 旅行社内部网建设

第二步主要是引入符合本旅行社需求的管理软件和硬件，整合企业内部资源，建立旅行社的内部网，即初步建立管理信息系统，实现企业的办公自动化。根据旅行社的企业性质和业务特点，旅行社的内部网建设主要是实现企业内部管理和旅游业务处理的自动化。在旅游业务方面，需要建立预订系统、销售系统、团队操作系统、单团核算系统、财务系统等，从而实现旅游业务从开团、销售、单团核算到财务的集成处理。在旅行社内部管理方面，需要建立的有人力资源系统、企业资源分析、导游和车队管理、客户关系管理系统等内部管理系统。

管理信息系统对旅行社经营活动中所有信息进行管理控制。通过数据库技术和网络技术将分散于各部门的信息资源汇集起来，建立数据库，实现信息共享。通过创建本企业的内部网，可以推动企业资源整合，规范业务流程，提高业务工作绩效和决策的科学性，为旅游者提供更专业、更有效的服务，实现信息资源的市场价值。

建立管理信息系统还必须与旅行社的管理体制和组织形式相结合。强调用信息技术改革低效率的业务流程，进行业务流程重组，这样管理信息系统才能取得成效。

3. 旅行社外部网建设

旅行社外部网的建设可以包括旅游目的地咨询，酒店、机票等单项服务的咨询和预订，传统旅行社产品的咨询和预订，旅游者需求调查、收集产品反馈信息，支持旅行社的网上营销以及与供应商之间的协作网络等。

旅行社的外部网直接面对公众，因此应强化网站管理，充分体现旅行社的企业文化和经营理念，并及时更新网站页面，保证网上信息及时准确（旅行社外部网的功能示意图如图 3-7 所示）。

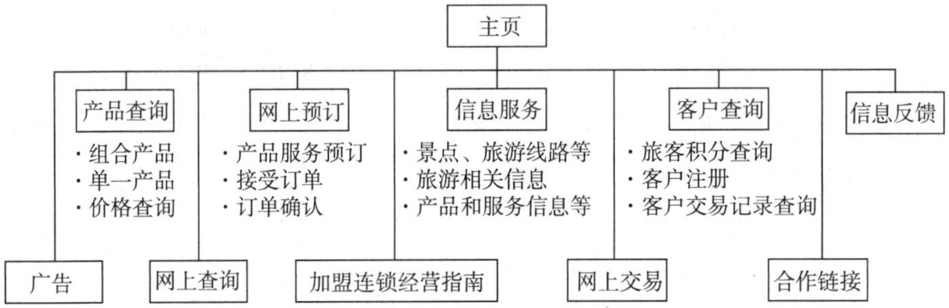

图 3-7　旅行社外部网的功能示意图

4. 旅行社信息资源的整合

旅行社信息资源的整合是指创建旅行社的中央数据库，完成旅行社实体销售网络和在线销售网络，以及企业内外网络资源的整合，通过旅行社决策系统实现企业的人力资源管理、客户关系管理和产业关系管理，并通过健全网上交易，最终实现电子商务（见图 3-8）。

以上只是旅行社技术管理的基本程序，各个旅行社因为企业目标的不同在具体的步骤上可能有所侧重。例如，在线旅游服务商可能会更注重外部网的建设和维护。

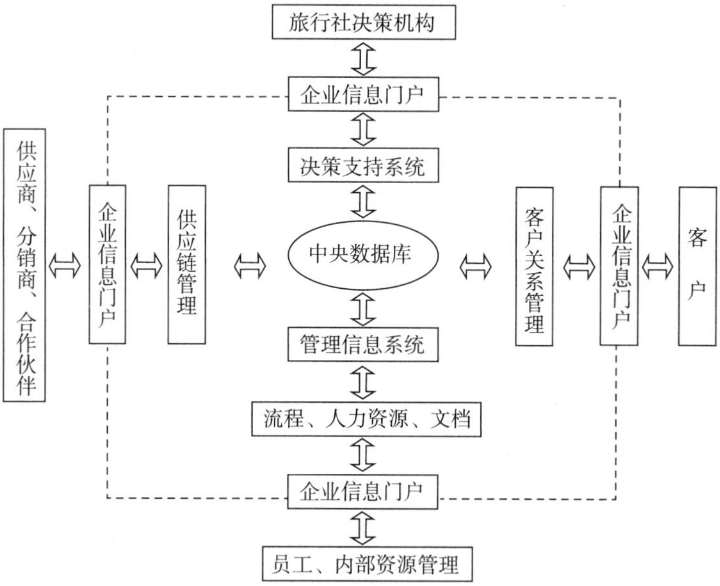

图 3-8 旅行社信息资源的系统整合示意图

（三）设计保障措施

旅游业的敏感性及业务流程的不稳定性，使信息化建设成为一个长期持续改进的动态过程。因此，技术战略的实施有必要采取一些保障措施。

1. 资金保障

推进信息化需要投入大量资金，旅行社可以灵活利用各种筹资渠道保证信息化建设的资金供给。旅行社的固定资产少，进行银行贷款有难度，有实力的旅行社可以按照信息化规划，制定投资预算，实行企业自筹，或充分利用资本市场，吸收风险投资。

2. 组织机构保障

技术战略的实施要由业务人员和技术人员组成专门机构，负责信息化的具体运营和管理。组织机构的其他部门还应积极配合企业的技术战略，如战略规划部负责制订发展规划，技术开发部提供技术支持。在部门职能的设置上也要充分平衡部门利益，如旅行社门户网站的营销对象可以锁定为商务散客，以区别于传统销售部门的团队旅游者。

3. 人员保障

技术人员在信息化中发挥着重要的作用。旅行社可以根据自身实力配备精干的开发队伍，培养懂技术和业务的复合型人才，也可以实现旅行社信息工程的外包，由专业公司负责信息系统的开发和维护。

4. 监督和调整

对战略实施过程进行监督和调整是战略计划中的重要环节。根据战略自身的失误、战略实施不力、业务发展变化以及新需求的出现，企业需要实时对战略实施状况及时进行反馈和调整，最终使旅行社信息化管理更为有效。因此，旅行社应制定合理的监督策略和措施。

三、旅行社网站的设计

旅游网站是旅游企业实施电子商务的信息门户，网站的设计及推广对企业有效实施电子商务的作用不言而喻。国内许多旅游网站内容流于形式、信息量少且功能简单、网页更新较慢，网络促销和服务效果十分有限。相比之下，欧美国家旅游电子商务发展水平较高，其旅游网站的设计在观念和技术两方面均有值得借鉴之处，如表 3–2 所示。

表 3–2　旅游网站结构与主要内容

栏目	主要内容或功能说明
信息服务	（1）景点、饭店、旅游线路等方面的信息； （2）旅游常识，旅游注意事项，旅游新闻，货币兑换，旅游目的地天气、环境、人文等信息以及旅游观感等； （3）与旅游相关的产品和服务信息，以及各种优惠、折扣
旅游信息的检索与导航	检索查询旅游线路、交通、费用、景点和相关服务等
网上预订和支付	航空、饭店、汽车租赁等服务的检索和预订
产品和服务的在线销售	包括票务、住宿、餐饮、租车、旅游组团、导游服务等

续表

栏目	主要内容或功能说明
个性化定制服务	用户注册相关信息：如最希望何时开始旅游；最想搭乘哪个航空公司的哪个航班，飞行的次数；最喜欢租用哪种类型的汽车；最愿意住在什么饭店等。 （1）系统依据这些信息帮助客户选择旅游线路和服务，并且这些信息可以随时进行修改和删除； （2）自动积累客户消费量（如飞行距离），作为促销奖励的依据； （3）根据选择的目的地，查询当地天气、人文环境、旅游特色和货币兑换等信息； （4）有针对性地发送旅游信息，特别是当客户没有找到满意的解决方案时，可以委托服务器监视和跟踪，当有符合标准的信息出现时，及时用电子邮件的方式提醒客户
网上交易	销售的产品和服务主要有飞机票、饭店预订、旅游物品及组建的旅行团费用等
旅游服务单位链接	为旅游服务单位提供网上展示服务，收取服务费用
网络社区	游客旅游观感、游记等信息沟通
常见问题解答	帮助信息。一般提供常见问题解答，指导消费者制订最佳的旅游计划。如飞机票、饭店和租车价格变动的影响，一些特殊情况出现后应该怎样处理等

四、旅游网站的推广

网站推广的目的在于使尽可能多的潜在客户了解并访问网站，从而利用网站实现向客户传递营销信息，为客户最终形成购买决策提供支持。客户知晓并了解企业的渠道比较少，而构建旅游网站的价值只有通过客户访问量才能体现出来。可以说，旅游网站推广的效果在很大程度上决定了旅游企业实施电子商务的效果。否则网站浏览量少，客源量少，旅游企业实施电子商务就会功亏一篑。

从旅游网站的特点看，旅游网站常用的推广方式如下：

（1）在综合性导航网站、搜索引擎中注册网址；

（2）通过网上论坛推广、网上个性化定制服务吸引受众；

（3）病毒性营销。旅游产品和服务生动形象，便于采用有创意的病毒性营销方式进行网站推广；

（4）在相关联的网站中设置广告链接。利用产品的关联性和服务功能的互补性选择适当的网站建立旅游广告链接，如温泉浴场的网站广告可以放到美容美发的网站中，商务旅游预订服务的广告可以在人才网站上发布；

（5）利用传统媒体和户外广告进行网站推广。

推广旅游网站需要使用多元传媒渠道，进行传统媒体（报纸、杂志、广播、电视）、户外广告或网络方式的推广。例如，携程非常重视传统推广渠道，包括在火车站、机场派发携程会员手册。

网站推广和促销是电子商务发展过程中不可或缺的营销策略，成功地实施旅游网站推广将推动旅游电子商务顺利开展。旅行社可以根据自己的业务特点、营销战略、资金投入预算以及旅游电子商务的发展趋势等，选择适合自身的网站营销和推广手段。

第四章 旅游电子商务客户资源管理

网络时代是一个“以顾客为中心”的时代，它要求旅游业经营者的市场营销工作必须围绕这个中心进行。一个致力于提高旅游者满意率、回头率和忠诚度，体现对旅游者关怀并实现对旅游者个性化需求快速响应的旅游企业，才是这个时代最具活力、最有发展前途的企业。

第一节　网络时代的旅游客户

企业的竞争优势，在很大程度上取决于企业对其客户的了解程度以及企业对客户需求的反应能力。

一、网络旅游客户的特征与行为模式

（一）客户特征

1. 在线旅游用户特征

（1）用户年龄、性别

①年龄。从年龄层次上看，中老年客源依然是旅行社的主要组成部分，而年轻客源占比不升反降。这是由多方面的因素决定的，中老年人更相信本地旅行社的口碑，不会随便在网络预订，习惯了门市部咨询、比较后再报名，而且上了年纪的人更相信旅行社产品的安全，旅行社一价全包更省心。而年轻人早已习惯在互联网上安排旅游，他们更喜欢自由预订机票和酒店，更喜欢自助游。他们主动性比较强，对权威的信赖更少，习惯于搜索信息。他们有各种各样的支付工具，移动互联网时代的到来让他们预订旅游产品更加随心所欲。

②性别。艾瑞咨询分析认为，我国在线旅游预订用户目前以男性居

多，原因有二：一是男性网民本身较女性网民多；二是男性网民商旅出行的需求量更大。从细分数据来看，女性用户预订度假产品更多，一方面由于女性用户对于度假产品有较大的偏好，另一方面或由于女性更多掌握了家庭型休闲度假旅游出行的决定权。

（2）教育程度与收入

①教育程度。中国在线旅游预订用户中，接受了高等教育的用户占比约为80%。艾瑞咨询分析认为，在线旅游预订用户教育程度较高的主要原因有二：一是教育程度较高的网民能够较快接受新鲜事物，该部分人群在在线旅游发展早期是主要推动力量；二是大学在校生群体在线旅游的市场大，带动旅游预订用户整体教育程度偏高。艾瑞咨询预计，随着我国在线旅游预订在网民中认知度逐步提高，学历在高中及以下的用户规模将逐步扩大，但高学历用户仍是主流。

②收入。2021年，我国对于新冠感染疫情的及时有效防控，推动了国内旅游业的有序复苏。随着旅行预订细分行业的发展，国内旅游产品供给形式不断丰富，同时数字化赋能旅游业变革创新，进一步推动行业高质量发展。

国内旅游市场有序复苏，旅行预订企业发展总体平稳。数据显示，2021年，全国国内旅游出游人次和国内旅游收入分别比上年同期增长了12.8%和31.0%，恢复至2019年同期的54.0%和51.0%。其中，国庆假期期间，全国国内旅游出游人次和国内旅游收入分别恢复至2019年同期的70.1%和59.9%。在国内旅游市场有效复苏的背景下，受局部地区疫情反复的影响，旅行预订企业业绩略有波动，但总体平稳。2021年第三季度，携程实现净收入53亿元，同比下降2.2%，环比下降9.3%。

2. 移动用户特征

随着智能手机及平板电脑用户量的爆发式增长，移动互联网产生了巨大的流量与商机，消费者可通过App手机客户端浏览景点、周边路线等信息，进而直接预订旅游产品。App最大的优势在于可随身随时查询、预订、分享，更符合移动互联网时代用户快节奏、多变化的思路。

用户在移动端的行为与PC端差别很大，移动端更偏向于冲动消费，但局限的小屏幕和多变的消费场景不适合做复杂的购买决策；而且还有一个显著特点是，用户在使用移动端时，对及时性的要求要高于其他因素。

无线用户使用时间分布比较均匀，用户使用随时性比较明显；相比之下，PC 端用户的使用更集中在工作时间。从提前时间来看，移动端用户预订提前时间较少，如在酒店方面，当日预订占比为 51%，整体提前期为 1~2.5 天，而 PC 端约为 3~6 天。在机票方面移动端用户提前期约为 3~6 天，而 PC 端约为 8~12 天。80%手机订酒店只预订一晚，而且许多移动端用户直到最后一分钟才会去预订酒店，这是没有任何营销驱动下的用户行为。

（二）行为模式

网络时代的到来，旅游消费环境的变化，使得旅游者的旅游消费需求随之发生了新的变化。如何了解、分析网络时代旅游者的心理需求和购买行为，是提高旅游者满意度、忠诚度的前提，网络旅游者消费行为是影响旅游企业网络营销的重要因素。只有对其进行比以往任何一个时期更深入和更细致的研究，在线旅游企业才有可能实现有效赢利。

1. 行前阶段

在电子商务环境下，旅游需求的外部刺激主要来自旅游网站的营销刺激和社会参照群体的刺激。由于旅游产品的特质，旅游者在消费前很难对产品和服务的质量做出全面的判断，在购买旅游产品之前，将会感知到较高的风险，由此产生更多的信息需求。

网络旅游消费者获取信息的主要外部渠道是通过旅游搜索引擎，发现有价值的旅游网站、旅游产品和服务信息，还会通过微博、旅游社交媒体等平台去了解其他旅游者的计划或体验，从中发现更加可靠的信息，然后对这些信息进行处理，形成购买意图。网络旅游消费者的信息处理过程，将会受到其他网络旅游消费者及旅游经营者的影响，逐步修正自己的信息处理方式和信息处理结果。

在产品的判断选择过程中，其他人的旅游体验信息和个性化推荐对网络旅游消费者的影响力更大。在电子商务环境下，网络旅游消费者产品购买决策既受到现实环境中经济状况、闲暇时间等因素的影响，也受到网络中其他旅游者的消费体验和评价的影响。

2. 行中阶段

旅游消费者在行中的食、住、行、游、购、娱，过去都是通过旅行社来完成的，而现在随着网络和自由行的盛行，很多都是通过互联网、移动客户端等来实现。网络时代的旅游者似乎不仅仅关注怎样得到旅游产品，而且更加关注旅游消费过程给人带来的乐趣。借助迅猛发展的移动互联网和智能手机终端，旅游者可在旅途中订购、变更旅游产品和服务，并随时获取基于位置的旅游服务，同时还可利用微博、即时通信工具发布行中的见闻、感受。

3. 行后阶段

在购买和消费产品之后，消费者会衡量产品和服务是否达到预期，并反馈评价结果。在电子商务环境下，旅游消费者旅行结束后，很大一部分人喜欢把自己独特的感受写下来，把文字和图片甚至视频发到网上与其他旅友进行交流，这也是个性化时代彰显自身魅力的一种方式。行后评价主要通过旅游网站上的博客、社区、论坛传播，这些反馈信息会通过搜索引擎，被其他网上旅游消费者获取到。此类信息也可借助 IM 朋友圈来分享，并作为他人购买决策的参考依据。

二、网络旅游客户消费变化趋势

社会的进步和网络技术的发展使旅游者的消费需求出现新的发展趋势，这必将引发旅游者消费活动的根本性转变。网络时代旅游者的消费观念和消费行为都呈现出了新的特点。

（一）旅游消费需求日益多样化、差异化

有研究表明，一般人们对生活必需品的需求主要来自实际工作和生活的自身，而对于提高生活质量的附加商品如旅游的需求则来自各类传媒、人与人之间的相互影响，可见，旅游消费是一种基于信息的消费。网络提供给人们无穷的资源和便捷的搜索渠道，所孕育的网络文化还蕴含了独立创新、广泛、交流等特点，网络群体以受过良好教育的年轻人为主，是有别于传统市场消费群体的另一类特殊的群体，他们思想活跃、思维敏捷，具有极强的创造力，容易接受新事物，有强烈的自我意识，渴望与众不同。基于网络的旅游者已不是被动的接受者，他们善于自主地做出选择，获取适合自身要求的个性化产品，并希望消费出自己的风格。这从而加剧了人们对于旅游消费多样差异化的追求，导致过去无差异的旅游需求日趋分化。

旅游者也在不断积累旅游经历的过程中日趋成熟，他们在不同的旅游经历中形成了自己的独特偏好。自主意识的增强和旅游经验的丰富，使人们更乐意自主出游或结伴出游。许多人逐渐把过去出游走马观花的新鲜感，转变为扩大视野、增长见闻的使命感，甚至将旅游作为一种自我实现的过程。旅游者越来越倾向于从各自个性出发去选择，追求多样化、多层次的多重满足，因而使旅游需求日趋细分化、差异化、复杂化和个性多样化，这一发展趋势将成为旅游者需求和行为方式发展的主导趋势。

（二）个性化消费成为主流

在工业革命以前的相当长的历史时期内，工商业都是将消费者作为单独的个体进行服务的，个性消费是主流。近代工业化和标准化的生产方式才使消费者的个性被淹没在大量低成本、流水线式的生产和单一化的产品之中。传统的旅游植根于工业革命大规模标准化的生产模式。旅游业一方面出于规模生产所要求的目标；另一方面，在短缺经济或近乎垄断的市场中，旅游者可以挑选的产品本来就很少，为迎合大多数旅游者的需要而提供易于操作的旅游产品，把几个旅游目的地加工组合为几条线路，并提供相应的固定服务。那时旅游者也处于不成熟的阶段，要求较低，需求无差异。那时，人们对个性化的需求由于经济技术条件、旅游业以及旅游者自身成熟程度的限制而被压抑了。

但是今天，随着以资本为核心资源的工业社会向知识经济社会的转化，多数产品无论在数量还是品种上都已极为丰富。以互联网为代表的信息技术的飞速发展，使旅游者对产品信息的了解和可选择的范围都大大地扩展了，加上旅游者消费行为方式的转化和成熟度的提高，对自身个性需求的认知程度也随之提高，旅游者行为日益个性化和多样化的趋势也相应加速了。同时，由于企业提供的产品和服务的质量不断提高，也使旅游者的期望值日益提高。

人们刚开始长距离旅游时，一般采用参团的方式，但等到旅游经验丰富、懂得收集旅游信息并计划安排时，往往就考虑个人出游。加之旅游电子商务网上用户大都是经济实力较强、知识层次较高、年龄结构较年轻的消费者，有着不同于他人的思想和喜好，注重自我，自负于个人的判断力，喜欢自由组合的散客旅游形式。

由于信息技术的发展，旅游电子商务的应用，实时处理复杂的旅游信息已成为可能，旅游信息也日益趋于平衡，这表明个性消费复归的实现条件已初步具备。在此情况下，旅游者不仅能做出选择，而且还渴望做出选择。他们需求更多了，变化也更大了，逐渐开始制定自己的消费准则，这在传统营销时代是不可想象的。他们的要求越来越独特，越来越变化多端，个性化越来越明显，旅游企业不能再用大众化的标准去寻找大批的消费者，而只能想方设法满足其独特的需求。旅游产品生产从批量生产变成灵活制造，产品也由多量少样，转变为多样少量，每一个消费者就是一个独特的市场，个性化消费将再度成为主流。当然，个性化消费也有一个发展的过程，其第一步应是消费族群化。

（三）旅游者处于旅游市场的主体地位

传统的旅游是由生产者、中间商和消费者三者组成的，其中中间商——旅行社在这中间起着非常重要的作用。对于生产者来说，所谓市场导向是通过中间商的订货趋势来反映的。对于消费者来说，所谓选择和挑选商品也是在中间商所提供的范畴内有限地进行的。

互联网的交互性功能使得旅游消费者由被动接受旅游企业的营销转为积极主动参与到旅游产品的设计中，他们充分发挥自己的想象力和创造力，通过创造性消费来展示自己独特的个性，体现自身价值。旅游消费者通过网络发表自己的评论，使旅游企业可以及时收到反馈信息，并以此为依据来设计旅游产品，使旅游消费者更加满意。

电子商务适应和加速了这种旅游方式的发展，越来越多的旅游者开始主动地表达对产品的欲望。在电子商务网络互动的情况下，旅游者不再会在被动的方式下接受旅游企业所提供的某些产品，而是会根据自己的需要主动上网去寻找适合的产品；如果找不到，他们会通过电子商务系统向产品提供商和中间商主动表达自己对某种产品的欲望，甚至会在网络上自行设计或组合其所需的旅游产品。其结果使得旅游消费者不自觉地参与和影响到企业的生产和经营过程中，并逐渐成为消费准则的制定者。

（四）旅游消费行为趋于成熟理性

在网络环境下，旅游者会将上网作为了解信息和购买旅游产品的主要途径，这样一来他们对于产品信息的了解和可选择的范围都大大地扩展了。旅游消费者对于获取与产品有关的信息和知识的心理需求，随着人文素质的普遍提高而增强，他们会主动获取与商品有关的信息并进行分析比较，从中获得心理上的平衡，增加对产品的信任和争取心理上的满足感，这一消费主动性的增强来源于现代社会不确定性的增加和人类追求心理稳定和平衡的欲望。

由于电子商务系统巨大的信息处理能力，为旅游者在挑选旅游产品时提供了空前规模的选择余地。在这种情况下，任何夸大宣传和误导都不会再起作用，因为借助超越时空限制的网络，旅游者能掌握许多与之相关的信息，从而很理智地考虑各种购买问题。在电子商务中，旅游者面对的是计算机屏幕，没有了嘈杂的环境和各种诱惑，在这种情况下，他们会完全理性地规范自己的消费行为。

特别是旅游电子商务的网络用户，一般都是知识型的购买者，头脑冷静，擅长理性分析，不是那种容易受舆论左右、随潮流而动的人，对铺天盖地、疲劳轰炸的广告有相当的抵抗力。他们会在某种个性化需求的驱动下，自己到网上寻找相关的信息、广告，对各种数据资料进行分析，并据此做出决定。对于他们来说，购买旅游产品往往会大范围地选择品质最好、价格最公道、各方面最适合的产品。而且在电子商务环境下，人们有可能更充分地利用各种分析模型，更理智地决策，不会再像过去可能因信息来源、地理环境所限而屈就购买。所以，网络旅游消费者在购买时理性成分增加，他们不仅能做出选择，而且还善于做出选择。

第二节　网络旅游客户资源建设

在大量的电子商务案例中，我们看到的都是：第一步积累用户，第二步资本扩张，第三步才是建立生态系统，形成产业的“护城河”。不论何种应用类型，目前都面临着一个共同难题——扩大用户量。没有大用户量，数据挖掘无从说起，商业模式难以建立。精明的在线旅游企业时刻都在反省自己的客户关系管理战略，通过电子商务的智能客户管理给企业带来忠实和稳定的客户群。

一、网络客户价值与忠诚度

我们知道，20%的顾客往往带给企业 80%的利润；发展一个新客户往往要比保留一个老客户多费 5 倍以上的投入。

（一）用户价值与挖掘

1. 分类人群用户价值

用户分析根据艾瑞咨询《2021 年中国在线旅游平台用户洞察研究报告》进行，当前旅游用户基本属性，如图 4-1 所示。

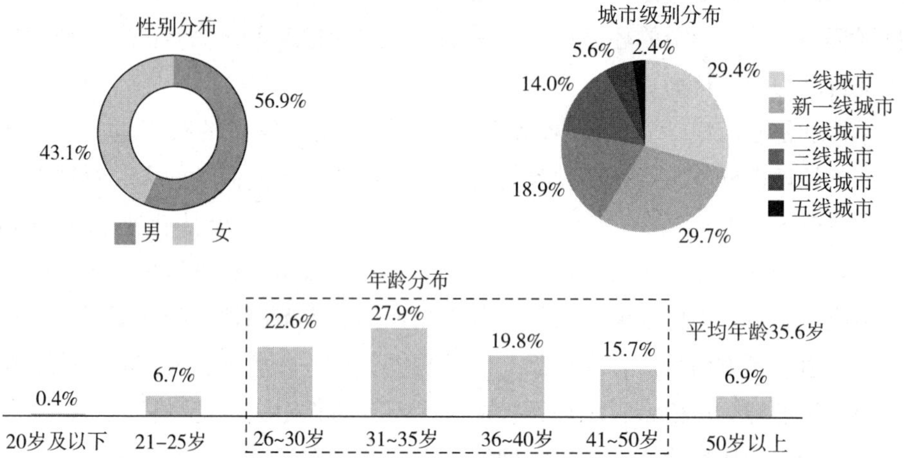

图 4-1　普通旅游用户基础属性分布图

年龄方面：用户平均年龄 35.6 岁，25~50 岁用户占比接近 8 成，是主要的用户分布年龄段。

性别方面：性别分布均衡，男性占比 56.9%，相对较多。

城市分布：一线、新一线、二线城市的用户占比达到 78%，高线城市拥有最主要的旅游用户群体。

值得关注的还有预估规模。预估规模是携程旅行网、去哪儿网、12306 网、淘宝旅行网、艺龙旅行网五家在线旅游预订企业按照当前的市场份额来算的，在四类人群中未来可能达到的最大规模。其中，高收入社会中坚力量族中，携程旅行网的预估规模最大，为 500 万人；中等收入社会新生力量族中，去哪儿网的预估规模最大，为 8600 万人；中等收入稳定安逸族中，携程旅行网和艺龙旅行网的预估规模最大，分别为 7100 万人和 7000 万人；低收入社会游侠族中，12306 网的预估规模最大，为 500 万人。

另外，携程研究表明，从客户端使用情况来看，iPhone 访问量与订单比都高于 Android。携程无线应用群客户端的访问量中，97%的访问量来源于 iPhone/iPad/Android 客户端，其中 iPhone（48%）高于 Android（43%）与

iPad（6%）。从转化率来看，iPhone用户优于Android用户。如果加入计算移动专用的WAP网站（m.ctrip.com），最终用户订单占比依序为iPhone（53%）、Android（29%）、WAP（14%）、iPad（3%）、其他（1%）。在消费能力上，iPhone用户消费能力高于Android，在预订酒店时，iPhone用户的订单金额（400~500元人民币）平均高于Android（300~400元人民币）；但预订机票时则相差不大。

2. 携程旅行网的客户获取方式

很多人对携程旅行网创立初期遍布机场、车站的携程发卡人员记忆犹新，在携程旅行网刚通过发卡的形式去发展客户的时候，会员卡是一种身份的象征。而随着技术的进步和媒体环境的变化，携程旅行网又先后推出了、微博机器人等新的终端拦截方式。

在机场获取客户这个办法基于最简单的逻辑，携程旅行网要做酒店和机票预订，而要住酒店的人肯定要坐飞机，所以就去机场找到他们，然后说服他们使用携程旅行网的服务。同时还会随卡发给客户一本囊括酒店信息的手册，为他们提供了增值服务。因此，在开始阶段这是非常有效的客户获取方式。

随着时间的推移，由于会员卡数量积累到了一定程度，加上效仿者众多，发卡已经起不到什么作用；同时，技术的进步让手机、e-mail都可以预订机票和酒店，一个链接就可以让你看到所有信息，携程旅行网就用PDA去机场推销服务，完成了终端拦截方式从“有卡”到“无卡”的跳跃。

随着技术的进步，顾客有了新需求，PDA方式的效率又慢慢下降。于是，携程旅行网的销售人员在机场开始拿着iPad跟客人推荐产品。iPad既可以给他们看酒店和旅行线路的图片，又可以帮他们迅速查询飞机航班，这样的客户体验非常好。新媒体的出现也给携程旅行网带来了新的选择。如携程旅行网开发的微博机器人，“微博控”们只要输入出发地、目的地、日期、机票和酒店，然后@携程旅行网就能完成相关查询。

另一方面，对携程旅行网来说，维护老客户与获取新客户同样重要，相当于二次“拦截”。目前携程旅行网大约有6000万会员，其中经常使用携程服务的有2000多万。因此，携程旅行网非常注重客户的中后期开发和维护。一旦他们成为携程旅行网的客户，携程旅行网就会通过技术手段对其消费行为进行持续的数据分析，研究其旅行习惯和偏好——例如，他们住酒店是二星、三星还是五星，坐飞机是经济舱、商务舱还是头等舱，旅行是经济型、豪华型还是奢侈型。所有这些在携程旅行网的数据库里都有不同的标签，携程旅行网可以按照这些标签，通过不同的渠道再做有针对性的营销。

3. 旅游网络客户价值挖掘

当客户在携程旅行网订了一间北京的酒店后，收到的确认短信中就包含由携程旅行网推荐的周边餐馆的信息。又比如，在你订了一张前往上海的飞机票之后，就能在确认短信和 e-mail 中看到携程旅行网推荐的酒店及其价格。所有的这些，都是通过挖掘现有客户的需求，来进一步提升旅游产品的销量。

Orbitz Worldwide 旅行服务网站发现，在酒店住宿方面，苹果 Mac 电脑的用户会比其他人多花 30%的费用。Mac 用户预订四星或五星级酒店的概率要比 PC 用户高出 40%；哪怕是住相同的酒店，Mac 用户也会选择价格更高的房间。受这一发现的启发，这家公司开始改变在不同操作系统上的搜索结果的顺序。这一调整的直接结果是，Mac 电脑用户搜索到的酒店价格，有时会比 Windows 用户看到的更高。此外，Orbitz 根据用户进入网站的途径不同，而对其消费习惯做出假设。例如，用户倘若通过旅行服务比价网站 kayak. com 进入，系统可能认为该用户对价格更为敏感；如果用户通过好评网站 TripAdvisor 进入，系统可能认为该用户对酒店评级更感兴趣。

这种趋势表明，零售商正在越来越多地使用“预测分析”，即通过大量的数据挖掘，推测消费者未来的购买习惯，以定位那些拥有最高“终身价值”的客户群，为其提供量身定制的产品和服务。

（二）电子商务环境下的顾客忠诚度

1. 网络顾客忠诚度

稳定忠诚的顾客群体是在线旅游企业的经营之本。我国不少大型旅游预订网站已开始重视培育自己的网络社区，通过提供网络论坛空间，鼓励网民交流信息、结伴同游、发表游记和组织俱乐部活动等，以凝聚在线人群。

从顾客的角度来讲，只有其对网站感兴趣，喜爱它、信任它，并愿意与之建立稳定的关系，也就是建立起所谓的“顾客忠诚”时，才会重复访问网站并购买产品。由于拥有更多的选择，目前顾客已不再像过去那样长期保持对网站的绝对忠诚，如果顾客对网站感到不甚满意或者注意力被新兴事物吸引过去，则会迅速转向其他网站。在网络市场空间中，网络顾客忠诚度在建立和保持方面都比传统商业模式困难。但由于网络技术对网站商品提供了巨大的技术支持，可以便于企业对客户进行数据管理。另外，企业可以在任何时间、任何地点与任何人，无论是原有顾客还是潜在顾客进行沟通、交流。在这方面，网络时代建立和管理顾客忠诚度又具有比以往更加方便的一面。

来自携程旅行网的调研报告表明，相比其他渠道，无线用户的忠诚度更高，达65.4%。55.3%的携程无线用户在使用无线预订前，曾使用过其他预订方式，其中29.0%在使用无线渠道预订后，延续使用无线渠道，未再使用其他渠道（PC端、电话）预订，剩下26.3%的用户交错使用各渠道预订。至于44.7%的无线渠道原生用户，有36.4%的用户自始至终通过无线渠道下单；剩下8.3%的用户在使用无线预订后，交错使用无线与其他渠道预订。总计非原生与原生用户，无线渠道用户忠诚度达65.4%。

2. 旅游电商的顾客忠诚度培养

（1）忠诚度的培养

①在线旅游渠道模式之所以受到旅行者的钟爱，主要还是在于这一平台能够为他们提供信息对称与优惠价格。以酒店为例，如果在线渠道促成酒店与旅行者之间的第一次交易之后，不能产生重复消费，那么问题就出在酒店了。因此，无论是通过什么样的渠道吸引顾客入住酒店，酒店都要面临如何获得、保持和维护顾客忠诚度的问题。顾客不仅需要良好的性价比，更需要售前、售中和售后各个环节的综合体验。

②通过数据库挖掘，结合社会潮流或者热点事件，有针对性地开发个性化、趣味性酒店服务，培养忠实消费者，是酒店在网络营销过程中应该把握的方向。在此方面，7天酒店就有过类似的尝试。

（2）衡量忠诚度的指标

“黏度”是衡量用户忠诚度的重要指标，对互联网企业尤其重要。通常，一个旅游网站的用户黏度越高，意味着其用户对网站的重复使用度、依赖度和忠诚度也越高。通常黏度越高的网站越体现价值，因此，如何提高用户黏度是各网站运营的首要任务之一。

（3）航空业如何提高旅客忠诚度

航空运输业属于典型的服务型行业，而且随着全球航空管制的逐步放松，航空运输业的竞争越来越超越了国家的边界，成为全球的竞争。在这种激烈竞争的条件下，如何通过提高旅客的满意度，进而提高旅客的忠诚度已经成为任何一家航空公司不可回避的营销主题，常旅客计划就是其中一个重要环节。所谓常旅客计划，是通过积累里程对经常乘坐本公司航班的旅客给予升舱、免费改期、优先办理乘机手续、优先登机、兑换免票等优惠政策，这一计划对吸引固定的高票价旅客，以及改变旅客的构成，起着决定性的作用。它能够减少旅客对价格的需求的弹性，提高航班座位的含金量；另外它可以通过调整销售策略，利用先天优势来吸引旅客，从而保持固定的旅客群，提高旅客的忠诚度，从而避免价格战，实现收益品质最大化，增强市场竞争力。

二、网络用户体验

在互联网商业领域，企业首先要考虑用户体验，做到用户先行。第一步要考虑到怎样获得用户，采取怎样的方法提升用户体验，进而形成一定规模的客户平台，等到形成了一定的用户规模和用户忠诚度之后，再考虑如何开发这些用户资源来赢利。一切以用户为中心是在线旅游企业的根本，用户有良好的体验，才能将用户转化为真正的客户，提高用户的转化率。

（一）旅游电子商务的用户体验

1. 用户体验

用户体验（User Experience，UE）是指用户访问一个网站或者使用一个产品时的印象和感觉，这决定着用户是否还想再来使用。用户体验是一种纯主观的、在用户使用产品过程中建立起来的感受。对于旅游电商网站来讲，如何在服务的过程中通过数据化的管理去提升用户的体验是十分重要的。在互联网上，所有的产品最重要的就是用户体验，旅游这类服务型电商的用户体验比其他卖实体商品的电商更为重要。

在激烈的市场竞争中，各个电商网站使出浑身解数，以期获得更多份额。各种模式之争更是不绝于耳，但最终决定模式优劣的恰恰是那些并不了解所谓“模式”的用户。在今天的 Web 2.0 式的 UGC 时代，用户体验引导消费冲动，并将进一步产生市场需求。

传统的在线旅游仅仅是将线下的资源搬到了线上，很少考虑服务给用户带来的感受，结果往往导致形式大于内容，无法产生用户黏性。现在的旅游网站为了给用户提供优质的服务体验，在页面布局、频道设计、活动创意等方面费尽了心思，在细节上给用户提供了各种便利。

世上卖体验的成功旅游目的地案例莫过于迪拜。从天然的旅游资源角度来讲，沙漠中的迪拜绝不是理想的旅游目的地，但迪拜售卖的“奢华”体验及背后的“尊荣”“财富”体验却很成功。

2. 旅游电商运营中的用户体验

顾客体验是一个非常复杂的心理和知觉过程，而为顾客提供满意体验有时又是非常简单的事情。举个例子，在一些旅游网站预订酒店、机票，往往被要求登录注册，否则，就不能进入到下一个步骤，这使得一些顾客愤然离开。顾客在使用某个旅游网站时，往往是为了完成特定的任务，他们对于网站及其会员资格并不关心。如果非让他们成为会员才能提供服务，一般会招来反感情绪。一般来说，对顾客需求的满足需要以良好的顾客体验为前提，因而要以顾客体验为导向进行内容设置和设计流程。于是，一些旅游网站也已经改变了过去“强势”的姿态，顾客可以选择不登录或者不注册会员，点击“直接预订”就可以进行预订。旅游网站这种做法留给顾客更多自由选择的空间，容易让顾客产生“好感”。

滴滴打车这款产品刚上线时，使用前需要注册，并填写很多烦琐的资料，如姓名、手机、性别和密码等，用户体验并不好。两周后，滴滴打车取消了注册，用户只需提供手机号码即可。在最早的版本中，滴滴打车曾试图向用户收费，每次叫车，用户需要多支付 3 元，滴滴和出租车司机各得 1.5 元。但是收费限制了用户的增长，滴滴打车后来就改成免费，如果用户愿意，可以多付钱给司机，让自己更容易打到车。

服务无处不在，线上的体验，线下的旅游服务，完备的服务才能博得客户的信任。如果没有优秀的服务，那么之前的网络营销所做的各种努力都会付诸东流。失去一个客户有时候就是在不经意的一个小细节上面。

TripAdvisor 做过调查，询问游客在酒店入住时最重要的因素是什么。最后统计发现，事实上他们最需要的是无线网络，希望网络能够比较便捷地登录，因为他们有手提电脑、智能手机，因此需要有很好的方式上网。不管是在酒店还是在整个城市旅游，都希望能够随时上网。

从 2014 年 3 月起，携程旅行网在国内率先对报名参加携程出境游的旅游团用户提供境外免费 Wi-Fi 服务，服务范围将覆盖全球 100 多个目的地国家和地区。因为在出境游中，手机国际漫游数据流量价格远超国内，尤其不能满足高频率的微信等使用，甚至出现过出境游刷微信产生数千元“天价流量费”的事情。而今后携程旅行网专门采购的无线 Wi-Fi 设备将由领队携带，按照每 5 个人左右一台配备，供客人在境外旅行中等待时、乘车时使用，免费上网不限流量。此一小小的举措给顾客留下了良好的体验。

（二）影响旅游网站体验的主要因素

用户网站体验是指用户在访问网站的过程中，对网站界面、功能、相关信息的可读性、操作方便性、交互性等方面建立起来的心理感受。随着旅游电子商务的不断发展，在线旅游市场竞争日渐加剧，不考虑各个旅游企业的产品和服务本身的差异，旅游企业电子商务网站的用户体验，往往是决定在线客户订单成交转化率的最主要因素。因此，旅游电子商务网站应该把提升用户体验放在一个非常重要的位置来考虑。一个网站若想有很好的用户体验，那么它需要考虑的因素如下。

1. 网站的易用性

（1）首页分类明确，导航清晰

①网站首页要分类明确，不存在混淆和互相包容。每一个栏目下务必要有内容，避免有栏目无内容的情况。

②要导航清晰、层次简单、主次分明。由简约的页面设计风格、合理的内容布局、易用的导航和清晰的信息结构构成的操作界面是提高网站可用性的基础，它将更好地吸引用户的关注。

③在频道首页及两侧推出精彩内容及热门线路产品，吸引用户浏览，并提供相关内容的推荐。尽量安排一些用户最想了解的内容在醒目的位置。

在一些维护较差的网站中出现的缺少信息检索、信息结构混乱、缺乏当前位置的链接提示、返回按钮失灵、程序出错、死链接等情况，这些都会直接影响顾客对网站的体验。

（2）旅游产品描述详细准确

旅游网站上的线路产品描述是否详细、准确往往决定了游客对线路产品的预订。

①线路产品描述：首先是线路主题分类，分类要清晰、明确，是品质游还是散客拼团，再细分还会有家庭游、深度游等系列主题，根据游客需求相应推出。

②线路编辑：线路特色及行程，提出线路亮点，吸引游客眼球。

③良好的价格体系：总费用的多少，在线路产品描述前就应该体现出来，费用包含哪些项目不包含哪些项目，成人和儿童价格的区别之处，有无自费项目。

④时间体系：每天的集合时间和地点的确认，浏览旅游景点大约多少时间的估算。

⑤友情提醒：包括预订须知和温馨提醒，再次确认该行程中住什么类型酒店及浏览哪些景点等，提醒游客旅游注意事项。

另外，为了能让游客尽快进入预订决策，在线路产品开始描述前，可以使用技术手段实现该行程中所含景点的图片的浏览效果，先用景点图片吸引目标客户，继而让游客对下面的线路产生兴趣，最终影响其预订决策。尽量多采用原创性内容，保持稳定的更新频率，以吸引游客经常浏览。

（3）产品购买流程简单快捷

①购买流程简单方便是提高网站易用性的关键要素，其核心在于帮助用户高效、便捷地完成产品购买。流程关注的是用户在实现访问目的过程中的每一个步骤，具体包括简化的操作步骤、可预知的操作流程、易于返回的页面设计。

②通常情况下，用户实施一个完整的产品购买流程所实施的点击数量宜少不宜多，购买的步骤也最好保持在 3 步以内。

③页面速度：尽量保持在 5 秒内打开，这样才能体现出快捷高效，从而带给用户良好的体验效果。

美国康博软件公司（Compuware）通过监测平均响应时间、可用性和一致性来评判网站的表现。响应时间是指下载页面或业务处理所用的时间；可用性是指在 60 秒内顺利链接上某个网站，没有错误地完成一个交易的可用程度；一致性是指客户多次访问该网站的响应时间的一致性水平。在交易量最大的 20 个航空公司网站中，穿越航空公司的平均响应时间为 5. 29 秒，是美国各航空公司中响应速度最快的网站。交易量最大的 20 个酒店网站中，Best Western 网站的表现最好，其次是万豪酒店和美国欧姆尼酒店的网站，Best Western 网站的平均响应时间为 4. 36 秒。

（4）网站技术细节注重人性化

①用户注册及各项表单填写尽量流程清晰、简洁。

②在浏览方式上，旅游网站要呈现给用户浏览上的体验，强调吸引性，可以考虑加大链接点击面积、创造舒适的文字环境、设置合理的正文行距、提供多级导航的使用等。

③在运用图片时要注意大幅的以及活动窗口式的广告图片会给大多数用户带来困扰，所以网站对这些图片的处理应十分谨慎。应避免对大而空泛的背景图片的使用，以免给用户获取信息带来阻碍。

④网站栏目的命名要从搜索引擎优化的角度来分析，一定要与网站栏目内容相关，简洁清晰。栏目层级不超过三层，导航要清晰明了。

⑤页面布局重点突出，与企业的营销目标保持吻合，将目标客户感兴趣的、最有销售力的旅游产品放到首页位置。

⑥在互动上要给用户提供良好的体验，提供互动方式，如提供 QQ、MSN、微信等即时客户服务渠道，方便客户与网站的沟通。还可以提供一些配套的便民服务，如天气预报、安全知识、出境旅游的相关证件、电子地图等。

2. 网站的可信度

网站的可信度即网站给访问者所带来的可信任程度，它是访问者访问网站时产生的一种心理效应，是人们根据网络经验和生活经验对网站的真实性、权威性等方面所产生的一种模糊评价。这种评价可以左右访问者的浏览行为，还决定了访问者是否有信心在网站上预订。可信度高的网站能够赢得稳定的回访量和竞争优势。

据有关调查数据显示，影响用户对旅游网站的信任和选择的因素是：

（1）网站的美观程度占 6%；

（2）旅游企业的资质和品牌占 13.5%；

（3）能否方便地找到相关线路占 13.5%；

（4）行程安排是否合理占 18.3%；

（5）线路描述是否详尽占 15.8%；

（6）产品价格占 13.3%；

（7）费用是否明确占 16.6%；

（8）网站技术是否合理占 3%。

从中可见有相当部分的网民关心在线旅游企业的品牌和资质，这对于旅游网站是一个提醒，应该用合适的方式体现自己的品牌和资质，甚至需要打造自身的网络品牌。网站资质信息的认证要透明，将公司的成立时间、规模、注册资本、公司地址、联系人、联系电话、传真、账号、营业执照都提供到网站上。从可信的角度来说，提供真实存在的要素越多，企业形象在客户心中就越可信。

对于网站信任度的要素中，网民们更加关注的还有旅游行程的安排是否合理以及费用是否明确，他们更希望明明白白的消费。对于在线旅游企业来说，在线旅游产品的展示更应该注重产品的描述以及费用的明确。

对于旅游企业网站来说，要提高自己的可信度，除了把相关的证件和证书、相关的媒体报道、企业地址和产品等真实的图片放到网站上外，还可把以往客户真实可靠的、有知名度的典型案例放到网站上，甚至也可把客服、导游或领队，甚至公司员工的生活照放置到网站上面，这样会让客户感到网站是最真实、最可靠的。

第三节　客户关系管理系统

一、客户关系管理与系统功能模块

（一）客户关系管理

1. 客户关系管理的概念

客户关系管理（Customer Relationship Management，CRM）是现代电子商务的重要组成部分，是企业通过适当的渠道，在适当时间，向适当的人提供适当的商品。CRM 是实现商品销售、市场开发、客户服务、技术支持的自动化商务过程。它既是一套理念，又是一套软件和技术。CRM 是以建立良好的企业与客户之间的关系为基础，包括产品/服务开发与客户市场细分、客户信息沟通与产品配送、客户关系获得与维持、理解客户与区别客户的企业管理思想。通常，CRM 软件系统由统一联络模块、销售/服务模块、后台保障模块、客户数据库和电子商务智能模块组成。有的厂商开发的 CRM 软件还包括合作伙伴关系管理、商业智能、知识管理等模块。不同模块分别实现收集、整理、加工客户信息和智能辅助决策等功能。

2. CRM的管理目标

CRM的目标在于建立、促进和拓展企业“一对一”客户服务网络，与客户建立精准和可靠的沟通关系，通过电子商务智能分析系统，最大限度地实现客户价值。企业通过客户信息获得、分析了解客户、划分客户重要度和贡献率，为客户提供个性化的商品和服务，进而维持企业现有的市场份额，开发新的市场，建立新的销售渠道，拓展企业业务，提高企业信誉和亲和力，增加客户的忠诚度。

（二）CRM系统的功能模块

1. 客户管理

主要功能：客户基本信息；与此客户相关的基本活动和活动历史（客户的活动、企业的活动、互动的活动）；联系人的选择；订单的输入和跟踪；销售合同及履行跟踪。

2. 联系人管理

主要功能：联系人概况、存储和检索；跟踪同客户的联系，如时间、类型、联系过程描述、任务、任务执行情况、遗留问题、下次计划等，并可以把相关文件作为附件；客户相关背景资料。

3. 时间管理

主要功能：日历；设计约会、活动计划，时间或路线冲突时系统提示；人为或系统自动进行事件安排，如约会、会议、电话、电子邮件、传真；备忘录；进行团队事件安排；查看团队中其他人的安排，以免发生冲突；把事件安排通知给相关人物；任务表；预告、提示；记事本；电子邮件；传真。

4. 潜在客户管理

主要功能：潜在客户搜索与业务线索的记录、升级和营销策略；销售机会的升级和营销策略；潜在客户的跟踪。

5. 销售管理

主要功能：组织和浏览销售信息，如客户、业务描述、联系人、时间、销售阶段、业务额、可能结束时间等；产生各销售业务的阶段报告，并给出业务所处阶段、还需时间、成功可能性、历史销售状况评价等信息；对销售业务给出战术、策略上的支持；根据利润、领域、优先级、时间、状态等标准，可生成关于将要进行的活动、业务、客户、联系人、约会等方面的报告；

提供内部销售人员的经验分享，还可以提供销售知识、技能的查询；销售费用管理；销售佣金管理。

6. 营销管理

主要功能：产品和价格设计方案；在进行营销活动（如广告营销、邮件营销、研讨会、网站、展览会等）时，能获得预先定制的信息支持；把活动与业务、客户、联系人建立关联；显示业务完成进度，提供类似公告板的功能，可张贴、查找、更新营销资料，从而实现营销文件、分析报告等的共享；跟踪特定事件；安排新事件，如会议等，并加入合同、客户和销售代表等信息；信函书写、批量邮件，并与合同、客户、联系人、业务等建立关联，邮件合并；生成标签和信封。

7. 客户服务管理

主要功能：服务项目的快速录入；服务项目的安排、调度和重新分配；服务事件的产生、记录、处理、移交、跟踪、升级、完结、监管；搜索和跟踪某一选定业务的事件；生成事件报告；服务协议和合同；订单管理和跟踪；一般服务问题解决方法的数据库。

一些 CRM 系统还包括了呼叫中心、商业合作伙伴关系管理、商业智能、知识管理、电子商务辅助等功能模块。

二、CRM 系统应用

（一）旅游企业 CRM 应用模式

1. 小型旅游企业

可通过引入 CRM 管理理念与在网站运营中引入 CRM 技术两者相结合的模式进行管理。有效地贯彻 CRM 理念有利于旅游企业维护客户关系，在网站运营中，引入基于互联网的销售、在线问答、个性化服务等，可实现客户关怀，增强客户的认知度与满意度。

2. 中型旅游企业

可采用移动客户关系管理（MCRM）的模式，即 CRM 的无线化、移动化，通过移动信息服务采集客户购买偏好、为客户提供支持与个性化服务等。通过 MCRM 可以进一步了解客户需求，调整营销策略，进而扩大市场占有率，提高企业的经济效益。

3. 大型旅游企业

可采用电子客户关系管理（ECRM）的模式进行管理。电子客户关系管理是一种基于互联网技术的客户关系管理系统，它的核心是数据仓库、数据市场和中间件，客户智能分析模块、市场模块、服务模块和销售模块。它是指企业通过网站维护，实时地在线跟踪客户信息、实时交流，以实现对客户关系的“数字化”管理。企业还可以将前台的CRM和后台的ERP系统相结合，形成全面智能化的解决方案。

（二）携程旅行网与CRM

1. 携程旅行网CRM系统功能

携程旅行网自2000年就开始引入CRM管理模式，携程的CRM系统功能可归纳为三个方面：

（1）对销售和客户服务两部分业务流程信息化；

（2）与客户进行沟通的手段的集成和自动化处理；

（3）对以上两部分功能所积累下的信息进行加工处理，产生客户智能，为企业的商务决策做支持。

2. 携程旅行网CRM系统应用

（1）呼叫系统

旅游票务信息咨询、报价、下单，手机客户信息帮助。

（2）网站

①个人旅游业务营销。如线路推广、旅游产品预订。

②企业商旅管理解决方案。为企业客户提供机票、酒店、会务与商旅解决方案。

③携程社区、网友会。通过会员注册及发帖跟踪客户群消费习惯与趋势。

（3）后台数据管理

①客户管理。数据采集分析，客户关系维持邮件系统，一对一销售。

②组团资源整合模块。酒店、地接社、导游、票务、车辆管理。

③决策分析。客人消费分析、市场分析、旅游产品分析。

第五章 旅游目的地、酒店管理信息系统

从旅游电子商务的大环境来看，建设具备全方位服务的信息系统已经成为各地区和酒店之间竞争的重要手段。本章则从景区、酒店、旅行社等地的管理信息系统建设应用方面进行详细介绍。

第一节　旅游目的地信息化建设

一、旅游目的地信息化

（一）目的地信息化的概述

旅游目的地信息化建设，是通过面向游客提供旅游全要素信息和旅游全流程服务，面向旅游企业提供 ASP 服务、电子商务交易平台和整体营销平台，从而形成立足区域、面向世界的旅游资源和信息集约化开发与利用中心，吸引旅游企业和游客自主参与的平台。

旅游目的地的信息是多方面的，包括旅游目的地的基本信息、旅游资源信息、公共旅游设施信息、旅游企业信息、旅游企业提供的旅游产品和服务信息、价格信息、旅游新闻、旅游活动信息以及旅游业的行业信息和政策法规等。有效地向旅游者传达旅游目的地的完整信息，可以引导旅游者做出有利于旅游目的地企业的决策。围绕目的地的信息化建设，其主要任务是展示和宣传目的地鲜明清晰的总体形象，然后逐层展示旅游城市、旅游景区景点、旅游企业、旅游产品和服务。

旅游目的地信息化致力于架设供应商、中介服务组织、旅游者以及政府之间高效沟通的信息桥梁，并真正形成旅游资源信息整合的绝对优势。对于旅游目的地、旅游景区网络营销有效开展与持续发展，信息化不仅是必要前

提，同时也是有力保障。

（二）我国目的地信息化建设状况

作为国家“金旅工程”的主体内容之一，我国自2002年开始推广旅游目的地营销系统（Destination Marketing System，DMS）。DMS以互联网为基础平台，结合了数据库技术、多媒体技术和网络营销技术，把基于互联网的高效的旅游宣传营销和目的地的旅游咨询服务有机地结合在一起，为游客提供了全程的周到服务。2002年以来，广东省南海市、粤港澳地区、大连市、三亚市等试点城市的“旅游目的地营销系统”已陆续整合开通。在此基础上，国家旅游局逐步推进138个优秀旅游城市的系统建设，并逐步辐射到其他城市。在建设DMS系统、旅游信息平台、旅游咨询中心、旅游呼叫中心以及利用先进的信息手段开展促销方面做了大量尝试。

2011年，北京市旅游发展委员会联合中国移动北京公司启动“智慧旅游”城市建设及首批建设项目，确定以“智慧北京，便利旅游”为目标，利用信息化、物联网技术手段，推动现代信息技术在旅游产业的应用，提高旅游公共服务的水平和效率。其内容包括配齐一张屏（触摸屏），建好两个网（无线宽带网和北京旅游信息网），开发三个系统（自助导游讲解系统、城市自助导览系统、网络虚拟旅游系统），推进四个数字（数字景区、数字酒店、数字旅行社、数字乡村），推出一卡一亭（一卡通和北京礼物网上特色商亭），唱响一台戏（北京旅游游戏软件）。

杭州市作为国家电子商务应用示范城市，旅游目的地信息化建设也走在全国的前列，先后完成了基于城市信息化和旅游电子商务为主要内容的城市流通领域试点工程。2012年10月，杭州向公众免费开放Wi-Fi，覆盖杭州主城区，人均流量能达2M，手机和iPad都可以使用，使杭州成为全国首个免费开放Wi-Fi的城市，取得了明显的经济效益与社会效益。2013年，浙江省旅游局建立起微信数据库，通过数据储存和信息完善，让游客跟微信实现24小时互动。游客想游浙江，可随时向浙江旅游微信发送关键字词，即可获取交通路线、景区优惠、餐饮推荐等具体信息。

（三）目的地营销系统DMS

据不完全统计，自2010年以来，中国旅游信息化投资金额经历了较长时期的增长，从2010年的84.5亿元逐年快速增长到2018年的97348.4亿元，到2020年由于疫情影响则稍有回落，为77724.4亿元。因此，可以看出，从2002年开始，旅游目的地信息化建设，几乎成了政府为旅游业投入资金最多的领域。

1. DMS的概念

DMS是旅游目的地以互联网为平台、由政府主导、企业参与建设的一种旅游信息化应用系统。系统结合数据库、多媒体、网络营销等技术手段及方式进行旅游目的地宣传促销和旅游服务的综合应用。DMS是一个开放式的体系架构，集互联网旅游信息服务、网上旅游营销、互联网电子商务、旅游行业的管理于一身。奥地利、芬兰、爱尔兰、加拿大、新加坡、英国、荷兰等旅游发达国家或地区广泛运用了DMS，明显地提高了旅游营销效果，已逐步成为旅游行业信息化的一个核心系统。

通过DMS，政府可面向公众建立权威的旅游目的地信息网，提供准确、及时的旅游信息服务；同时面向企业建立公共电子商务服务平台，提供预订、网络宣传等服务。显然，旅游目的地官网集成了旅游信息服务、电子商务、电子政务等诸多功能，是DMS的主要门户和外在表现之一，也是旅游目的地网络营销的重要平台。

2. DMS的作用

DMS不同于一般的旅游电子商务网站，它是区域旅游电子商务的整体应用，从技术层面上，它能促进旅游目的地信息化的规范化和标准化；从行业服务层面上，各级各类旅游企业的积极参与，能够为旅游者营造顺畅的目的地旅游信息流和服务流，提升行业服务质量；从营销层面上，使网络营销与传统营销实现实时对接，提高目的地产品的整体营销水平。

DMS可以共享目的地内各类有形和无形资源。绝大多数中小企业无法承担网络基础设施的高额成本，而DMS内的各个企业可以用租用网络空间的形式，共享某些网络基础设施，如网络服务器、某些管理及服务软件，以分摊成本。DMS有助于各中小企业在信息资源和网络营销资源等方面实现共享，各中小企业可以更有效地从整体上把握市场动态信息，更好地了解游客的个性化需求；统一进行广告宣传和促销可以分摊成本，亦可共树目的地整体品牌形象，共享品牌资源。

DMS通过对旅游产品及服务价值链的整合，可形成目的地内的动态合作网络。这不仅有助于降低系统内各企业之间的交易成本，还有助于区域特色旅游产品及服务的形成。DMS 有类似于零售业在地理空间上的聚集效应。旅游者一般会更青睐那些信息详细完整、信息量大又聚集了各种特色产品的旅游网站。DMS 上会同时集聚大量的游客和目的地内的旅游企业及相关机构，能提供目的地全方位的旅游信息，还能实现目的地内的个性化定制服务。

二、目的地营销系统应用

（一）目的地营销系统在国际上的成功范例

目前，DMS 在国外已得到广泛应用，英国、奥地利、新加坡、西班牙、澳大利亚、芬兰等多个发达国家和地区的 DMS 已演变为一种较为成熟的旅游营销模式，它通过将网络营销和传统营销业务有效地结合，广泛地支持了当地的旅游企业，明显地提高了旅游营销效益，促进了当地旅游业的快速发展。

1. 奥地利的 TIScover 系统

奥地利的 TIScover 是一个高级目的地营销系统，最初是出于为准确及时提供关于住宿设施的可用情况以及积雪情况的信息，满足奥地利游客出游决定需要，而决定在 Tirol 省建设的综合性的计算机旅游信息系统。

该系统的总体目标为："在向未曾到访和已经到访游客提供准确的综合性信息服务的同时，让来自整个目的地的所有服务供应商都能够直接介入到电子化市场中。"该系统通过与奥地利饭店协会协作，包含了奥地利全国的饭店住宿信息。该系统在奥地利得到了广泛推广，并且成为奥地利各省份所使用的唯一的系统，其某些版本也在德国和瑞士被使用。

2. 芬兰旅游局的系统

芬兰旅游局的系统也是一个高级目的地营销系统，其网站"在线旅行指南"（Online Travel Guide，OTG）为接入门户，主要由以下三个应用部分构成：

（1）MIS，芬兰旅游局自己的"市场信息系统"（Marketing Information Service，MIS），使芬兰旅游局及其贸易伙伴能够在世界各地开展市场营销活动。

（2）PROMIS，即"专业市场营销信息服务系统"（Professional Marketing Information Service，PROMIS），这是一个覆盖全芬兰的旅游数据库。

（3）RELIS，即"研究、图书馆及信息服务系统"（Research，Library and

Information Service，RELIS）。

芬兰旅游局通过对该系统的应用，不仅改善了芬兰旅游局工作的成本效益比，而且帮助芬兰——一个相对较小并且“偏远”的目的地，在最大程度上进入和影响了国际旅游市场。

3. 新亚洲—新加坡

“新亚洲—新加坡”的目标是提供新加坡旅游局的有关活动信息，并突出新加坡旅游明确作为战略目标、注重务实行动的机构的形象。

“新亚洲—新加坡”不单纯是一个网站，还是一个复杂的多媒体旅游向导，它不仅提供有关信息，还为新加坡进行旅游目的地的形象定位，协助旅游机构的促销活动。游客不仅能从该网站浏览各类旅游信息，同时还可从触屏式服务亭、当地广泛分布的“新加坡第一”网络系统以及新加坡旅游服务中心得到服务。

（二）我国目的地营销系统应用

1. 我国旅游目的地营销系统结构

（1）系统的组织结构。我国旅游目的地营销系统有三种组织结构：一是以国家为中心的组织结构；二是以地区为中心的组织结构；三是地区性的网络结构。我国的旅游目的地营销系统采用的是国家、省、市的多级系统组织结构，由国家旅游局统一指导，分地区建设，实现各级旅游目的地信息系统的互联互通。

（2）系统的经济结构。由政府旅游主管部门，即各级旅游局提供系统的开发及运行基金。

（3）系统的管理体制。由各级旅游主管部门负责管理。

（4）系统的信息来源。信息由地方旅游局负责收集，进入系统后经分类、整理，有序地表现于相应的目的地信息网上，并向上层汇集，有选择地表现于上层信息网站；最上层的国家级网站表现着经筛选的、最重要的旅游信息，并通过导航和搜索功能，让浏览者方便地获得所需的各级系统中的信息。

从总体上看，我国 DMS 目前采用的是一种政府主导型的运作模式，这种模式在一定程度上适应了我国旅游业信息化水平不高的现状，使政府在旅游目的地营销中的作用得到了充分发挥。但是，这种模式也存在着许多的问题，主要表现在以下几个方面：政府主导行为突出，企业参与意识不足；行业地区差异显著，整体应用水平不高；信息服务供不应求，资源共享交流不畅。

2. 我国 DMS 省级试点——活力广东网

（1）活力广东网将全省同类旅游景区和景点集成为主题旅游专栏，如温泉之旅、高尔夫之旅、海滨之旅、饮食文化等，还有针对时令推出的黄金周旅游专辑等。每个主题都介绍了全省景点的详细信息，并在此基础上升华为主题文化；每类旅游主题的网页都经过了艺术加工和处理，并配以音乐，给人以美的享受。例如，在饮食文化栏目中，介绍了粤菜的三种派别、代表地区、烹饪技巧和发展演化过程，品种琳琅满目。

（2）活力广东网提供了功能强大的信息查询工具。在活力广东网的综合搜索栏目中包含景点、住宿、交通、美食、娱乐、购物等类别，覆盖了整个旅游产业，搜索的结果不只是二级页面信息，而且还能够直接链接到企业的网站中，这样就可以浏览企业的基本情况和其他产品，此外，网站还根据企业的级别和产品范围设置了多重关键字匹配查询，效果更为精确。

（3）活力广东网的参与主体包括省和各级文化与旅游局、旅游企业、旅游者和媒体。这些行为主体在 DMS 上能够形成良好的相互作用，通过各种方式的信息交流和反馈，实现多个主体之间的竞争合作、舆论监督等行为。而活化了区域内的创新资源，在区域内部形成了集成创新能力。各参与主体之间相互依赖、相互协调、相互促进、相互制约，促成了信息在不同旅游者、旅游企业、媒体间、旅游政府机构的转移、共享、集成和反馈，形成了一个有序的组织系统，以整体的合力推动广东旅游业的发展。

第二节　景区旅游智慧建设系统

一、智慧景区

（一）智慧景区概述

1. 景区是旅游目的地客流的入口

智慧景区是数字景区的完善和升级，指能对环境、社会、经济三大方面进行更透彻的感知，更广泛的互联互通和更深入的智能化的景区。数字景区偏重于管理，重视资源保护。智慧景区包括智慧管理、智慧服务和智慧营销。智慧管理是基础，为智慧服务和智慧营销提供大数据。

在越来越多的旅游景区，虚拟旅游、二维码导览、景区 Wi-Fi 全覆盖、手机刷卡消费、高智能消防管控预警等手段将为游客在信息收集、酒店预订、行程安排、旅行安全等方面提供智慧化服务。

2. 智慧景区主要涉及的内容

智慧景区目前主要涉及的内容有虚拟实景的旅游应用、基于无线位置服务和旅游电子地图的运用、景区对外智能化营销系统、景区内部的智能化管理系统等。

（1）虚拟实景对于景区的应用。结合先进的富媒体元素创新融合，打造虚拟实景，可以让游客通过手机、电脑、景区触摸屏等多种途径查询相关景区信息，给旅游者一种身临其境的感觉，增强旅游者的感官认知，激发旅游兴趣。

（2）基于无线位置服务和旅游电子地图。可以适时让旅游者通过手机应用，在如何到达景区、到达景区后如何游玩、适时的景区状况以及紧急救援等一系列问题上给予指引和帮助，提高游客的旅游体验。

（3）景区的对外和对内的智能化营销与管理系统。可以实现景区外部营销、门票的在线销售管理、活动策划和推广、景区舆论统计及数据分析等一系列功能。内外结合，全面把握景区的运营状况。

（二）智慧景区的运营

1. 智慧景区管理的系统模式

（1）地理信息系统模式

①地理信息系统（Geographic Information System，GIS）是将地理环境的各种要素，包括它们的空间位置、形状及分布特征和与之有关的社会、经济等专题信息以及这些信息之间的联系等，进行获取、组织、存储、检索分析，并在管理、规划与决策中应用。

②在景区管理应用上，该系统是借助 GIS 强大的地学分析与空间数据管理功能，通过空间分析与操作提供一个景区景点的丰富、生动的图像、声音资料及电子地图，同时提供相应的统计、分析、规划管理功能，为来访的游客提供各种信息查询服务。例如，为咨询者提供任意景点问路查询及景区图

中多个景点的最佳访问路线查询。当咨询者选择了景点后，通过查询系统能在电子地图上或以文本的方式输出路线信息。游客可能打算在旅行中访问不止一个景点时，系统能够提供多个景点的实时动态的最优路线，使多景点访问路径的最短且计划访问景点的客流流量最适宜。

（2）资源管理系统模式

①企业资源计划（Enterprise Resource Planning，ERP）是基于供应链的思想，以现代信息技术及网络通信技术为运行平台，集企业的各项管理功能于一身，并能对供应链上所有资源进行有效控制的计算机管理系统。

②旅游景区资源管理系统属于一种旅游服务综合信息咨询与显示系统平台。通过计算机的网络管理使景区的职能管理部门能全面、及时、准确地掌握整个景区的所有情况，便于资源的合理调度和分配，及时发现和处理各种突发事件，迅速反应，进一步提高景区的现代化管理水平。

③构建景区的 ERP 系统首先要设计景区数字化门禁监控系统。数字化门禁监控系统是旅游景区 ERP 系统工作的基本数据来源之一，也是景区实施 ERP 项目的关键步骤。数字化门禁监控系统安置在旅游景区、景点的每一个出入口，通过局域网与景区管理调度中心连接，与景区电子门票配合使用。当游客进出旅游景区、景点时，都将通过数字化门禁验票，数据就会及时传输到景区管理调度中心，这时，景区管理调度中心就能及时了解到景区、景点的游客的流量和流向，并根据这些实时信息，发布指令让景区管理人员或导游员通过改变游览路径等方法，对景区、景点内的人流进行调节，使景区内游客的流量和流向保持平衡。

2. 智慧景区的电子导游服务

电子导游讲解系统主要有数码按键式、红外自动感应式、无线自动感应式、无线同声导览等形式。其中，前三种讲解内容均来自预先存储到机器里的数字化语音解说资料，所不同的是，自动感应式在数码按键式的基础上增加了自动触发播放的功能。早期的电子导游机是按键式的，对应景点的编号，按下相应的数字键。在波士顿“自由之路”的各景点，出租一种像无绳电话样式的电子导游器。导游图上标明景点号码，到了景点把号码输入导游器就可听到解说。自动感应式的导览设备如“西湖通”讲解器，预先在西湖景区安装了 300 多个感应点，游客使用“西湖通”时，每到达一个景点，讲解器会自动感应，自动讲解对应景点的历史来源、背景故事、民间传说等，免去参观者寻找专业讲解员的步骤，极大地方便了参观者在游览时的自由度。

随着移动通信技术的发展，原来依赖电脑以及电子导游机等设施的景区信息化功能，大部分都将在手机上实现。

3. 智慧景区应用案例——智慧黄山

黄山通过智慧景区的建设，景区可以更加实时、准确地获取各类信息，为领导决策提供依据，为游客服务提供便利。如通过电子门禁系统，能够实时了解到每个门票口进山游客人数、每个索道票口乘坐缆车人数等信息。通过智能分析视频监控系统，能够实时监视到客流集散地、交通要塞、人流密集地等场所的图像信息。景区管理者只需通过景区指挥控制中心或任何一台能上网的电脑，就可实时掌握景区所有入口进山人数、各索道上下行动态人数。同时，还可提供历史10年来的数据分析、统计、对比等功能，为旅游高峰期游客调度、索道运力调度提供了科学依据，提升了决策的准确性和及时性。

黄山景区给每个一线工作人员都配备了专用手机，通过GPS人员和车辆管理系统，可以对一线管理人员及公务车辆进行实时定位，管理人员可以实时获知车辆及人员的时空信息，并能查询相关人员及车辆的行驶轨迹，以及对人员或车辆进行实时通信指挥调度，在景区精细化管理和应急救援上发挥了重要作用。这套系统在全国风景区率先实现了GPS定位与三维数字地形图相结合，让后台管理者可以更清楚地进行指挥调度。

“智慧黄山”已实现在线旅游线路预订、景点门票预订、酒店预订等一条龙服务。在线预订和手机发送电子门票，改变了传统手工出票存在的种种弊端，减少游客排队之苦。团体游客或散客登录中国移动无线城市手机客户端在线预订专区，即可进行注册购买门票。整个在线预订过程简单快捷，游客只需选定景区门票后，通过手机支付或网银在线支付，购买门票成功后，手机将会收到一个短信验证码，即电子门票。游客凭借手机上的电子门票至相应景区，在指定通道验证成功，即可获准进入景区。

黄山景区在景点及路口指示牌处设置了二维码，通过手机扫码游客可获取该景点的相关介绍、命名故事、四季照片，或是获取景点路径指导信息、相关地图信息等。通过二维码信息查询平台，采用WIKI百科模式，在景点、人文、商户、线路等信息下旅客可自主维护景点信息和自由评论。

二、景区电子门票应用

（一）电子门票

在票务系统中，票的实质意义在大多数情况下是一种享受服务的权利凭证，要求具备防伪、快速辨别等特点。随着旅游信息化的发展，我国各旅游景区、景点纷纷建设了相关的电子门票系统，从纸质门票向电子门票，从实物介质门票向虚拟信号载体门票发展。传统门票向电子门票的升级是景区“智慧化”的重要组成部分。

1. 传统门票的问题

传统门票应用的“票”一直以来以纸质、塑料等物质形式存在，售票、验票、退票等过程需要大量工作人员操作，以手工作业为主，效率较低，尤其是旅游旺季在某些特定的高峰时段，售票人员的劳动强度剧增，游客等待时间很长，门票发售过程易出错，无法进行复查，购票非常不方便，退票手续极其烦琐，一旦丢失无法挂失，容易伪造。旺季票紧俏时，票价又易被非法哄抬。传统门票难于形成游客出入园的自动化统计，需用人工统计财务报表，统计分析不准确、不及时，管理人员无法得到准确的统计资料来科学合理地安排工作。游客进门管理的随意性大，无法杜绝工作人员集体作弊的现象，财务漏洞多，导致门票收入严重流失。

2. 电子门票的优势

随着信息技术的广泛应用，我国一些景区开始采用简单的计算机系统售票，后逐步发展为自动柜员机售票、远程联网售票等。电子门票系统利用智能卡等作为通行的电子门票，在验票环节也采用了通道机工作站自动验票等现代化的管理手段。电子门票有如下优势。

（1）提高旅游景区的管理水平

①电子门票能为景区引入信息化的管理模式。电子门票系统集售票、验票、查询、汇总、统计于一体，便于集中管理。

②借助电子门票系统的网络，各种管理指令能及时下达到各进出口，由计算机系统自动执行。

③电子门票系统具有开放式结构及模块化功能设计，门禁通道可多可少，管理功能可增可减，适应于景区通道系统和价格政策的调整和变化。在

各售票终端发售的门票可以很快反映到管理中心的计算机上，管理系统可以实时、准确地查询和统计门票发行的数量、销售额、类别、时间及流量，得出每一阶段的游客流量分布情况，便于审核、及时发现存在的问题，为景区的科学管理提供了技术支持，极大地提高了旅游景区的工作效率和管理水平。

（2）提高工作效率，增加经济效益

现代化的全自动管理系统，一改过去门票的人工清算、收缴、清点工作，电子门票由计算机实行全封闭式的发售、统计控制，具有极强的防伪能力。由入口门禁系统自动识别门票，采用日、月报表核算，从而有效地杜绝了假票、漏票和工作人员人为因素造成的经济损失。不但使工作人员的劳动强度得以降低，而且极大提高了工作的效率和景区经济效益。

（3）充分展示景区的良好形象

随着景区电子门票系统应用需求的不断扩大，类型繁多的电子门票解决方案应运而生，如磁卡电子门票、条码电子门票、光盘电子门票、IC 卡电子门票、指纹电子门票以及手机二维码电子门票等。这些门票在其存储介质上可记录门票自身的各种信息，如购买信息、加密防伪信息等。在介质表面可印刷精美的景区景点宣传图画及广告，科技含量高，具有增值、收藏价值，同时又能作为宣传广告物品，由游客携带传播，充分展示景区的良好形象，提高旅游景区知名度。

（二）旅游景区电子门票系统

旅游景区电子门票系统由中央管理子系统、门票制售子系统、票证检验子系统、各类电子门票及相应的管理软件组成（见图 5-1）。

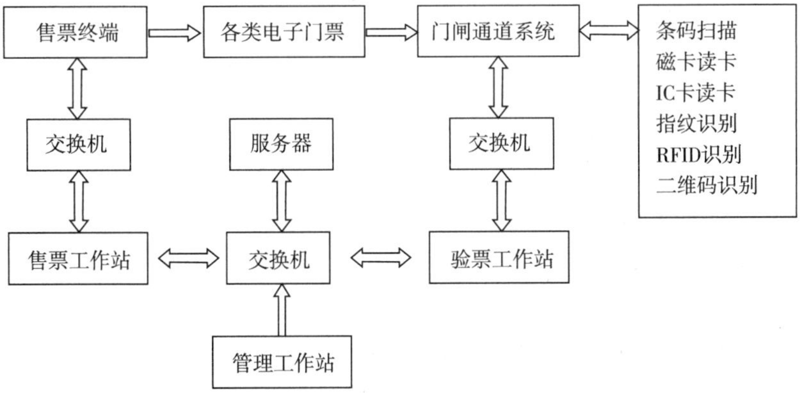

图 5-1　旅游景区电子门票系统构成图

1. 中央管理子系统

该子系统作为门票管理系统的核心，要完成网络的各项系统设置及系统管理，产生并传递系统各项参数和命令，完成系统操作员授权控制。采集电子门票的售票、验票和各类票务信息数据，并进行清算、统计等财务处理。查询、统计各种相关信息，并做出科学的管理和决策。

该子系统由专用服务器、管理工作站、电子门票应用管理软件组成。

（1）服务器是系统的数据中心、服务中心和控制中心，用来存储系统中各工作站送来的信息，并协调各工作站的运行。

（2）管理工作站负责监控并管理整个网络，管理人员通过它与服务器交换信息，并管理下属的售、检票工作站，向门票制售子系统和验票子系统等传递数据及各种指令，并完成各系统之间的网络通信。还具有系统参数的设置、用户权限的分配等功能，可根据实际需求增减售检票终端和通道。

（3）应用管理软件中的统计分析查询模块，可以按日、月、年统计门票销售情况和游客进出信息情况，查看游客游览不同景点的走势情况，并对景点的客流量按照门票卡类别、时间段等进行统计，生成各类报表。

2. 门票制售子系统

该子系统由若干台售票工作站和若干台电子门票发售终端设备组成。主要功能包括对售票人员进行授权，定义本系统将要出售票的种类、单价及有效期参数；制票系统能实现各种游客门票卡的版面设计、参数设置、制作，可根据不同类型游客，制定不同的票种，如套票、折扣票、贵宾票（VIP）等；证件发行功能主要用于内部人员及VIP长期持卡人员的管理；对电子门票进行初始化、完成售票，实时监控售票的状态，分类统计不同人员、不同票种在各个时间段的销售情况并汇总，将汇总的信息上传至服务器。

3. 票证检验子系统

该子系统由检票工作站和若干个电子门票通道机组成。

（1）主要功能用于验证售票系统发出的票，读写器将收到的信息同系统数据库中记录的信息进行比较，以验证该门票的真伪，迅速做出放行与否的指示，通过控制程序控制通道机进行工作。

（2）实时监控通道的状态并统计每个通道的游客通过数量，同时与中央控制系统进行数据通信，将验证的所有数据即时写入指定的数据库中。

（3）门票通道控制机由各种门票读写终端（读卡扫描器、指纹仪）、闸机（三辊闸、伸缩门、摆门）、控制主机和显示、语音、检测、电源等部件组成。另外，出口通道机采用红外计数，实时统计离景区人数，反馈到中央管理子系统，帮助管理人员确定景区内游客保有人数，并通过门票制售子系统来调控入景区人流。

（三）各类电子门票应用

目前常见的电子门票有条形码、IC 卡、光盘、指纹等。就电子门票的发展趋势来看，验票方式从接触式向非接触式发展，门票从实物介质形态向虚拟信号形式发展将是主流和趋势，其中射频识别和移动二维码电子门票是典型的代表。

1. 指纹电子门票应用

指纹电子门票管理系统是利用 IC 卡技术或条码卡技术结合指纹识别技术，对人员的进出景区情况和门票销售进行统一管理的方式。通过利用个人指纹的唯一性与不变性，并将其与非接触式 IC 卡系统有机结合，集成为非接触式 IC 卡指纹识别系统。

（1）售票时，系统将 IC 卡持有人的指纹图像信息与姓名、性别、年龄等信息写入 IC 卡中。

（2）在进入景区大门时，将手指按在指纹仪上与卡中指纹信息进行比较识别，指纹的唯一性与不变性大大增加了系统的安全性与可靠性。

（3）该系统不仅能减少重复购票次数，提高管理工作效率，增加门票管理工作的透明度，减少门票管理工作中的人为因素影响，而且能实现在一个点购的门票可在系统其他各点使用，并在一定的条件下可重复使用，严格限制“一票一人”。该系统适用于在大景区（如庐山、武陵源等）需多次进出的场合，及景点多要实现一票通以及年票的场合。

（4）用户可根据实际需求选择不同型号的存储卡、逻辑加密卡、CPU 卡、非接触卡和双界面卡。发卡计算机外挂 IC 卡读写器和指纹采集器，用于向符合通过条件的人员发放 IC 卡，并在卡上存储个人指纹信息及门票信息。通过门闸时，自动门闸上附有 IC 卡读写器与指纹采集器，通过时插入个人 IC 卡后在指纹采集器上按指纹，如卡片本身与指纹均有效，则安装在门闸内部的计算机控制部件启动门闸开通，允许持卡人通过。

我国张家界武陵源核心景区非接触式 IC 卡电子门票系统采用非接触式

IC卡指纹登录技术，游客可持卡连续两日内多次进入景区，新的门票验证速度是原来的1.5倍，不仅节省了游客进景区的等候时间，还满足在核心景区各风景点的使用和在一定条件下的重复使用。门票卡卡面设计精美，内嵌式芯片存有个人指纹信息，具有较高的收藏价值。

2. 射频识别电子门票

RFID（Radio Frequency Identification，RFID）即射频识别，俗称电子标签。是一种非接触式的自动识别技术，它通过无线电射频信号自动识别目标对象并获取相关数据，识别工作无须人工干预，可工作于各种恶劣环境。

（1）RFID技术可识别高速运动物体并可同时识别多个标签，操作快捷方便，储存的信息量也非常大。标签进入磁场后，接收解读器发出的射频信号，凭借感应电流所获得的能量发送出存储在芯片中的相关信息，或者主动发送某一频率的信号，解读器读取信息并解码后，送至中央信息系统进行有关数据的处理。

（2）持有RFID门票的游客入场时，只需在检票设备前通过，检票设备即可在瞬间鉴别门票真伪，从而实现快速自动检票。人员多次进出时，可以对门票进行标志，以防止门票被偷递而多次使用，根据安全管理的需要，甚至可以监控持票人是否进入指定位置。

（3）检票完毕后，RFID检票设备可以将检票信息（包括通过该设备检入、检出的门票票面信息、检票时间等）上传到服务器，并由服务器上运行的数据监控分析软件对上传的信息进行汇总、分析。还可以对游客信息数据进行统计分析，为开展营销活动提供潜在客户群资源，并且可以根据以往经验，形成黑名单，减少因为不良客户而造成的损失。其安全设计和生产制造工艺决定了RFID技术门槛极高，几乎不可仿制。

美国犹他州阿尔塔滑雪场将RFID技术用于门票管理，门票可以在滑雪环境下快速、可靠读取，滑雪者不必从衣服的口袋里掏出门票来检票，系统可以在距滑雪者很远的地方直接读取。持有人的个人信息都会准确地出现在监控机上，检票人员可以借此识别滑雪者。另外，滑雪者可以保留这张RFID卡，通过互联网给这张卡充值以继续使用。

3. 移动二维码电子门票

传统票务应用的“票”一直以来以纸质、塑料及其他物质形式存在，同时售票、验票、退票等过程要求必须以实物来完成。而移动二维码电子门票，以手机二维码代替传统票据，以移动通信平台为依托，通过条码阅读设备对手机二维码的阅读来获取相应的信息，从而方便地确认使用者的身份，作为通过门禁的门票。此类电子门票解决了传统票务的一系列弊病。

（1）支持这个功能的关键就在于手机里的“二维码”。二维码是用某种特定的几何图形，在二维方向上记录数据信息，在代码编制上利用构成计算机内部逻辑基础的“0”“1”比特流的概念，使用若干个与二进制相对应的几何形体来表示文字数值信息，通过图像输入设备或光电扫描设备自动识读，以实现信息自动处理。

（2）二维码是点阵形式，能够在横向和纵向两个方位同时表达信息，因此二维码信息密度高，数据量大，无须电脑数据库的配合，简单方便，成本低，追踪性高，抗损性强。二维码生成后不可更改，安全性高，支持多种文字。

（3）这种基于手机二维码技术的电子门票，用户订票之后可以通过无线的方式取票，使得用户可以省去上门取票或者等待送票的麻烦。利用手机上的电子门票可以实现快速验票，极大地缩短了检票的时间。由于此类电子门票是以电子信息的形式放置在服务提供商的服务器上，用户不用担心门票的丢失问题。在形成此类电子门票的过程中，采用了二维码内部加密，保证门票具有防伪的充分可靠性，杜绝了假票的产生。

（4）移动二维码电子门票的处理流程是：用户登录旅游景区预先提供的专业票务网站，进入网上订票系统，选择所需预订的门票信息，确认无误之后，通过网络完成电子支付；网站服务器处理订单，生成包含订票号、订票人、订票时间等信息的二维码图片，通过移动运营商提供的支撑网络，以手机短信的方式将此二维码发送至用户指定的手机上，成为移动二维码电子门票；验票处通过手机条码阅读器，采集手机上的二维码信息，在终端上显示二维码中的相关信息，并自动判断是否符合进入旅游景区的条件。同时，检票信息被统计进入数据库进行处理。

三、景区虚拟旅游应用

（一）虚拟旅游概述

1. 虚拟旅游的概念

广义的虚拟旅游是指任何以非身临其境的方式获得旅游景点相关知识和

信息的过程；狭义的虚拟旅游则源于虚拟现实，是指以包括虚拟现实在内的多种可视化方式形成逼真的虚拟现实景区，使使用者获得感性、理性等多种有关旅游景点知识和信息的过程。

2. 虚拟旅游的意义

虚拟旅游极大地丰富了旅游信息传递的方式。旅游产品具有无形、不可储存和季节性的特点，旅游者往往是在不可知的状态下购买旅游产品的。旅游者认为这样存在很大的不可知性和不安全感，而虚拟旅游可以帮助克服这种情况。对于旅游者来说，旅游信息的来源不再只是简单的文字介绍、图片展示，虚拟旅游作为旅游产品的有形化手段，让旅游者可以事先亲身体验旅游地，获得最大的、最直观的感知后，产生实地游览的动机。对于旅游企业、旅游目的地来说，旅游营销手段也得到了升级。旅游目的地可以通过虚拟旅游技术，促使旅游者在虚拟旅游过程中，形成旅游地感知形象，吸引更多的游客前来旅游。

虚拟旅游改变了传统的旅游方式和商业模式，创建了传统旅游与线上旅游相结合的全新模式，在推动景区传统旅游业发展的同时也极大促进了电子商务产业的发展。

3. 景区虚拟旅游的实现技术分类

（1）通过三维全景技术对景观实现 360°全景漫游

①此类虚拟旅游是普遍流行并被市场认可的技术，通过三维全景技术对景观实现 360°全景漫游，其制作方式是先利用设备对景观进行采集，之后再用全景软件进行无缝拼合，合成一张全景图，结合景区的电子地图进行后台关联，最后制作成全景漫游模式。

②谷歌街景是谷歌地图的一项特色服务，是由专用街景车进行拍摄，然后把 360°实景拍摄照片放在谷歌地图里供用户使用。

（2）通过虚拟三维空间构建 3D 立体虚拟景区

采用的是 3D 建模技术，通过虚拟三维空间构建出具有三维数据的模型，这是一种真正的 3D 立体虚拟景区，不过这种产品投入巨大、制作周期长、网络条件要求高，国内只有少量景区拥有。

（二）景区虚拟旅游应用实例

1. 虚拟紫禁城

故宫博物院开启的“虚拟紫禁城”，于 2008 年 10 月 10 日正式启动，这是中国第一个在互联网上展现重要历史文化景点的虚拟世界。它运用 3D 虚拟建模技术初步再现了中国这座满载文化宝藏的博物馆，使任何人都能够通过互联网进入“紫禁城”。游览之前，可以先为自己挑选角色，如公主、太监等，门口还有几个身着太监衣服的“导游”会提醒你：“紫禁城太大，自己走容易迷路，最好在门口等一下，看看有没有人愿意加入这一组一起进宫。”旅途开始后，游客可以悠闲地观看各处宫殿的场景，点击鼠标，鸟瞰、特写都可以，也能走走停停，找不到方向，导游还会把你找回来。每到一个地方，导游都会为你讲解，如身临其境，体验到中国古代宫阙建筑的辉煌，享受游览博物馆的乐趣。

在网络虚拟技术的支持下，游客不仅可以四处参观体验，感受建筑空间带来的震撼力，要是觉得景物值得拍照留念，鼠标一点就是一张照片。想要了解文物就更简单了，鼠标一点就能“获得”一个模拟物，在屏幕前仔细把玩一番；而且可以在虚拟世界中与其他游客相互接触，或者与预先设定的角色进行互动；也可以通过主题游览和参与活动，更深入地了解和学习中国传统文化的一些重要侧面，比如，可以选择看皇帝用膳、和大臣一起斗蛐蛐、和武官们练射箭。

2. 华山 3D 旅游

华山 3D 旅游平台充分利用 3D 虚拟技术，将真实的自然景观和丰富的人文知识有机结合在一起，为用户提供了一种前所未有的旅游方式。用户足不出户便可在 3D 虚拟场景中自由游览，查看景点实用信息，了解景区风土人情，并与其他用户互动聊天交友，约伴一起去“旅行”。

华山 3D 旅游应用先进的互联网数字旅游全三维显示、浏览平台，支持多节点、跨平台、超大规模数据量的 3D 精细模型的快速在线渲染，使得海量 3D 模型以及地形等多种数据可以有效融合；通过高效的空间索引和动态调动机制，采用高并发访问控制技术和先进的流媒体压缩和传输技术以及动态负载均衡技术，在普通本地硬件配置下，便可有效实现景区虚拟环境的网络化，使终端客户在电脑前便有身临其境的感觉。平台的 3D 引擎具有完美的 3D 展现、渲染能力，支持实时渲染、实时阴影、物理特性、粒子特效、骨骼蒙皮等强大功能。添加动画和音频后，能大幅度提升用户的沉浸感，达到真正融入 3D 环境的效果。

华山 3D 旅游平台的 App 应用采用了基于位置服务（LBS）与增强现实

技术（AR），将导航技术、地点服务、人机界面进行整合，并在此基础上，凭借摄像头，利用手机平台所支持的运动和位置传感器，在手持智能终端设备上对增强现实功能进一步扩展，融合真实场景和虚拟信息，巧妙地把视觉所不能企及的范围以虚拟的方式呈现出来。用户看到的不是地图，而是前方景区的实时视图，以及叠加在视频上方的导航数据，从而改变用户对于信息的认知方式，提升用户可视化操作体验，使内容展现更直观。

第三节　酒店管理信息系统应用

一、酒店电子商务概述

酒店电子商务是在全球网络化不断进步的背景下出现的一种新的商务模式，其最为显著的特点是可以通过网络预订系统的引入，使酒店业务扩展到全球范围，酒店对产品的宣传更形象化、人性化。酒店电子商务是当今酒店业发展的必然趋势。通过特有的系统连接上国际互联网，向全球多姿多彩、声情并茂地展示自己的风貌、特色，推销自己的客房和各种服务，并可依此组成酒店连锁业，结成战略联盟，以强劲灵活的营销手段向广大市场进军。它可以向众多的客户提供面对面的营销方式，它开拓了市场的广度和深度，这些都是传统模式的人力、物力所无法比拟的。它代表了最新和最有效的营销方式，为酒店开发客源市场带来了无限的商机。

（一）酒店电子商务的发展

当前我国各酒店都开始了电子商务的应用，无论是初级的电话、传真，还是当今的网络化。由于酒店业的劳动密集型特性，特别是我国酒店业发展还处于信息变革时代，距离电子商务的实际广泛应用还具有一定的距离。未来酒店电子商务发展将具备如下的特点：

1. 电子商务理念：从“以交易为中心”到“以服务为中心”

未来的酒店电子商务应向增强与客户的双向交流、改善信息服务、通过个性化服务增加附加值的方向发展，目前我国酒店电子商务“以交易为中心”色彩较浓，预计未来酒店电子商务将在服务上更加完善，更加人性化。

2. 电子商务规范与标准：整体制定与推行

酒店电子商务是一个新兴领域，我国在酒店电子商务规范与标准的整体制定和推行方面尚非常薄弱，这应是下一阶段发展的重点。

首先是规范化。建立健全酒店电子商务规范体系，为酒店电子商务的实施和监管、企业和消费者的市场行为、信息内容和流程、技术产品和服务等提供指导与约束，预先对那些可能对酒店电子商务活动产生不利影响的潜在因素加以防范，是推动酒店电子商务持续、稳定、健康、高效发展的关键。

其次是标准化。酒店内部信息系统与酒店电子商务平台之间、酒店业与银行的信息系统之间应能实现互联，以自动处理频繁的信息数据交换。在国外，通常是由专门的组织（如 OTA）制定一套统一的数据格式和接口标准，酒店电子商务网站、管理信息系统在开发时都遵守这套标准，这样在一开始就保证了与其他单位的信息系统做无缝链接的可能性。我国酒店电子商务的数据也应尽快实施标准化，并与国际接轨。

3. 新技术应用：移动电子商务将成为主流

移动电子商务结合智能网络技术，是真正实现以人为中心的电子商务应用。如移动支付——顾客无论在何时何地，通过移动电话等终端就能完成对企业或对个人的安全资金支付。新技术的应用将使酒店电子商务功能更加完善，应用更加普及。

4. 人才培养方向：复合型酒店电子商务人才

目前人才的短缺正成为中国酒店电子商务发展的瓶颈。由于酒店电子商务是酒店业和电子商务的整合，所以唯独具有电子商务和酒店业知识的复合型人才，才能将电子商务的技术手段、应用功能和模式密切联系到酒店业组织、管理、业务方式及其特点之中。

（二）电子商务在酒店管理中的实际应用

在信息化的今天，上网已成为现代人工作、学习、生活、娱乐不可或缺的一部分。作为商务和娱乐活动重要场所之一的酒店，如果能够为住店客人提供上网服务，则既可以提高服务的档次，吸引更多的客人，又可以通过这个服务增加营业收入。一些为国际酒店网络、电脑管理系统而专业服务的高科技产品，充分展现了网络、电子商务在酒店业中广泛的应用，尤其对酒店的管理现代化、智能化、信息化起到了不可忽视的作用。

通过全面的智能化，广东亚洲国际大酒店全面提升了企业竞争力，可以做到发布餐厅、专卖店、娱乐场所、高尔夫球会、旅行社、名胜景区、寻医问药、大型社团活动、投资指南等有偿资讯，同时，还实现了 e-Office 租金增值、节省办公费用、提高资源利用率、远程商务会议、VOD、网上冲浪、联机游戏等增值服务。这样不仅避免了恶性价格竞争，而且提升了客户忠诚度，保证了开房率。可以说，经过全新打造的广东亚洲国际大酒店将成为全国领先超星级智能化数码酒店，其科技经营模式将成为酒店业的典范。

Internet 远程信息网络的出现是人类文明史上的一个新的里程碑，也是社会形态发生重大进步的重要标志。在这样具有特别重要意义的变化面前，作为人类文明结晶的酒店业当然不能袖手旁观。怎样走在时代的前沿，使具有悠久渊源的饮食文化得以继承和发扬，并且深深地为其烙上时代的烙印，成为我们乃至后代不断努力和前进的动力与支持。电子商务的发展，必将为酒店业的未来开创一个新的春天。

二、酒店管理信息系统的应用

现代化的酒店组织庞大、服务项目众多、信息量大，想要提高工作效率、降低运营成本、提高服务质量和管理水平，进而促进经济效益，必须借助于计算机来进行现代化的信息管理。于是酒店管理信息系统应运而生。

计算机改变了酒店计划、协调、评价和控制运营的方式，改变了前台和后台的工作程序。从潜在客户接触开始预订，到顾客结账为止，计算机可以监控和记录所有发生在顾客和酒店之间的事务以及酒店运营的整个过程。

（一）酒店管理信息系统的功能

酒店前台管理信息系统的主要功能有预订、接待、结账、调房服务、客房管理和查询服务等。每个功能模块都和宾客直接相关，其采取酒店管理信息系统的目的就是提高酒店的服务质量，提高信息管理的精度，进而提高酒店在顾客心目中的印象，树立良好的酒店服务形象。各功能分析如下：

1. 预订功能需求：其主要目的是提高酒店的开房率，为客人预留房间，并提供良好的预订服务。其功能需求包括预订查询、可用房确认、预订记录建立、确认预订、预订记录维护等。

2. 接待功能需求：其主要目的是以最快的速度为客人开房。其功能需求包括宾客登记、可用房确认、修改宾客信息、删除宾客信息和查询宾客信息等。

3. 结账功能需求：其功能包括客人结账、打印报表和客人挂账等。

4. 调房功能需求；其主要目的是满足客人调房的需要。其主要功能是查询客房、调房登记、调房确认等。

5. 客房管理功能需求：其主要目的是对客房进行信息化管理，提高客房管理的精度和准确度，同时减轻酒店客房中心员工的工作负担，从而提高客房管理的效率和服务质量。其主要功能是房态维护、费用记录和客人查询等。

6. 查询功能需求；其主要目的是满足客人的需求，快速查找相应的房间和信息，提高服务的效率和树立酒店良好的企业形象。其主要功能包括房态查询、房间类型查询和房间价格查询等。

（二）酒店管理信息系统的作用

系统通过房控终端提供自助式的信息查询服务，既可查询酒店位置、客房情况、餐饮、休闲娱乐、会议等酒店信息，也可查询酒店周边银行、购物中心、交通、医疗等信息，还可查询所在城市的各方面信息。相比酒店介绍册，查询起来更方便、更快捷，信息容量也更大，并且还可以节省印刷成本。

酒店管理信息系统能提高管理水平，减轻劳动强度，增加经济效益。以客房管理科学化、规范化为出发点，建立一个具有实用性、高效性、功能划分细致及较高的灵活性和可扩充性的酒店管理信息系统，合理调配酒店资源，提升管理水平，提高服务质量，减少工作中的差错；充分实现数据的最小冗余和最大共享，最终形成客房、洗浴、娱乐等全方位一体化立体的服务体系。

（三）系统实现功能

1. 利用本系统可以实现客房远程网上预订。

2. 使客户不在当地也可以订购酒店的客房。

3. 利用本系统可以查询、掌握全酒店客房的运营状况，为正确的经营决策提供数据支持。

4. 利用本系统可发布酒店相关信息，让客户了解酒店的服务理念，提高酒店的知名度。

5. 利用本系统可以实现客户意见反馈，客户通过留言板或在线服务等方式对酒店服务提出意见。

6. 拉近了酒店和客户之间的距离，为酒店的发展提供了大量的信息保障。

7. 利用本系统建立客户档案，管理员可随时对客户发送邮件，增加客户的回头率。

三、酒店信息系统的新发展

为了提高服务质量，酒店的管理系统会随客人的需求而不断完善。及时地共享客人的信息，给客人提供人性化的服务已成为酒店管理的目标与方向，而酒店装潢、客房数量、房间设施等质量竞争和价格竞争将退居二线。可以预见，未来酒店的竞争将主要在智能化、信息化方面展开。

（一）子系统高度集成

酒店需要一个统一管理的系统，每个子系统不只是简单实现单一功能，应该有完整的数据接口的智能控制单元，达到控制及被控制的目的。如入侵探测器检测到外界入侵信息，通过接口，信息自动传到总控室，控制系统通过接口操作，监控摄像机对准报警区域监视、录像，门禁系统将报警区域周边的出入口封闭等，其他相关部门立即做出相关操作。

跨子系统的联动将原本各自独立的各类设备或子系统结合成为一个统一的大系统，在不同子系统的信息点和控制点之间建立联动关系。这种跨子系统的控制流程充分发挥了各设备或子系统的功能，进一步保障各种设施的安全、稳定和高效运行，提高酒店的管理水平和品质。如 BAS 与火灾自动报警、安全防范等系统间的联动，安全防范系统与城市 110 报警指挥中心的联动，公共广播与消防系统的联动等。

（二）能提供个性化服务

服务业现代化的一个重要内容，就是要实现个性化服务。提供个性化服务是智能化酒店的基本功能，如通过网络技术，酒店的会议室可以跨全球同时同声传影传音翻译；基于客户管理积累和建立的常住客人信息库记录了每位客人的个人喜好，客房智能控制系统将根据数据库中的信息实现；新的唤醒系统，将会在客人设定的唤醒时间前半小时逐渐自动拉开窗帘或增强房间内的灯光；无匙门锁系统，以指纹或视网膜鉴定客人身份；虚拟现实的窗户，提供由客人自己选择的窗外风景；自动感应系统，窗外光线、电视亮度、音响音量和室内温度以及浴室水温等可以根据每个客人的喜好自动调节。

（三）网络酒店模式

全球网络分房系统，可以通过 Interface 接入。网上营销以其信息量大、覆盖面广而成为众多酒店最早接触电子商务平台的领域，通过电子商务平台，旅行社团、会议团队、散客都可以利用计算机直接访问该系统，从中得到某酒店的详细资料，包括酒店的出租状况，并能立即接受预订和确认。同时利用互联网的便捷方式，通过各种经营模式，提升酒店和客人的综合效益。

另外，酒店可以更多地从网上信息平台获取顾客们的兴趣与偏好，针对客人的个性需求和自身能力重新整合酒店产品，全面提升对客户服务和酒店管理，充分体现酒店与顾客共同设计产品的特色，客人们在自己参与设计的酒店里，会得到最大限度的满足。

在日常维护方面，酒店经营需要大量的物资，采购量大、成本难以控制成为酒店经营的一大难点，通过互联网电子订货系统将批发、零售商所产生的订货数据输入电脑，即刻通过电脑网络链接的方式将资料传送至总公司、批发业、商品供货商或制造商处。

（四）酒店客房智能管理系统

酒店客房智能管理系统（客房控制系统），是利用计算机控制、通信、管理等技术，基于客房内的 RCU（客房智能控制器）构成专用的网络，对酒店客房的安防系统、门禁系统、中央空调系统、智能灯光系统、服务系统、背景音乐系统等进行智能化管理与控制，实时监测客房状态、宾客需求、服务状况以及设备情况等，协助酒店对客房设备及内部资源进行实时控制分析的综合服务管理控制系统。系统采用模块化设计，具有节能、增效、为客人提供人性化服务、提升酒店管理水平和酒店形象等诸多优势。由于其功能丰富，兼容性强，并提供与酒店管理系统的接口，已成为酒店全面智能化的必不可少的一部分。

（五）酒店业无线上网和网络托管服务的新模式

我们的许多客人都希望能够在酒店内使用无线上网服务。在会议期间，提供无线上网服务让商务客人和与会代表方便地使用无线上网，就是一个独特的竞争优势。

随着信息网络的快速发展和迅速普及，人们对于互联网的需求和依赖越来越强烈。在酒店行业，是否能够提供优质便捷和安全可靠的互联网服务已经成为衡量酒店服务水平的重要组成部分，顾客无论身在何处，例如，客房、大堂、会议中心、商务中心、餐厅以及酒店其他的公共区域，都希望能够快速地接入互联网进行公务处理或信息查询。

在国内，大多数的酒店能够在客房里为酒店客人提供有线接入互联网服务，但只有少数酒店采用网络认证系统来为客人保障酒店互联网接入的安全性，同时，在酒店大堂、会议中心等公共区域部署无线热点，来为顾客提供便捷的无线上网服务。可以说，无处不在并且具备用户认证等安全措施的无线宽带上网服务正成为酒店业高品质服务的必备设施。

同时，为了有效保证用户无线上网的安全性，网络服务外包托管服务应运而生，网络外包托管服务商为酒店提供无线上网部署，并通过运行在网络服务商后台管理系统的网络运营管理中心，提供一系列在线托管服务计划，使酒店方能够快速、高效和低成本地部署自己的无线网络系统，这种方式在国外已经非常普及，酒店经营者发现利用网络服务商现成的在线运营管理系统，在酒店内建立和管理能够让顾客满意的高品质安全保障的无线上网环境，将是一件简单的事情，不需要额外付出任何前期投入和后期运营维护，这一切只需要付给网络托管服务商极低的管理费用或共享网络收入，即可实现功能完善的互联网服务建设和管理。

其好处如下。

1. 酒店方有可能不用花一分钱，而由网络托管服务商投资进行酒店网络建设，就能够在全酒店提供无线或有线互联网接入服务，不论是酒店现有的有线互联网络改造，或局部或全面地在酒店内安装一个全新的网络系统。

2. 轻松经营。利用网络服务商的在线认证计费系统，可灵活设置适合酒店经营策略的互联网服务收费计划，不论是按顾客使用量收费（时长/流量）或免费提供给客人使用，这同样无须花任何成本去额外采购酒店认证计费软件系统等。

第四节　旅行社管理信息营销系统

进入20世纪90年代以来，世界经济已经进入了一个全新的发展阶段。世界经济的发展推动着信息产业的发展，信息技术与网络的应用已成为衡量21世纪综合国力与企业竞争力的重要标准。

一、旅行社应用IT技术的发展历程

随着人类社会从工业社会向信息社会的过渡，人们对开发和使用信息资源的重视日渐加强，从单纯的计算机应用到以Internet为基础的电子商务系统，人们的消费观念和整个商务系统发生了巨大的变化。作为旅游业三大支柱中提供重要分销服务的旅行社，其信息化更是被社会各界所瞩目。

（一）旅行社内部管理信息系统

1. MIS的开发与应用

MIS（Management Information System）是管理信息系统。它是一个由人、计算机及其他外围设备等组成的能进行信息的收集、传递、存储、加工、维护和使用的系统。其主要任务是最大限度地利用现代计算机及网络通信技术加强企业的信息管理，通过对企业拥有的人力、物力、财力、设备、技术等资源的调查了解，建立正确的数据，加工处理并编制成各种信息资料及时提供给管理人员，同时企业可以利用MIS系统找出目前迫切需要解决的问题，并将信息及时反馈给上层管理人员，使他们了解当前工作的进展或不足，以便进行正确的决策，不断提高企业的管理水平和经济效益。

2. DSS的开发与应用

DSS（Decision Support System）是决策支持系统。它是辅助决策者通过数据、模型和知识，以人机交互方式进行半结构化或非结构化决策的计算机应用系统，也是MIS向更高一级发展而产生的先进的信息管理系统。它为决策者提供分析问题、建立模型、模拟决策过程和方案的环境，调用各种信息资源和分析工具，帮助决策者提高决策水平和质量。

（二）Intranet应用

Intranet又称为企业内部网，它实际上是采用Internet技术建立的企业内部局域网，实现企业内部计算机之间的联网和信息处理。当然 Intranet 并非一定要和 Internet 连接在一起，它完全可以自成一体作为一个独立的网络。Intranet 主要是面向各单位内部。

（三）Extranet 应用

Extranet（外联网或组织协作系统）是指利用公共的或私有的通信设施来连接各联系单位或不同合作者之间的应用系统。Extranet 把企业内部已存在的网络扩展到企业之外，使得可以完成一些合作性的商业应用（如企业和其客户及供应商之间的电子、供应链管理等）。Extranet 是 Intranet 的扩展和延伸，它介于 Internet 和 Intranet 之间，主要是针对合作者或向公众提供有选择的服务系统。在旅游服务领域中应用到的外联网系统有以下几种：

1. CRS

CRS（Central Reservation System）即中央预订系统，也称代理人系统，该系统可为航空机票代理人提供航班信息查询、航段销售、订座记录、机上座位预订等服务。旅游从业人员可以利用 CRS 为顾客预订全球大部分航空公司的机票、酒店、租车以及其他和旅游相关的服务，如旅游地点的安排、保险、游轮甚至火车等，也都可以通过 CRS 直接预订。

通过 CRS 还可以直接获取世界各地旅游相关资讯，包括航空公司、旅馆、租车公司的日程表，机场的设施、转机的时间、机场税、签证、护照、检疫等。此外，信用卡查询、超重行李计费等，皆有助于旅游从业人员对旅客提供更完善的服务。

2. BSP

BSP（Bank Settlement Plan）即开账和结算计划系统。它是为连接航空公司和其销售代理人而设立的一种标准化体系，同时也是为航空公司及其销售代理人提供航空运输的销售管理及财务结算的简捷途径。实行 BSP 后，旅行社代航空公司出售机票，通过自动转账，其间省去了大量的账单往来的环节，提高了销售与结算的效率，并促使航空公司与旅行社在销售管理及市场调研各方面实行一体化电脑联网。现已有几十家中外航空公司和众多的代理人加盟，其成员销售款回收速度提高，并杜绝了差票率。

3. GDS

GDS（Global Distribution System）即全球分销系统，是应用于民用航空运输及整个旅游业的大型计算机信息服务系统。

由于旅游业的迅猛发展，从航空公司订座系统中分流出来的面向旅行服务的GDS系统，如今已经发展成为服务于整个旅游业的一个产业，除了原有的航空运输业，旅馆、租车、旅游公司、铁路公司等也纷纷加入GDS中来。经过技术与商务的不断发展，GDS已经能够为旅行者提供及时、准确、全面的信息服务，并且可以满足消费者旅行中包括交通、住宿、娱乐、支付及其他后续服务的全方位需求。通过GDS，遍及全球的旅游销售机构可以及时地从航空公司、旅馆、租车公司、旅游公司获取大量的与旅游相关的信息，从而为顾客提供快捷、便利、可靠的服务。GDS通过专用网络和系统将代理商和旅游产品进行整合，提高了营销效率和市场占有率。

（四）Internet应用

近年来，随着Internet技术的快速发展和广泛使用，旅行社基于Internet的信息系统应用不仅可以辅助企业管理内部信息资源，包括组团、接团和导游服务，还有助于企业信息、各类用户信息以及财务结算的数据处理，而更重要的是Internet信息系统提供了一个开放、安全和可控的展示和交易平台，并开展了一种新型的商业活动即电子商务。

国家旅游局于1991年正式启动的“金旅工程”，成为我国旅游业国家级电脑网络系统建设的标志。“金旅工程”包括内部办公、管理业务和公共商务三个网络，整合国内外旅游信息资源，建设并完善政府管理旅游的办公自动化网络与面向旅游市场的电子商务系统。

电子商务的迅速发展是因特网技术日益成熟的直接结果，是网络技术发展的新方向。因特网本身所具有的开放性、全球性、低成本和高效率的特点已成为电子商务的内在特征。电子商务的应用与普及不仅改变了传统的交易方式和人们的消费观念，还对旅行社的经营模式带来了巨大的冲击。企业所建立的电子商务平台，通过网络进行生产、营销、销售和流通活动，它不仅是指基于因特网上的交易活动，而且是指所有利用电子信息技术（IT）来解决问题、降低成本、增加价值和创造商业、贸易机会的商业活动，包括通过网络实现从线路查询、预订到电子支付等一系列的活动。

二、旅行社电子商务

旅游业的行业特性决定了主要提供服务类消费，其商务活动的核心是信息流、资金流，也因此被公认为适合于进行电子商务模式销售和业务开展的行业。旅行社应用电子商务，目的是调整企业同消费者、企业同企业、企业内部关系，从而扩大销售，拓展市场，并实现内部电子化管理的全部商业经营过程。

旅行社电子商务这种服务模式的最大特点是在线、即时地为旅游者服务，在时间上体现出快捷和便利，因而被称为在线旅游服务模式（Online Travel Service，OTS）。

（一）旅行社电子商务的定义

旅行社电子商务是指一整套的、基于互联网技术的、有着规范的业务流程的在线旅游中介服务，是指专业从事旅行中介服务的企业组织建立并实施一整套基于规范业务流程的，以先进的计算机技术、互联网技术及通信技术为基础的在线旅行服务模式体系。

其基本特征如下。

一是主体或“载体”是旅行社或旅行中介服务机构；二是旅行社电子商务的核心是一系列旅游业务的规范流程；三是旅行社电子商务的基础是互联网技术和万维网技术的应用；四是旅行社电子商务（ETA）的创新竞争力在于在线旅行服务模式，这种服务模式的最大特点是在线、即时地为旅游者服务，在时空上体现出快捷和便利；五是旅行社电子商务体系是一个人机结合的系统，涉及企业运作的各个层面（产品设计、市场营销、企业管理 MIS、客户管理 CRM、资源管理 ERP、供应链管理 SCM）。

（二）旅行社电子商务的交易模式

电子商务的迅速发展是因特网技术日益成熟的直接结果，是网络技术发展的新方向。因特网本身所具有的开放性、全球性、低成本和高效率的特点已成为电子商务的内在特征。旅行社电子商务系统的主要表现形式为旅行社网站、网页、内部管理系统及外部协作平台或网络。从类别上看旅游电子商务交易类别分为 B2B、B2C、C2B 及 C2C 等模式。

1. B2B，即旅行社对旅游企业的电子商务模式。B2B 泛指旅行社与旅游企业之间的购买、销售和交换旅游产品及服务与信息交换的过程。交易形式包括旅行社向酒店、餐馆、其他旅行社、景点、车队等旅游企业采购资源以及与航空公司、景点、目的地旅行社、汽车公司、餐厅等建立良好关系；旅游地旅行社批量订采购旅游资源、当地旅游饭店客房、景区门票；客源地组团社与目的地地接社之间的委托、支付关系，等等。各类旅游企业之间存在着复杂的代理、交易、合作关系，而 B2B 的出现极大地提高了旅游企业之间的信息共享和对接运作效率，提高了整个旅游业的运作效率。

比如，浙江东方海外旅游有限公司与千岛湖景区签订协议，门票按照协议的优惠价格结算，另外旅行社每年向千岛湖景区发送一定数量的游客后，到了年底，千岛湖景区将会给该旅行社一定的额外返利，奖励其对景区销售的贡献。

2. B2C，即旅行社对旅游消费者的电子商务的模式。B2C 是指旅行社对旅游消费者的电子商务，即旅游电子零售。旅游者通过远程搜索、预订旅游产品，减少了时空带来的信息不对称。目前最广泛应用的旅游电子商务之一，就是通过网络对旅行社企业门户网站、旅游目的地的营销系统等进行订房、订票。比如，众人熟悉的携程网预订机票和酒店业务。互联网的便利使得旅行社网站成为旅游消费者查找旅游目的地、查询最实惠的价格、预订机票与旅馆时最常用的一种工具。

旅游企业提供自助行程、价格、网络服务、商务旅游，利用 24 小时的呼叫系统来支撑全网的预订服务体系，降低了服务成本，能顺应社会的发展，适应旅游者个性化需求的提高。

3. C2B，即旅游者对旅行社的电子商务模式。C2B 泛指旅游者在专业的旅游网站、门户网站旅游频道提出需求，若干旅行社通过竞争来满足旅游者的需求，或者是由旅游者通过网络结成群体（团购）与旅游企业讨价还价。通过这种平台，旅游者上网直接发布需求信息。旅行社查询后，双方进行交流，自愿达成交易。这是一种达成旅游者需求的个性化服务，能很好地满足顾客需求、丰富产品。杭州国际旅行社网站有一个板块是“团队询价”，有意向出游的消费者可以在网站上填写好出游的各项要求，留下联系方式后，等待旅行社与消费者洽谈。

4. C2C，即旅游者对旅游者的电子商务模式。C2C 这种交易方式在我国还处于起步阶段，主要是旅游者通过网络平台来销售自己的产品，可以是交通票、旅游纪念品、旅游线路行程、旅游经验等。在所花费用较少甚至是免费的情况下，不受地域、时间限制地向全国各地及世界各地的旅游者进行销售。如中青旅的有些员工在个人的博客上或是其他网络平台（淘宝网等）

上，发布旅游线路、酒店、机票等信息，与上网寻找相关产品的消费者联系交易。该模式在业内还处于原始或者萌芽状态。

三、网络营销信息的手段和模式

21世纪是信息产业的时代，互联网作为一种信息传播的重要途径，已经深入到社会的各个角落中，随着旅行社电子商务的发展，旅行社也积极参与到网络营销当中。旅行社网络营销是指旅行社以因特网为媒介，传播旅游产品信息，引导消费者在网络环境里选择品牌，购买旅游产品，进而完成旅游产品销售的营销方式。旅游产品作为一种特殊的服务产品，也比较适合进行网络营销，但与传统营销相比，其理念和战略、原则和手段略有不同。

网络营销的模式与手段有多种，旅行社可根据自己的业务特点以及未来旅游电子商务的发展选择适合旅行社的模式与手段。

（一）网络广告

网络广告就是旅行社利用网站上的广告横幅、文本链接、多媒体，在互联网上刊登或发布广告，通过网络传递给互联网用户的一种高科技广告运作方式。网络广告具有广泛性、开放性、直接性、针对性、可控性的优点，因而被广大用户所认可。其种类有以下四种。

1. 网幅广告（包含Banner、Button、通栏、竖边、巨幅等）。网幅广告是以GIF、JPG、Flash等格式建立的图像文件，定位在网页中大多用来表现广告内容，同时还可使用Java等语言使其产生交互性，用Shockwave等插件工具增强表现力。

2. 电子邮件广告。电子邮件广告具有针对性强、费用低廉的特点，而且广告内容不受限制。特别是针对性强的特点，它可以针对具体某一个人发送特定的广告，为其他网上广告方式所不及。

3. 弹出式广告。访客在请求登录网页时强制插入一个广告页面或弹出广告窗口。插播式广告有各种尺寸，有全屏的也有小窗口的，而且互动的程度也不同，从静态的到动态的都有。浏览者可以关闭窗口不看广告，但是它们的出现没有任何征兆，而且肯定会被浏览者看到。

4. 文本链接广告。文本链接广告是以一排文字作为一个广告，点击可以进入相应的广告页面。这是一种对浏览者干扰最少，但却比较有效果的网络广告形式。

与传统的四大传播媒体（报纸、杂志、电视、广播）广告及近来备受垂青的户外广告相比，网络广告具有得天独厚的优势，是实施现代营销媒体战略的重要一部分。

（二）网站推广

网站推广就是以国际互联网络为基础，利用数字化的信息和网络媒体的交互性来辅助营销目标实现的一种新型的市场营销方式。简单地说，网站推广就是以互联网为主要手段进行的，为达到一定营销目的的推广活动，其策略有以下几种。

1. 电子邮件推广。电子邮件是最有效的网络许可营销方法之一，分为广告邮件、电子杂志两种。前者通过广泛发布邮件信息获得第一注意力；后者通过用户许可，获得定期、定向宣传效果，起到事半功倍的效果。网站可以每周给网站注册者发送电子邮件通信（E-mail Newsletter），通信中提供行业的新闻和一些技巧，并链接回公司网站。每月制作电子杂志，免费向会员的电子邮箱发送，同时放到各类电子杂志网站让网友免费下载阅读。

2. 搜索引擎加注。统计表明，50%以上的访问量均来自搜索引擎；有效加注搜索引擎是注意力推广的必备手段之一；加注搜索引擎既要注意措辞和选择好引擎，也要注意定期跟踪加注效果，并做出合理的修正或补充。比如，Google、雅虎和MSN、搜狐、新浪、百度等知名的搜索引擎和目录网站，通过所提交的关键词能够出现在搜索结果列表里。这些收录常常需要一些时间。

3. 加入友情链接联盟。加入友情链接联盟最大的一个好处就是不仅可以提高网站在互联网上的曝光率，提高网站的反向链接数量和pr值，还因为注册友情链接联盟留下了网站的信息，并为自己生成了一个自助化的友情链接系统，这样别人就可以在不通知自己的情况下加好友情链接，使友情链接变得更加轻松。在与这些网站做友情链接的时候，一定要确定对方网站的价值，确定是否做了这个友情链接对自己的网站的流量有好处。

4. 论坛推广。整理50个人气最旺的相关主题网站进行有计划的发帖，做好细节，才有好效果。论坛发帖推广最大的一个要领就是选择很热门的素材，然后去一个相关的人气旺的版区发帖宣传。

5. 导航网站登录。网站建设完成之后，第一件事情就是向各大搜索引擎提交新网站。搜索引擎提交包括提交给搜索引擎爬虫和提交给分类目录。提交给搜索引擎爬虫的目的，是让搜索引擎将网站收录到索引数据库。检验网站是否被搜索引擎收录的办法，是直接在搜索引擎中搜索网址，查看能否找到网站结果。提交给搜索引擎分类目录有两个目的，一是为了使用户通过分类目录检索到网站，二是为网站获得一个高质量的外部链接，有助于增加网站的链接广度。

（三）网络调研

网络调研是指科学地、系统地、有目的地收集、整理、分析和研究所有与市场有关的方法需求、购买动机的信息，以此作为营销决策的基础。旅行社利用互联网开展网络调研，一般有以下四种。

1. 企业在自己的网站进行市场调研。就大型旅行社而言，其网站的常客多是一些对该企业有兴趣或与企业业务有一定关系的上网者，他们对企业有一定了解，这将有利于访问者提供更准确有效的信息，也为调研过程中及时双向交流提供了便利。

2. 借助专业网络市场研究公司的网站进行调研。这对于那些资金和技术薄弱的中小旅行社及企业来说是一种有效的选择。旅行社制定调研内容及调研方式，将调研信息输入选定的网站，就可以在委托的网站获取调研数据及进展信息。这些站点上网者众多，扩大了调查面，专业市场研究公司所具备的市场调研能力也将提高调研效果。

3. 旅行社可以利用计算机辅助电话询问系统（CATI）开展调研工作。目前这种方法在美国十分普及，而在我国却没有一家旅行社利用此方法进行市场调研活动。当旅行社利用这种方式进行调研时，系统可以根据随机数据抽样得出电话号码并拨号，被访问者的电话接通后，旅行社的访问回复员则坐在旅行社计算机终端直接向被访问者进行提问。计算机终端的屏幕上会显示需要提出的问题及备选答案，同时，计算机会根据被调查者以前问题的回答，自动显示与被访者个人有关的问题或直接跳过选择其他合适的问题。另外，系统还能帮助整理问卷，这样可以省略旅行社人员数据的编辑及录入工作，数据结果可以以 SPSS、SAS 软件格式存储。

4. 利用电子邮件调研，选择群发邮件按已选定的 E-mail 地址寄发电子邮件，电子邮件的内容是旅行社的调查问卷，被访问者回答完毕后将问卷回复给旅行社。

（四）网络促销

网络促销是通过网络传递商品和服务的存在、性能、功效及特征等信息。多媒体技术提供了近似于现实交易过程中的商品表现形式，双向的、快捷的信息传播模式，将互不见面的交易双方的意愿表达得淋漓尽致，也留给了对方充分的思考时间。在这种环境下，传统的促销方法显得软弱无力，这种建立在计算机与现代通信技术基础上的促销方式还将随着这些技术的不断发展而改进。因此，网络营销者不仅要熟悉传统的营销技巧，而且需要掌握相应的计算机和网络技术知识，以一系列新的促销方法和手段，促进交易双方融合。

（五）搜索引擎营销

简单来说，搜索引擎营销就是基于搜索引擎平台的网络营销，利用人们对搜索引擎的依赖和使用习惯，在人们检索信息的时候尽可能地将营销信息传递给目标客户。搜索引擎营销追求最高的性价比，以最小的投入，获得最大的来自搜索引擎的访问量，并产生商业价值。搜索引擎营销的最主要工作是扩大搜索引擎在营销业务中的比重，通过对网站进行搜索优化，更多地挖掘企业的潜在客户，帮助企业实现更高的转化率。搜索引擎营销具有精准匹配性、广泛覆盖性、强大的信息聚合性等特点。

（六）病毒营销

所谓病毒营销就是通过用户的口碑宣传网络，信息像病毒一样传播和扩散，利用快速复制的方式传向数以千计、数以百万计的大众。病毒式营销已经成为网络营销最为独特的手段，被越来越多的商家和网站成功利用。

（七）无线营销

随着5G时代的正式到来，手机上网已经成为中国网民重要的上网方式。在中国这个将近14亿人口的大国中，手机上网用户已超过13亿户，贴身程度远超过电脑及其他电子产品。随着电信技术的发展，手机可以运用的传播形式也越来越多样化，除文字外，彩色动画、影音等传播形式越来越受广告主的青睐，手机逐渐成为继电视、广播、报刊、网络之后的第五媒体。

无线营销（手机网络营销）的特点是便携性、精准性、移动性、互动性、创新性、整合性。

除了以上的方式，还有 RSS 营销、博客营销、社区营销、网络事件营销、网络视频营销等多种方式。

四、旅行社网络信息营销的策略

网络营销策略是企业根据自身在市场中所处地位不同而采取的一些网络营销组合，包括网页策略、网络品牌策略、产品策略、价格策略、促销策略、渠道策略和顾客服务策略。

（一）网页策略

旅行社可以选择比较有优势的地址建立自己的网站，建立后应有专人进行维护，并注意宣传，这一点上节省了原来传统市场营销的很多广告费用，而且搜索引擎的大量使用会提高搜索率，一定程度上对于中小旅行社来说比广告效果要好。

（二）网络品牌策略

网络营销的重要任务之一，就是在互联网上建立并推广企业的品牌，知名企业的网下品牌可以在网上得以延伸，一般企业则可以通过互联网快速树立品牌形象，并提升企业整体形象。网络品牌建设是以企业网站建设为基础，通过一系列的推广措施，达到顾客和公众对企业的认知和认可的目的。在一定程度上，网络品牌的价值甚至高于通过网络获得的直接收益。

（三）价格策略

网络营销价格策略是成本与价格的直接对话，由于信息的开放性，消费者很容易掌握同行业各个竞争者的价格，如何引导游客做出购买决策是关键。除此之外，由于竞争者的冲击，网络营销的价格策略应该适时调整，企业营销的目的不同，可根据时间不同制定价格。

（四）促销策略

营销的基本目的是为增加销售提供帮助，大部分网络营销方法都与直接或间接促进销售有关。以网络广告为代表，网上促销没有传统营销模式下的人员促销或者直接接触式的促销，取而代之的是使用大量的网络广告这种软营销模式来达到促销效果。这种做法对于中小旅行社企业来说，可以节省大量人力支出、财力支出。通过网络广告的效应可以在更多人力到达不了的地方挖掘潜在消费者，可以通过网络的丰富资源与非竞争对手达成合作的联盟，以此拓宽产品的消费层面。网络促销还可以避免现实中促销的千篇一律，可以根据本企业的文化，以及帮助宣传的网站的企业文化相结合来达到最佳的促销效果。

（五）产品策略

旅行社要使用网络营销方法必须要明确自己的产品或者服务项目，明确哪些是网络消费者选择的产品，然后定为目标群体。产品网络销售的费用远低于其他销售渠道的销售费用，可获得更大的利润。

（六）渠道策略

网络营销的渠道应该本着让消费者方便的原则设置。为了在网络中吸引消费者关注自己的产品，可以根据旅行社的产品，联合其他中小旅行社企业的相关产品，为自己企业的产品外延，相关产品的同时出现会更加吸引消费者的关注。为了促进消费者购买，应该及时在网站发布促销信息、新产品信息、公司动态，为了方便购买还要提供多种支付模式，让消费者有更多的选择。

（七）顾客服务策略

网络营销与传统营销模式的不同还在于它特有的互动方式，传统营销模式人与人之间的交流十分重要，营销手法比较单一。网络营销则可以根据自身公司产品的特性，根据特定的目标客户群、特有的企业文化来加强互动，节约开支，形式新颖多样，避免了原有营销模式的老套单一。

五、旅行社网络营销的优势

旅行社网络营销与传统的营销相比，具有非常明显的优势，具体介绍如下。

（一）降低企业营销成本，改变传统交易模式

传统的交易模式一般都是顾客与企业交易，而企业再与其他企业交易，环节较多，也比较烦琐。网上交易改变了传统的交易模式，使得顾客与企业直接见面，省去了中间商的层层加价，降低了旅行社旅游线路的报

价，将更多的优惠转移给旅游者，减少了顾客的旅游花费。互联网的大容量、高速化、互动性，改变了受时空限制的服务方式和较低的服务效率，可以将顾客的需求及时快速地反馈给旅行社，有利于旅游企业与顾客的双向沟通。另外，旅行社企业的各种信息在网络上以数字化的形式存在，可以以最低的成本发送并及时修改，如市场调研、客户满意度调查、广告、营业推广活动等。省去了常规营销方法的大量费用，实现了旅行社营销费用的降低。

（二）适应现代旅游者多样化、个性化的需求

社会的进步与发展，使旅游者对旅游经营者的要求越来越高，旅游者更加注重个性化需求的满足，更愿意自由支配时间，选择自己喜爱的旅游项目和有针对性、有主题、有重点的旅游方式，随心所欲地进行旅游活动。传统旅行社的经营模式已经不适应现代旅游者的散客化和个性化需求。旅行社可以利用因特网向旅游者分类提供超大量的旅游信息，旅游者在网上查询自己感兴趣的旅游产品各类要素的信息，旅行社提供必要的组装指导服务，就可以形成因团而异、因人而异的时尚旅游产品。互联网技术的广泛运用，使这一涉及面广泛、需求复杂的个性化旅游产品得以实现。

（三）改变传统促销方式，建立良好客户关系

传统的促销经常以打广告、发传单、降低价格等方式进行，不及网上促销的优点，比如，宣传面广泛、网页设计图文并茂、表现手法灵活、内容容易更新、成本低廉，可以与上网者进行双向信息交流，以满足不断变化的市场需求。而且网络营销可以随时给用户提供最新、最实用的旅游信息，以便吸引更多的旅游客源，真正起到促销的作用。同时，利用电子商务充分了解顾客，加强与顾客的沟通，与旅游者建立良好的合作关系，不仅有利于树立良好的企业形象，而且有利于提高顾客忠诚度，为旅游企业赢得社会形象和企业利益的双赢。

六、旅行社信息管理软件实施

第一步，下载安装并登录《旅游信息管理软件》。进入系统按照首次运行流程进行。

系统维护，为系统添加维持正常工作的资源。

客户关系管理，建立处理一些客户信息。

线路管理，为旅行社添加旅游线路，安排该线路上的食、住、行。

团队计调，进行团队运作。

前台处理，实现家庭、个人、单位三种报名方式。

财务管理，为财务人员的审核提供良好的帮助。

第二步，点击进入线路设计管理。

（一）线路管理界面

在主菜单下单击“线路管理”，将会看到如图 5-2 所示的线路管理界面。

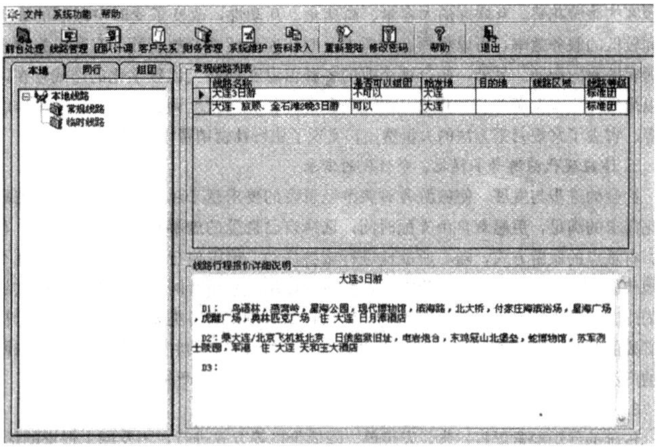

图 5-2 线路管理界面

在左侧选择线路区域信息后，将会在右侧的线路信息列表中显示出所有的可被选择的内容（比如，在“本地线路”中选择“常规线路”，将会在线路列表中显示出所有的常规线路信息，同时在“线路行程与说明”中显示默认线路的内容）。

当在线路列表中任意点选某一条线路时，将会在“线路行程报价详细说明”中显示出被选择线路的相关信息。

（二）新建线路

可以进行拼合线路或重新建一条线路。

当单击右键时，在右键菜单中选择“新建/完全新建”功能，将会调用“线路行程安排”窗口来新建一条线路，如图 5-3 所示。

填写线路基本信息。包括始发地、目的地、线路区域、线路等级、线路名称、线路简称（线路简称由始发地、目的地直接生成）、线路状态、行程天数、用餐标准、线路类型等。

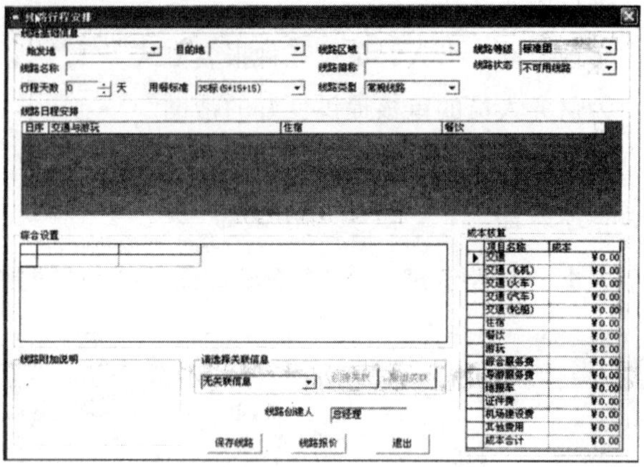

图 5-3　新建线路行程安排

首先第一步要填写线路基本信息。通过下拉箭头或手工输入的方式来选择始发地和目的地；通过下拉箭头的方式来选择线路区域、线路等级、用餐标准、线路类型；单击上下箭头来确定行程天数，同时在“线路行程安排”中显示出你所确定的天数；线路名称由始发地和目的地以及行程天数组成；线路简称由始发地和目的地组成。填写完成的线路基本信息如图 5-4 所示。

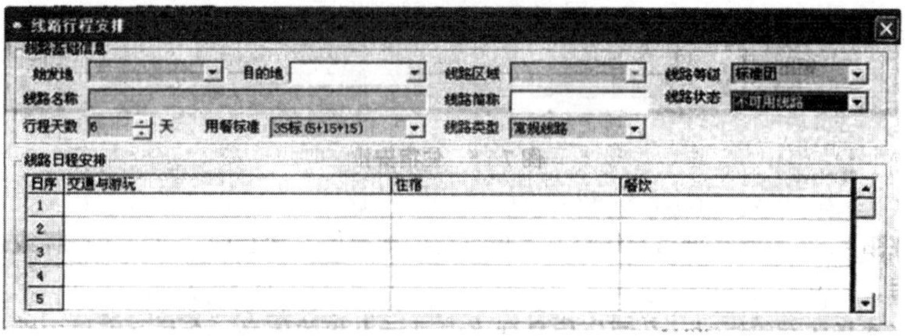

图 5-4　线路行程安排信息

1. 行程安排。在线路行程安排中，首先必须确定需要安排的是哪一天的行程内容，即用左键在线路行程安排中单击该日所在的行，此时被选择中的单元格显示为黄色，如图 5-5 所示。

图 5-5　线路日程安排

(1) 住宿安排。当确定某一天的行程之后，单击右键，选择“住宿”，调用住宿安排窗口，如图 5-6 所示。

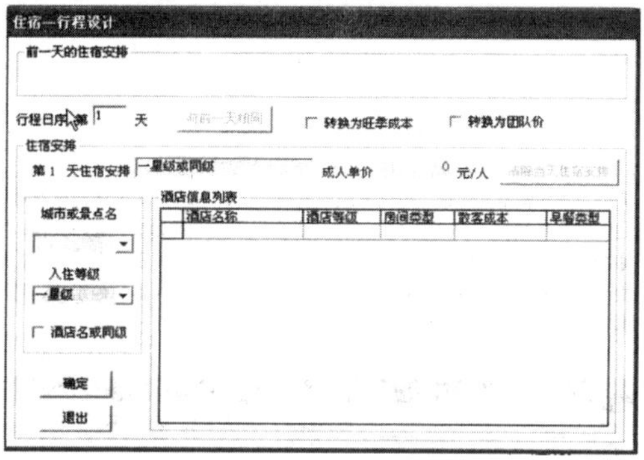

图 5-6　住宿安排

在图 5-6 中，所在城市与线路基本信息目的地或始发地相同，可以用选择或录入方式填写。

当选择住宿等级时，在酒店信息列表中显示出相关信息。在住宿安排中默认值为城市名加上酒店。当在酒店信息列表中选择某一个酒店时，将会在住宿安排中显示出被选择酒店名称和单价，如图 5-7 所示。

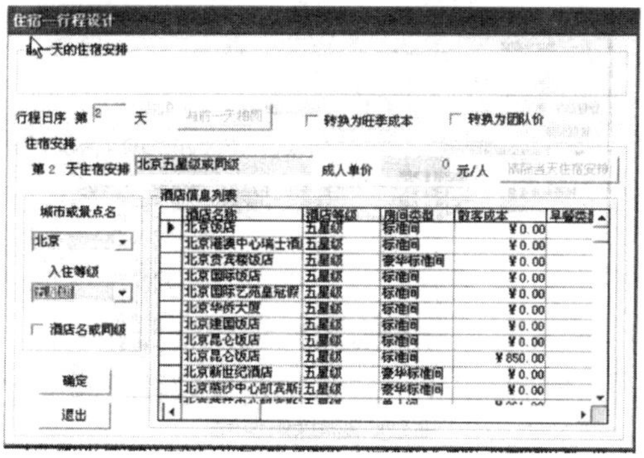

图 5-7　酒店信息列表

当选择“转换为旺季成本”时，将会在列表中列出所选择的城市与住宿等级下的旺季成本价格；当选择“转换为团队成本”时，将会在列表中列出所选择的城市与住宿等级下的团队成本价格。

如果你在线路行程安排中所选择的天数的前一天已经安排了住宿，则在该窗口的“前一天的住宿安排”中显示出前一天的住宿内容，为当天的住宿提供参考，同时“与前一天相同”按钮变为可用，如图 5-8 所示。当单击该按钮时，则当天的住宿安排与前一天相同。

图 5-8　住宿信息中的前一天的住宿安排

如果要修改住宿信息，以相同的方式来调用该窗口，当线路行程安排中的内容不为空时，在该窗口中显示出你已经安排的信息，以方便修改。同时，“清除当天住宿安排”按钮变为可用，如图 5-9 所示。

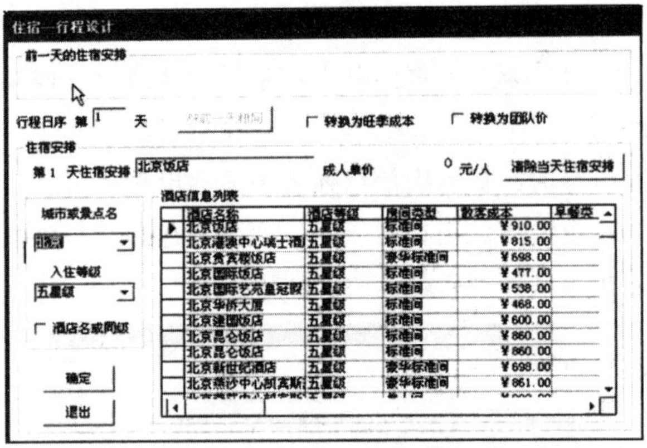

图 5-9　显示已安排的住宿信息

当你单击该按钮时，将会清空当天的住宿内容并退出该窗口。当线路行程安排中的内容为空时，可以选择需要的住宿内容。

当确定了住宿安排与单价之后，单击确定按钮保存住宿安排并退出。

（2）交通安排（大交通）。当确定某一天的行程之后，单击右键，选择“交通”，调用交通安排窗口，如图 5-10 所示。

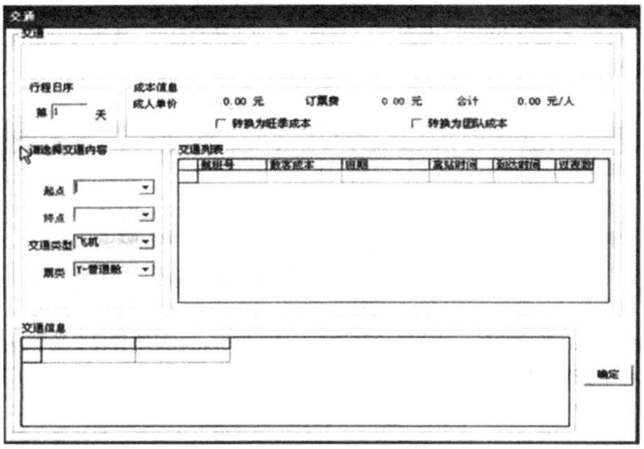

图 5-10　交通安排

在图 5-10 中，起点与终点和线路基本信息中的始发地和目的地相同，可以通过下拉箭头来选择或手工输入；交通类型和票类通过下拉箭头来选择。在交通列表中显示出所有满足所选择条件的交通信息，同时在“成本信息”中列出被选中的某一项的成本信息，并且该成本信息可以手工修改。

当选择“转换为旺季成本”时，将会在列表中列出所选择的旺季成本价格；当选择“转换为团队成本”时，将会在列表中列出所选择的团队成本价格。

当在交通列表中任意选择一条交通信息后，单击右键，如果要选择该交通信息，则单击“确定该项交通信息”，即将被选中的交通添加到交通信息表中，如图 5-11 所示。

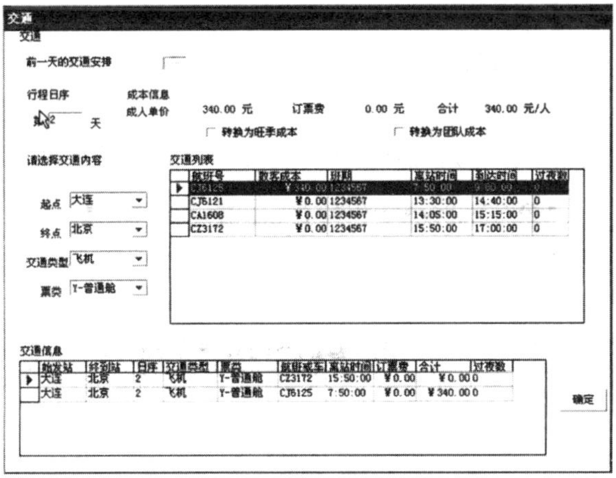

图 5-11　确定添加交通信息

如果要删除在“交通信息”表中已经被选择的内容，则单击右键，选择“删除”功能即可。

如果你在线路行程安排中所选择的天数的前一天已经安排了交通，则在该窗口的最上方中显示出前一天的交通安排，为当天的交通选择提供参考，如图 5-12 所示。

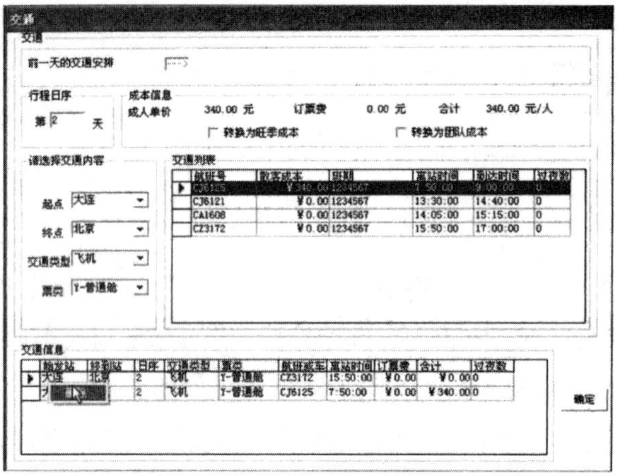

图 5-12　前一天的交通安排信息

如果要修改已经安排好的交通内容，则调用该窗口，将交通信息列出来，以供修改，如图 5-13 所示。

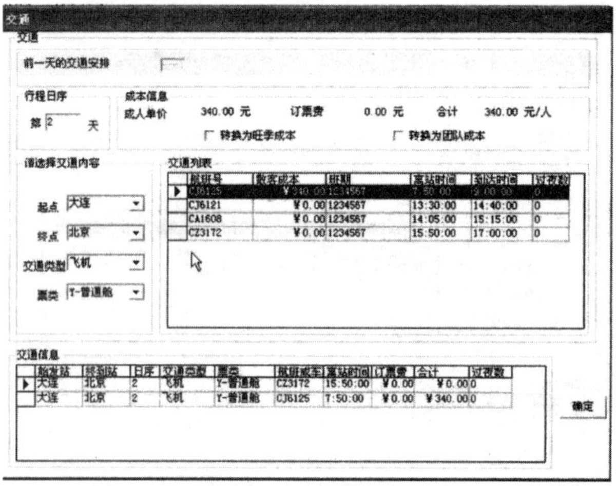

图 5-13　已安排的交通信息

(3) 餐饮安排。当确定某一天的行程之后，单击右键，选择“餐饮”，调用餐饮安排窗口，如图 5-14 所示。

① 标准餐饮。当调用餐饮功能时，系统默认为“标准餐饮”。默认餐标为线路基本信息中的餐标，可以通过下拉箭头来选择相应的餐标。默认为选择早、午、晚，并显示出三餐的价格。如果不选择其中的一个，将其前面的对号去掉即可。同时在右侧显示出当天餐饮合计，如图 5-15 所示。

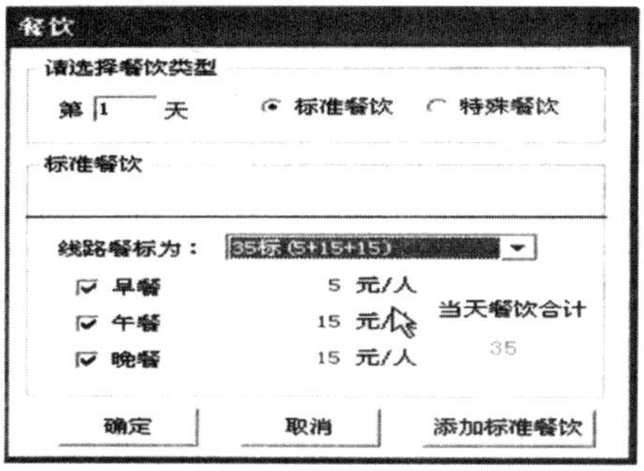

图 5-14　餐饮安排

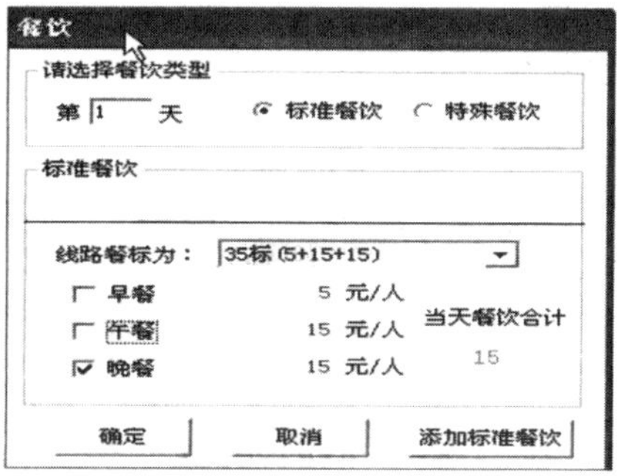

图 5-15　当天餐饮合计

如果你在线路行程安排中所选择的天数的前一天已经安排了餐饮信息，则在该窗体中显示出前一天的餐饮价格合计，为当天的餐饮提供参考，如图 5-16 所示。

如果要修改某一天的餐饮信息，调用该窗口之后，将要修改的餐饮信息显示出来，以供修改时参考，如图 5-17 所示。

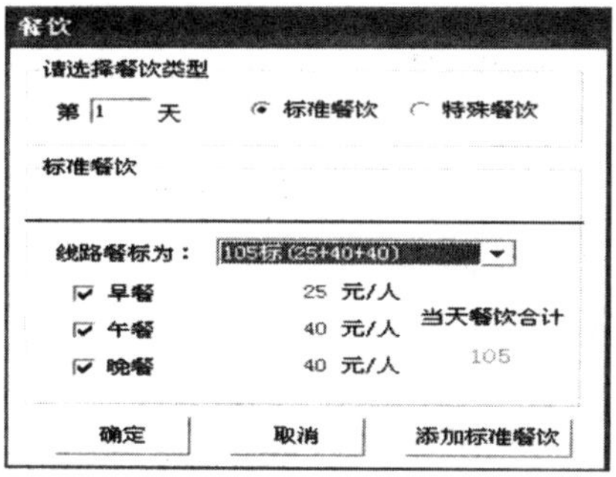

图 5-16　前一天的餐饮合计

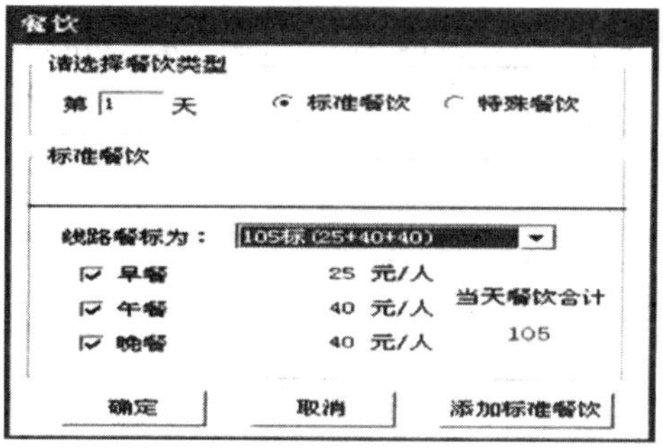

图 5-17　将要修改的餐饮信息

② 特殊餐饮。如果要添加特殊餐饮，则单击“特殊餐饮”选项，同时“添加特殊餐饮”按钮变为可用，如图 5-18 所示。

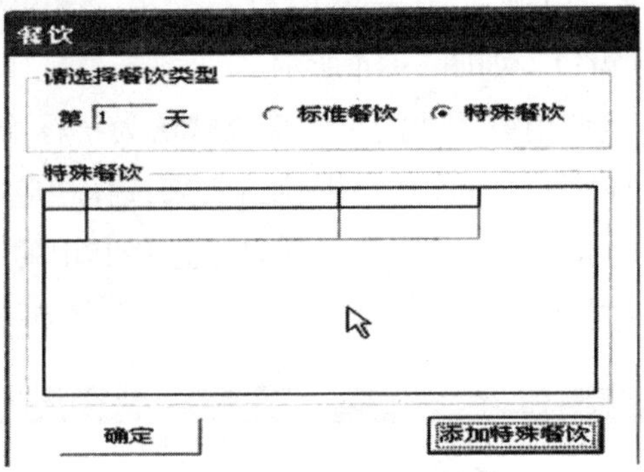

图 5-18 添加特殊餐饮

单击“添加特殊餐饮”按钮，调用特殊餐饮添加功能。

在图 5-18 中的城市名称与线路基本信息的目的地或始发地相同，也可通过下拉箭头来选择或手工输入。特殊餐饮名称的内容与所选的城市相关联，通过下拉箭头来选择在该城市下的餐饮内容或手工输入。当输入价格时，“确定”按钮变为可用，如果单击“确定”按钮，则在特殊餐饮列表中列出所添加的特殊餐饮。

（4）游玩安排。当确定某一天的行程之后，单击右键，选择“游玩”，调用游玩安排窗口，如图 5-19 所示。

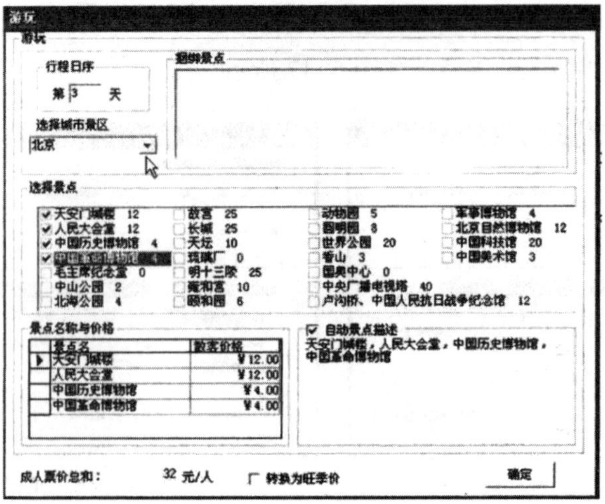

图 5-19 游玩安排

在图 5-19 中，“选择城市景区”的内容为线路基本信息中的目的地或始发地，也可通过下拉箭头来选择或手工输入。如果要删除某个已选择的景点，只需将相应的景点前的对号去掉即可。如果要修改某一天的游玩信息，以同样的方法调用该窗口之后，将要修改的游玩信息显示出来，以供修改时参考。

删除某一天的行程安排。当要删除某一天时，用左键单击这一所在行，然后再单击右键，选择“删除”该日行程，此时该功能弹出一个确认信息，如果选择“是”，将会删除所有已经安排的当天信息。

2. 综合设置。在该列表中，将会提供添加、删除各项综合服务费的内容，包括综合服务费、导游服务费、地接车费等。默认界面如图 5-20 所示。

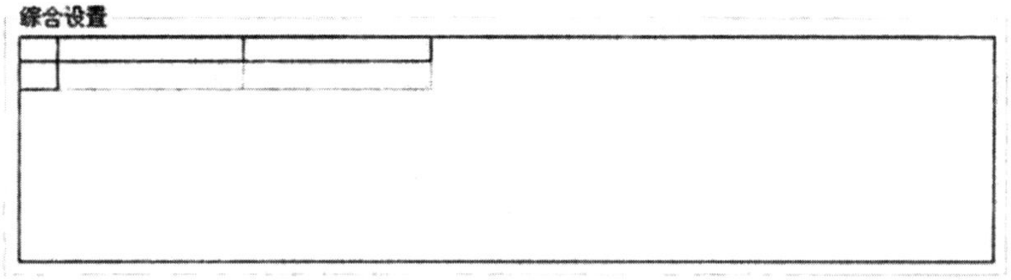

图 5-20 综合设置

综合服务费。添加综合服务费，在图 5-20 中单击右键，选择“添加综合服务费”，调用如图 5-21 所示的“综合服务费”功能。

在图 5-21 所示的“文字描述”中，默认内容为线路基本信息中的“线路名称”。当手工输入服务费金额后，便可以保存该项设置。

修改综合服务费。在图 5-20 中，首先选择要修改的综合服务，然后单击右键，选择“修改此项费用”，在确认信息中选择“是”之后，调用并添加与综合服务费相同的窗口，并显示出已经输入的综合服务费信息，为修改提供参考。

删除综合服务费。在图 5-20 中，首先选择要删除的综合服务，然后单击右键，选择“删除此项费用”，如果选择“是”，将会删除已添加的综合服务费信息。

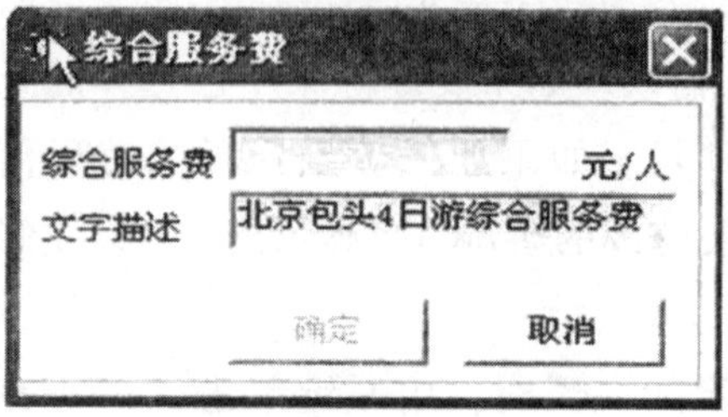

图 5-21　添加综合服务费

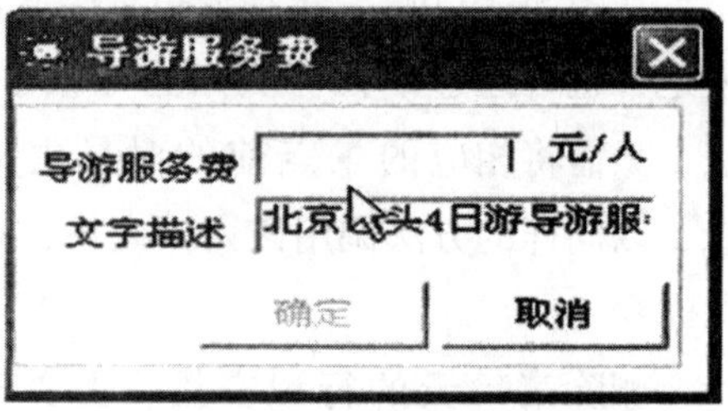

图 5-22　添加导游服务费

导游服务费。在图 5-20 中单击右键，选择“添加导游服务费”，调用如图 5-22 所示的“导游服务费”功能。

在图 5-22 所示的“文字描述”中，默认内容为线路基本信息中的“线路名称”。当手工输入服务费金额后，便可以保存该项设置。

修改导游服务费。在图 5-20 中，首先选择要修改的导游服务，然后单击右键，选择“修改此项费用”，在确认信息中选择“是”之后，调用并添加与导游服务费相同的窗口，并显示出已经输入的导游服务费的信息，为修改提供参考。

删除导游服务费。在图 5-20 中，首先选择要删除的导游服务，然后单击右键，选择“删除此项费用”，如果选择“是”，将会删除已添加的导游服务费信息。

添加地接车费用。按常规地段计费。在图 5-20 中单击右键，选择“增加地接车费用”，调用如图 5-23 所示的“增加地接车费用”功能。

系统默认是按常规地段计费。在图 5-23 所示的“文字描述”中，默认内容为线路基本信息中的“线路名称”+“地接车费用”。所在城市与线路基本信息中的目的地或始发地相同，也可通过下拉箭头选择或手工输入，目的地就是被选择城市下的所有景点名称。当选择了等级与车型之后，将会列出地接车的费用、座位数、加座数等。输入估算单价之后，单击“确定”按钮保存地接车信息并退出。

按公里数计费。当单击按公里数计费后，调用如图 5-24 所示的功能。

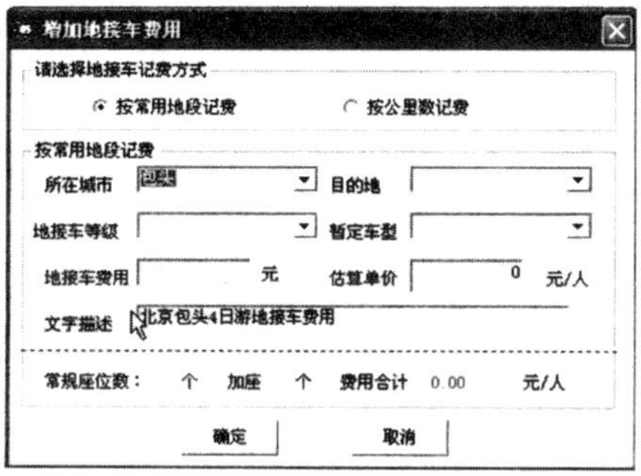

图 5-23　增加地接车费用

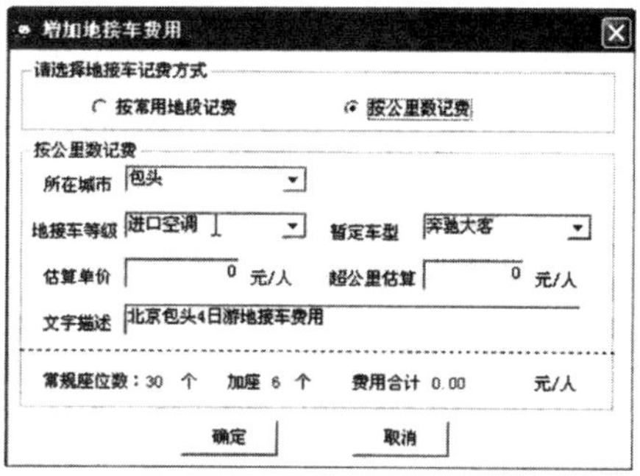

图 5-24　地接车费用计费

在图 5-24 的“文字描述”中，默认内容为线路基本信息中的“线路名称”+“地接车费用”。所在城市与线路基本信息的目的地或始发地相同，也可通过下拉箭头选择或手工输入，目的地就是被选择城市下的所有景点名称。当选择了等级与车型之后，将会列出地接车的费用、座位数、加座数等。输入估算单价或超公里估算之后，单击“确定”按钮保存地接车信息并退出。

修改地接车费用。在图 5-20 中，首先选择要修改的地接车费用，然后单击右键，选择“修改此项费用”，在确认信息中选择“是”之后，调用并添加地接车费用相同的窗口，并显示出已经输入的地接车费用信息，为修改提供参考。

删除地接车费用。在图 5-20 中，首先选择要删除的地接车费用，然后单击右键，选择“删除此项费用”，如果选择“是”，将会删除已添加的地接车费用信息。

机场建设费。添加机场建设费。在图 5-20 中单击右键，选择“添加机场建设费”，调用如图 5-25 所示的“添加机场建设费”功能。

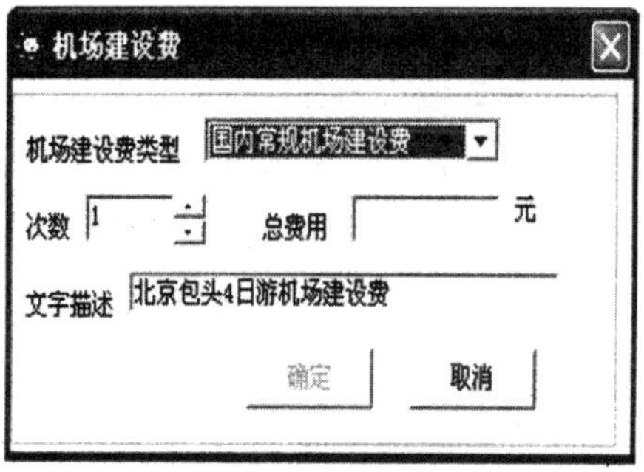

图 5-25　添加机场建设费

在图 5-25 所示的“文字描述”中，默认内容为线路基本信息中的“线路名称”十“机场建设费”。机场建设费类型通过下拉箭头来选择。当输入总费用后，单击“确定”按钮来保存机场建设费信息并退出。

修改机场建设费。在图 5-20 中，首先选择要修改的机场建设费，然后单击右键，选择“修改此项费用”，在确认信息中选择“是”之后，调用并添加机场建设费相同的窗口，并显示出已经输入的机场建设费的信息，为修改提供参考。

删除机场建设费。在图 5-20 中，首先选择要删除的机场建设费，然后单击右键，选择“删除此项费用”，如果选择“是”，将会删除已添加的机场建设费信息。

办证费用。添加办证费用。在图 5-20 中单击右键，选择“添加办证费用”，调用如图 5-26 所示的“添加办证费用”功能。

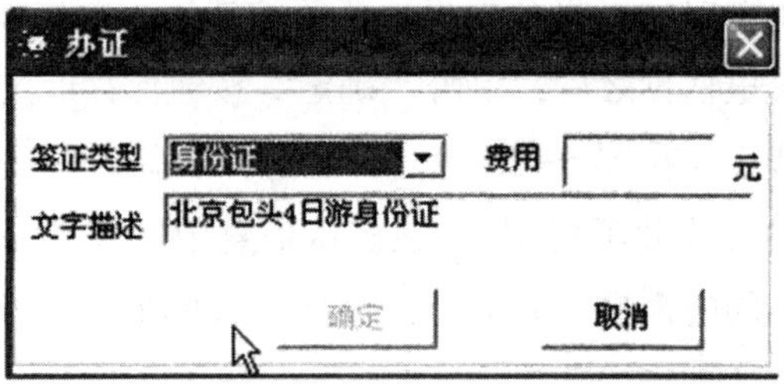

图 5-26　添加办证费用

在图 5-26 的“文字描述”中，默认内容为线路基本信息中的“线路名称”+“办证费”。签证类型通过下拉箭头来选择。当输入费用后，单击“确定”按钮来保存添加办证费用信息并退出。

修改办证费用。在图 5-20 中，首先选择要修改的办证费用，然后单击右键，选择“修改此项费用”，在确认信息中选择“是”之后，调用并添加办证费用相同的窗口，并显示出已经输入的办证费用的信息，为修改提供参考。

删除办证费用。在图 5-20 中，首先选择要删除的办证费用，然后单击右键，选择“删除此项费用”，如果选择“是”，将会删除已添加的办证费用信息。

其他费用。添加其他费用。在图 5-20 中单击右键，选择“添加其他费用”，调用如图 5-27 所示的“添加其他费用”功能。

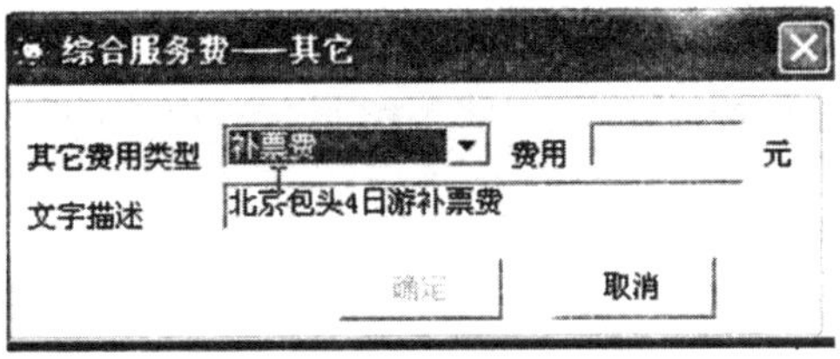

图 5-27　添加其他费用

修改其他费用。在图 5-20 中，首先选择要修改的其他费用，然后单击右键，选择“修改此项费用”，在确认信息中，选择“是”之后，调用并添加其他费用相同的窗口，并显示出已经输入的其他费用的信息，为修改提供参考。

3. 成本核算。在成本核算列表中，将显示出所有行程安排的各项成本，如图 5-28 所示。

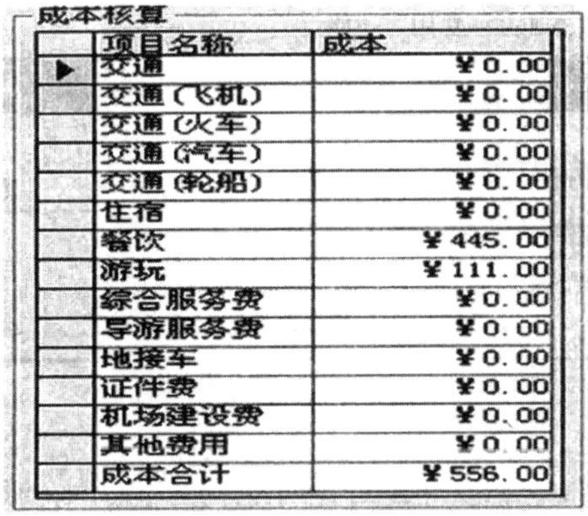
成本核算

项目名称	成本
交通	¥0.00
交通（飞机）	¥0.00
交通（火车）	¥0.00
交通（汽车）	¥0.00
交通（轮船）	¥0.00
住宿	¥0.00
餐饮	¥445.00
游玩	¥111.00
综合服务费	¥0.00
导游服务费	¥0.00
地接车	¥0.00
证件费	¥0.00
机场建设费	¥0.00
其他费用	¥0.00
成本合计	¥556.00

图 5-28　成本核算

在该列表中，将会随时与行程中每一项的添加、修改、删除所产生的成本而相关联。动态地反映出所有成本之和。

4. 线路附加说明。这部分内容允许旅行社自己根据实际情况需要进行填写。

5. 创建关联信息。系统默认为“无关联信息”。如果是新建一条本地线路，则在关联信息下拉框中只有一个关联对方旅行社信息；否则在关联信息下拉框中则有关联对方旅行社信息、关联个人信息、关联单位信息三种。

关联对方旅行社信息。当选择关联对方旅行社信息时，单击创建关联按钮，调用如图 5-29 所示的关联旅行社信息。

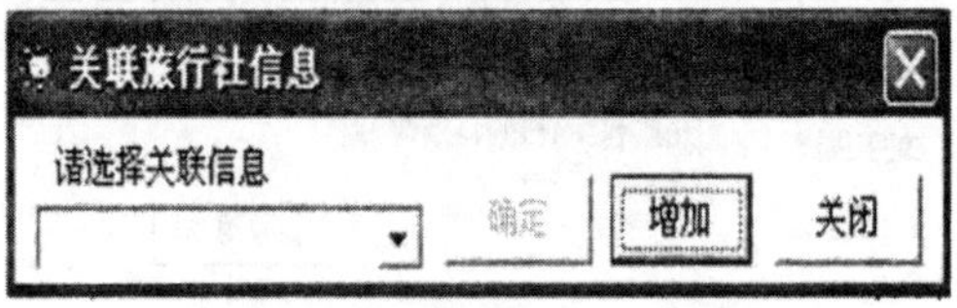

图 5-29 关联旅行社信息

在图 5-29 中，单击选择关联信息的下拉箭头来选择关联旅行社名称。如果没有，则单击“增加”按钮来添加一个关联旅行社信息，如图 5-30 所示。

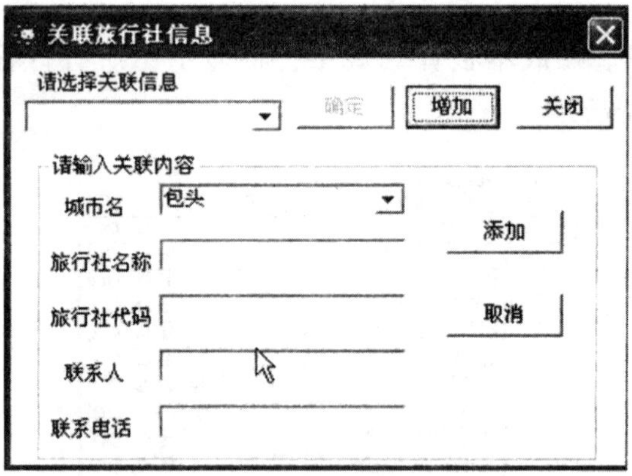

图 5-30 添加一个关联旅行社信息

在图 5-30 中，城市名与线路基本信息中的目的地或始发地相同，也可通过下拉框来选择或手工输入。当输入相关信息之后，单击“添加”按钮来新增加一个旅行社关联信息，并把新添加的旅行社名称加入关联信息下拉框中。单击“确定”按钮，获取关联信息并退出。

6. 线路报价。当想知道一条线路的成本、利润、对外报价等有关价格信息时，进入线路报价系统中，如图 5-31 所示。

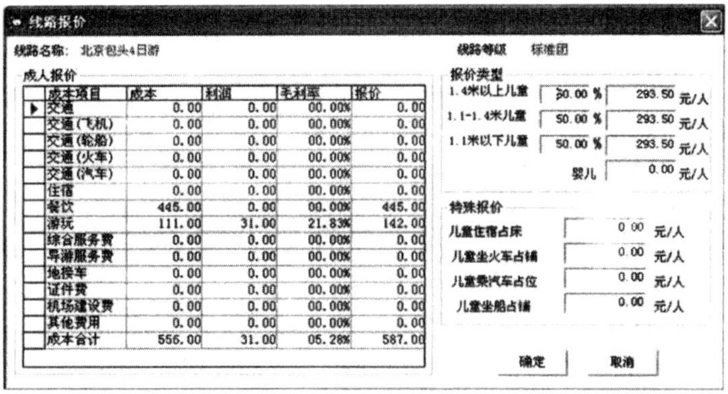

图 5-31 线路报价窗口

在线路报价功能中，可以修改其中任何一项内容，如果修改了成本项，将不会改变其成本值。如果修改了利润，毛利率和报价将会随之改变；如果修改了毛利率，利润和报价将会随之改变；如果修改了报价，利润和毛利率将会随之改变。报价类型与特殊报价是根据需要来手工输入其报价的价格。通过该操作将会使线路成本、利润、毛利率、报价等内容一目了然。

7. 保存线路。在新建线路的主界面中，点击最下面的保存线路按钮，则会对全部线路信息进行保存。

第六章 旅游电子商务支付及安全

在旅游电子商务背景下，旅游活动各方之间的联系不是通过产品，而是通过信息流，同时伴随着数据流和资金流。旅游代理商、旅游供应商、旅游者、金融机构之间通过电子支付完成相关的业务活动，其中支付的安全也是至关重要的。本章则对旅游电子商务的支付和安全进行了相关论述。

第一节 旅游电子商务电子支付

一、电子支付

（一）电子支付概述

1. 电子支付的概念

所谓电子支付，是以计算机及网络为手段，将负载有特定信息的电子数据取代传统的支付工具用于资金流转，并具有实时支付效力的支付方式，是一套完整的网络商务经营及管理信息系统。在线上，旅游客服提供的并非实物商品而是单价较高的预订服务，其与电子支付的模式有着天然的契合度，将是电子支付产业最成熟的细分市场之一。

电子支付主要涉及产业链上银行、第三方支付公司和商户，借助于银行及其他机构支持的某种金融工具来完成，如电子现金、电子支票和银行卡等。它无须任何实物的标志，而是以纯粹的数码形式保存在交易各方的计算机中。

支付的电子化与创新经历了从后端到前端的发展过程。银行后端 IT 系统与电信网络的应用使货币债权能够被电子化地记录与保存，实现银行间支付清算与结算的电子化处理，这个阶段的变革几乎不被公众所注意。银行前端支付工具与渠道的创新则为消费者带来了真实的便利，ATM、POS、支付卡、互联网、手机逐步成熟与流行，极大地改变了银行与客户、消费者与商家之间的交互方式。

电子支付的工作环境是基于一个开放的系统平台——互联网之中，电子支付具有方便、快捷、高效、经济的优势。用户只要拥有一台能上网的 PC 或移动终端，便可足不出户，在很短的时间内完成整个支付过程。支付费用仅相当于传统支付的几十分之一，甚至几百分之一。

2. 电子支付类型

电子支付的业务类型按电子支付指令发起方式分为网上支付、电话支付、移动支付、销售点终端交易、自动柜员机交易和其他电子支付。

（1）网上支付。网上支付是电子支付的一种形式。广义上讲，网上支付是以互联网为基础，利用银行所支持的某种数字金融工具，发生在购买者和销售者之间的金融交换，而实现从购买者到金融机构、商家之间的在线货币支付、现金流转、资金清算、查询统计等过程，由此为电子商务服务提供金融支持。

（2）电话支付。电话支付是电子支付的一种线下实现形式，是指消费者使用电话（固定电话、手机）或其他类似电话的终端设备，通过银行系统就能从个人银行账户里直接完成付款的方式。

（3）移动支付。移动支付是使用移动设备通过无线方式完成支付行为的一种新型的支付方式。移动支付所使用的移动终端可以是手机、PDA、移动 PC 等。

3. 电子支付流程

（1）消费者利用自己的计算机通过互联网选定所要购买的物品，并在计算机上输入订单，订单上需包括在线服务商、购买的产品名称及数量、交易时间等相关信息。

（2）通过电子商务服务器与有关在线商家联系，在线商家做出应答，告诉消费者所填订单的产品单价、应付款数、交易时间地点等信息是否准确，是否有变化。

（3）消费者选择付款方式，确认订单，签发付款指令，开始启动认证。

（4）在认证中，消费者需对订单和付款指令进行数字签名。同时利用双重签名技术保证商家看不到消费者的账号信息。

（5）在线商家接受订单后，向消费者所在银行请求支付认可。信息通过支付网传到收单银行，再到发卡银行确认。批准交易后，返回确认信息给在线商家。

（6）在线商家发送订单确认信息给消费者。消费者的用户端软件可记录交易日志，以备将来查询。

（7）在线商家提供产品或服务，并通知收单银行将钱从消费者的账号转移到在线商家账号，或通知发卡银行请求支付。

（二）电子支付工具

1. 电子现金

电子现金是（E-Cash）一种以数据形式流通的货币。它把现金数值转换成为一系列的加密序列数，通过这些序列数来表示现实中各种金额的市值，用户在开展电子现金业务的银行开设账户并在账户内存钱后，就可以在接受电子现金的场合消费了。

2. 电子支票

电子支票（E-Check）是一种借鉴纸张支票转移支付的优点，利用数字传递将钱款从一个账户转移到另一个账户的电子付款形式。这种电子支票的支付是在与商户及银行相连的网络上以密码方式传递的，多数使用公用关键字加密签名或个人身份证号码代替手写签名。用电子支票支付，事务处理费用较低，而且银行也能为参与电子商务的商户提供标准化的资金信息，故而可能是最有效率的支付手段。

3. 电子信用卡

电子商务活动中使用的信用卡是电子信用卡。电子信用卡通过网络直接支付。电子信用卡具有快捷、方便的特点，买方可以及时通过发卡机构了解持卡人的信用度，避免欺诈行为的发生。

由于使用电子信用卡需要通过 Internet 的公共网络进行信用卡信息传输，因此，在技术上需要保证传输的安全性和可靠性。利用 SET 安全电子交易协议保证电子信用卡卡号和密码的安全传输，在信用卡进行支付的过程中，也需要认证客户、商家以及信用卡发放机构的身份，防止抵赖行为的发生。

4. 电子钱包

电子钱包是电子商务活动中网上购物顾客常用的一种支付工具，是在小额购物或购买小商品时常用的新式钱包。电子钱包一直是全世界各国开展电子商务活动中的热门话题，也是实现全球电子化交易和因特网交易的一种重要工具。全球已有很多国家正在建立电子钱包系统以便取代现金交易的模式。

使用电子钱包购物，通常需要在电子钱包服务系统中进行。电子商务活动中的电子钱包的软件通常都是免费提供的，可以直接使用与自己银行账号相连接的电子商务系统服务器上的电子钱包软件，也可以采用各种保密方式利用因特网上的电子钱包软件。目前世界上有 VISA cash 和 Mondex 两大电子钱包服务系统，其他电子钱包服务系统还有 HP 公司的电子支付应用软件（VWALLET）、微软公司的电子钱包 MS Wallet、IBM 公司的 Commerce POINT Wallet 软件、Master Card cash、Euro Pay 的 Clip 和比利时的 Proton 等。

二、第三方支付

（一）第三方支付概述

1. 第三方支付的概念

因为传统的银行支付方式只具备资金的转移功能，不能对交易双方进行约束和监督。另外，银行的支付手段也比较单一，交易双方只能通过银行指定的界面进行资金划拨和汇款，在整个交易过程中商品质量、商品退换和交易诚信都无法得到可靠的保证，因此，交易欺诈行为也时有发生，为了解决这些问题，第三方网络支付平台应运而生。

第三方支付是指买卖双方和银行不直接进行财务往来，而是通过可信的第三方平台完成支付流程。第三方支付平台独立于买家、商家和银行之外，具有良好的信誉和支持能力，能够保障客户和银行信息的安全传递。

目前第三方支付平台在交易双方的交易过程中，充当信用中介，进行交易资金的托管，买方选购商品后，使用第三方平台提供的账户进行货款支付，由第三方通知卖家货款到达、进行发货。在交易的买方确认商品已经送达并验明无误后，第三方平台再将货款转交给卖方商家。

目前运行的第三方支付平台主要有 PayPal、支付宝、财付通等，其中 PayPal 主要在欧美国家流行，支付宝属马云阿里巴巴旗下。

2. 第三方支付的优势

在传统的交易模式中，如果买方或卖方在一方已经履行合约的前提下，单方面推迟或甚至拒绝支付双方约定的款项或商品，那么将直接或间接地造成另一交易方的经济损失。中立的第三方支付平台采用预付款的交易方式。买方将货款先预付给第三方平台托管，买卖双方交易完毕，确定合乎双方要求，再由中立第三方平台将货款支付给卖方商家。第三方支付对商家和消费者有着双向财产保护能力，有效限制了电子交易中的欺诈行为。第三方支付平台不参与买卖双方的具体业务，具有公信度。

第三方支付提高了用户信息安全性。在第三方支付模式中，买方通过第三方平台提供的账户进行货款支付，第三方再将款项转至卖家账户。在这个交易流程中，商家看不到客户的信用卡信息，同时又避免了信用卡信息在网络上公开传输，减少了信用卡信息泄漏风险。

第三方支付平台的优势还在于多渠道、多业务、多银行，可与银行签订合作协议，实现多家银行的交易直通服务。把众多的银行和银行卡整合到一个页面，方便了网上客户，也降低了交易成本。

（二）第三方支付应用

目前第三方支付市场上的经营模式有三种：第一种是依附于某些电子商务业务而产生的，将支付和相应的电子商务业务紧密地结合在一起，如支付宝和淘宝网、PayPal 和易趣、财付通和拍拍网都是这样的类型。第二种则是和银行开展合作，培育市场，如中国邮政推出的在线支付业务——网汇通。最后一种是专业经营的第三方支付平台公司，如快钱、网银在线等。

1. PayPal

PayPal（https：//www. Paypal. com）在国内的中文名称叫贝宝，是最早的第三方支付平台之一，成立于 1998 年，总部在美国加利福尼亚州的圣何塞市，于 2002 年由 eBay 收购。PayPal 提供的服务包括通过信用卡、银行账户、买家信用或账户余额付款，通过 PayPal 提供的跨地区、跨币种和跨语言的付款服务，用户可以在全球范围内开展电子商务。

（1）PayPal 的使用方法

PayPal 将用户的信用卡账号与其 e-mail 地址绑定，使网上用户只需要通过 e-mail 地址便可以安全、便捷地收付款。2005 年，PayPal 进入中国，在上海建立其全球第 14 个本地化网站“贝宝”，对阵中国的支付宝。

（2）PayPal 支付的基本流程

通过 PayPal 支付货款给商家或者收款人，可以分为以下几个步骤。

①付款人使用一个电子邮件地址开设 PayPal 账户，通过验证成为其用户，并提供信用卡或者相关银行资料，将一定数额的款项从其开户时登记的账户（如信用卡）转移至 PayPal 账户下。

②当付款人启动向第三人付款程序时，必须先进入 PayPal 账户，指定汇出的金额，并提供受款人的电子邮件账号给 PayPal。

③PayPal 向商家或者收款人发出电子邮件，通知其有等待领取或转账的款项。

④如果商家或者收款人也是 PayPal 用户，其决定接受后，付款人所指定之款项即移转给收款人。

⑤如果商家或者收款人没有 PayPal 账户，收款人得按 PayPal 电子邮件内容指示注册一个 PayPal 账户，收款人可以选择将获取款项的转移方式。如收款人可以选择将取得的款项转换成支票寄到指定的处所，或者转入其个人的信用卡账户，或者转入另一银行账户。

2. 支付宝

支付宝（https：//www. alipay. com）是浙江支付宝网络科技有限公司开发的独立第三方支付平台，由阿里巴巴集团创办。2003 年，淘宝网推出了支付宝业务，2004 年，阿里巴巴集团创办支付宝公司。目前，支付宝跨境业务已覆盖 32 个国家和地区，支持包括英镑、港币、美元等 12 种海外货币。支付宝最初是淘宝网公司为了解决网络交易安全所设的一个功能，该功能使用的是第三方担保交易模式。

（1）支付宝的支付流程

支付宝的基本支付原理类似于 PayPal，首先用户须拥有一个私人邮件地址，经过注册流程，将其作为支付宝的账号。然后填写个人的真实信息，接受“支付宝服务协议”后，利用注册邮箱中的激活链接激活支付宝的账号，就可以通过支付宝进行网上支付了。可以通过支付宝账号支付，通过网上银行支付，也可以通过支付宝卡通的支付方式支付。

（2）支付宝的付款方式

支付宝的付款方式有两种，一种为“先验货，再付款”的担保服务，另一种为“即时到账”的服务方式。

①“先验货，再付款”担保服务方式遵循下列的流程：

a. 买卖双方达成付款的意向后，由买方将款项划至其在支付宝账户（实质上是支付宝公司在银行的账户)。

b. 支付宝发送电子邮件通知卖家发货，卖家发货给买家，买家收到货后通知支付宝。

c. 支付宝将货款划至卖家在支付宝的实际账户。

②“即时到账”的服务方式：

指的是交易双方可以不经过确认收货和发货的流程，买家通过支付宝立即付款给卖家。一旦客户选择该付款方式后，款项马上到达对方的支付宝账户。“即时到账”的服务方式规定收款方必须为实名认证会员。

三、旅游电子支付应用与问题

(一) 旅游电子支付应用

据航空业人士统计，在航空在线机票直销中，用户使用快捷支付的总体支付成功率超过95%，比传统网银支付成功率高出近一半。这意味着，商户在不做任何追加成本投入的情况下，就可以增加近4成的交易额。

2012年以来，包括港龙航空、国泰航空、荷兰皇家航空、葡萄牙航空等多家外航巨头已相继接入支付宝，正式开通了网络直销的人民币支付。旅客只要通过支付宝，即可用国内银行卡在上述外航官网购买机票。而此前，旅客只有使有外币信用卡才能实现支付，不仅申请操作麻烦，而且还要支付换汇手续费。

2012年，继东航之后，国航、南航也开通了支付宝快捷支付，今后，用户在国航、南航官网购票，只要输入支付宝账户与支付密码就可一步完成付款，节省了购票时间。此前用户在航空公司官网购买直销机票，需要使用网银方式付款，不仅操作流程烦琐，还易受木马钓鱼威胁。而开通支付宝快捷支付应用后，用户在航空公司官网购票付款时，只要输入支付密码和手机短信动态口令，便可轻松完成。

2012年12月4日，美国运通通过与中国工商银行的合作，推出了美国运通易世通电子旅行支票。该电子旅行支票可在中国大陆以外的全球各地接受美国运通卡的地点使用，包括在几百万家商户消费或在自动柜员机上提取现金。游客还可以使用该产品向中国大陆以外的商户邮购、电话或网络购买商品。另外，产品持有人还享有美国运通全球支援服务，提供24小时紧急援助，包括护照或行李遗失以及法律或医疗等相关支援。

2020 年 6 月 28 日消息，微信支付联合同程旅行发布了 2020 年端午出游大数据。数据显示，小长假对旅游消费的拉动效应显著，微信支付旅游行业支付笔数同比增长 43%，支付金额同比增长 27%，假日经济已呈现全面复苏的态势。

为响应疫情防控号召，不少景区将服务从线下搬到了线上。端午期间，各大景区通过微信公众号和小程序为游客提供行程预订、行中消费等服务。据数据显示，小程序支付笔数同比增长 123. 52%，公众号支付笔数同比增长 38. 54%。广州长隆、北京欢乐谷和上海迪士尼成为全国微信支付消费笔数前三名。

（二）旅游电子支付存在的问题

1. 旅游电子商务企业很多不提供电子支付方式

目前，我国很多旅游企业还不接受诸如支付宝这类的平台进行电子支付。国内旅游企业通常的做法是旅游预订用网络，付款交易用传统方式。电子商务的快捷性、低成本性等特征未能得到体现，使旅游网站的功能还停留于提供信息的初级层次。

2. 旅游消费者传统消费习惯影响了电子支付的发展

消费者传统购物习惯对旅游企业的网络营销具有一定的影响。对于很多人来说，习惯于一手交钱一手交货的购物方式，思维的惯性使人们在短时间内不可能适应面对虚拟旅游产品使用虚拟电子货币的电子支付模式。

3. 网络信用问题是电子支付的主要障碍

以纸质媒介作为支付交易的商务活动中，由于是面对面，并有纸质交易凭证，加上法律体系的保证，人们在这种长期形成的商务活动中建立起了对这整套体系的信用，如果出现经济纠纷会由法律体系仲裁而给予经济利益的保证。但电子商务的经济活动过程与传统的方式完全不同，交易过程中没有确认过程合法存在的纸质凭证，这就带来了可信度的问题。因此，消费者和商家在网上交易存在的主要问题就是信用问题。

第二节　旅游电子商务信息安全

分析旅游电子商务面临的安全问题，主要是依据对电子商务整个运作过程的考察，确定电子商务流程中可能出现的各种安全问题，分析其危害性，发现电子商务过程中潜在的安全隐患和安全漏洞，从而使电子商务安全的管理能做到有的放矢。电子商务的安全问题主要涉及信息的安全问题、信用的安全问题、安全的管理问题。

一、旅游电子商务安全问题

旅游业是信息密集型和信息依托型产业，不论是从旅行线路查询到机票酒店预订，还是从电子地图的浏览到旅游资讯的获取，这些都必须有强大、稳定、安全的信息资讯服务平台和信息传输网络来支撑。这一特点决定了信息技术与旅游业之间的深层次互动关系，但信息技术的应用在提高企业效益，给用户带来便利的同时，也给企业和消费者增加了风险隐患。

（一）影响电子商务安全的因素

1. 人为因素

人为因素是指系统运行中由人的行为造成的不利因素，主要有两类：一类是系统的合法使用者因为失误造成的损失，如操作失误、管理不善、录入错误、应急措施不足等；另一类是故意制造的损失，即各种类型的计算机犯罪、计算机病毒制造和信息窃取、篡改等。人为的网络入侵和攻击行为使得网络安全面临新的挑战。

人员管理常常是电子商务安全管理上最薄弱的环节。近年来计算机犯罪大都呈现内部犯罪的趋势，其主要原因就是工作人员职业道德修养不高，安全教育和管理松懈。目前现有的电子商务系统绝大多数都缺少安全管理员，缺少安全管理的技术规范，缺少定期的安全测试与检查。

2. 自然因素

指各种由自然界、环境等影响造成的对旅游电子商务系统的不利因素，如水灾、火灾、雷电、地震以及环境中存在着的电磁波等。这一类因素的危害主要是针对系统设备、存储介质、通信线路等。

3. 技术因素

硬件方面包括服务器系统的可靠与稳定、网络结构的合理与适用、电源及附属设备的正常与安全等；软件方面，指系统软件、应用软件是否有缺陷，运行是否稳定，抗破坏能力如何等；数据方面，主要指系统的数据保护能力，如能否限制、制止数据的恶意或无意的修改、窃取和非法使用，有否数据的安全性、正确性、有效性、相容性检查与控制等。

（二）旅游电子商务信息安全隐患

随着 Internet 的高速发展，旅游企业业务的开放性和国际性在增加应用自由度的同时，也使安全成为一个日益重要的问题。主要表现在开放性的网络，网络面临的破坏和攻击也是多方面的，如旅游企业和旅游服务使用者的信息被非法获取、盗用、篡改和破坏。这些都阻碍了旅游企业信息化建设、旅游电子商务和网络营销的发展。

1. 信息失窃

如果没有采用加密措施或加密强度不够，攻击者可能通过在互联网、公共电话网、电磁波辐射范围内安装截收装置或在数据包通过的网关和路由器上截获数据等方式，获取传输的机密信息，或通过对信息流量和流向、通信频度和长度等参数的分析，推测出消费者的银行账号、密码以及企业的商业机密等。

例如，航班取消的诈骗短信和电话，就是用户的航班信息被窃取，以致收到的短信内容包含准确的个人信息，很容易产生信任心理，而一旦按照短信提示的电话进行回拨，就会被对方早已准备好的诈骗台词一步步引入骗局，钱款就在不知不觉中被不法分子骗取。

2. 信息篡改

攻击者未经授权进入电子商务系统，通过各种技术方法和手段对网络传输的信息进行中途修改，并发往目的地，破坏数据的完整性，损害他人的经济利益，或干扰对方的正确决策，造成电子商务交易中的信息风险。这种破坏手段主要有以下三种。

（1）篡改。改变信息流的次序，更改信息的内容。

（2）删除。删除某个消息或消息的某些部分。

（3）插入。在消息中插入一些信息，让收方读不懂或接收错误的信息。

2014 年 7 月受台风、暴雨等极端天气因素影响，华东多个机场出现不同程度的航班延误。不少搭乘飞机的市民选择在手机里下载一款航班查询 App 及时了解航班状况。然而，一款名为“劫金者”的手机木马，恶意篡改了航班应用下载量较高的“航班管家”“航班查询”“航班助手”等 App，专门坑害手机用户的流量和骗取话费。“劫金者”木马恶意篡改“航班助手”正常的广告插件，并且诱导手机用户下载推广软件，而下载软件不仅消耗手机流量，而且推广软件的安全性也无法得到保证。

3. 信息假冒

当攻击者掌握了网络信息数据规律或解密了商务信息以后，可以假冒合法用户或发送假冒信息来欺骗其他用户，主要有两种方式：

一种是伪造电子邮件，虚开网站和商店，给用户发电子邮件，收订货单；伪造用户，发大量的电子邮件，窃取商家的商品信息和用户信用等信息。

另外一种为假冒他人身份，如冒充领导发布命令、调阅密件；冒充他人消费、栽赃；冒充主机欺骗合法主机及合法用户；冒充网络控制程序，套取或修改使用权限、通行字、密钥等信息；接管合法用户，欺骗系统，占用合法用户的资源等。

4. 交易抵赖

电子商务活动中，买卖双方都有可能会抵赖曾经发生过的交易。交易抵赖包括多个方面，如发信者事后否认曾经发送过某条信息或内容；收信者事后否认曾经收到过某条消息或内容；购买者下了订单不承认；商家因商品价格变动而不履行原有的交易。

（三）旅游电子商务信息安全策略

从系统的角度讲，网络安全包括组成网络系统的硬件、软件及其在网络上传输信息的安全性，使其不致因偶然的或者恶意的攻击遭到破坏。网络安全既有技术方面的问题，也有管理方面的问题，两方面相互补充，缺一不可。

1. 硬件设备安全策略

主要是保护计算机网络设备免遭环境事故、设备本身故障、人为操作失误及各种计算机犯罪行为导致的破坏。服务器是旅游企业信息系统的核心，服务器的速度、稳定性、安全性是企业电子商务系统能否正常运行的关键。

2. 网络运行安全策略

要具备针对突发事件的应急措施，如数据的备份和恢复等。网站的备份系统是为了尽可能快地全盘恢复运行计算机系统所需的数据和系统信息。根据系统安全需求可选择的备份机制有：场地内高速度、大容量自动的数据存储、备份与恢复；场地外的数据存储、备份与恢复；对系统设备的备份。备份不仅在网络系统硬件故障或人为失误时起到保护作用，也在入侵者非授权访问或对网络攻击及破坏数据完整性时起到保护作用，同时亦是系统灾难恢复的前提之一。

尽量减少暴露在互联网上的系统和服务的数量，每多暴露一个都会给网络增加一分危险。企业内部局域网一般含有一些重要机密信息，此类信息如果被攻击或篡改则后果严重。网络安全人员一方面要用防火墙防范外部入侵，另一方面也要对企业内部人员进行管理控制，防止内部员工对企业网络安全造成危害。

3. 数据安全策略

为保障数据传输的安全，需采用数据传输加密技术、数据完整性鉴别技术。为保证信息存储的安全，需保障数据库安全和终端安全。

重要数据应建立数据恢复与容灾系统，容灾就是能够恢复数据灾难发生前的系统状态的方法。远程容灾系统是指在相隔较远的异地，建立两套或多套功能相同的系统，互相之间可以进行健康状态监视和功能切换。典型的容灾系统一般包括两个主要的功能部分：数据复制和应用切换。数据恢复与网络容灾是信息安全策略中不可或缺的一个环节。

4. 制度安全策略

要对计算机网络设备、设施的使用和管理制定严格的规章制度，以杜绝各类安全隐患。

（1）建立保密制度。涉及信息保密、口令或密码保密、通信地址保密、日常管理和系统运行状况保密、工作日记保密等各个方面。对各类保密都需要慎重考虑，根据轻重程度划分好不同的保密级别，并制定出相应的保密措施。

（2）建立系统维护制度。该制度是电子商务网络系统能否保持长期安全、稳定运行的基本保证，应由专职网络管理技术人员承担，主要做好硬件系统和软件系统日常管理维护两方面的工作。

（3）建立病毒防范制度。病毒在网络环境下具有极大的传染性和危害性，除了要安装防病毒软件之外，还要定期清理病毒、及时升级防病毒软件版本、及时通报病毒入侵信息。此外，还可将网络系统中易感染病毒的文件属性、权限加以限制，断绝病毒入侵的渠道，从而达到预防的目的。

二、旅游电子商务信息安全技术

（一）加密技术

1. 数据加密

数据加密就是按照确定的密码算法将敏感的明文数据变换成难以识别的密文数据。通过使用不同的密钥，可用同一加密算法，将同一明文加密成不同的密文。当需要时可使用密钥将密文数据还原成明文数据，称为解密。数据加密被认为是最可靠的安全保障形式，它可以从根本上满足信息完整性的要求，是一种主动安全的防范策略。根据电子商务系统的特点，加密保护应包括对远程通信过程中和网内通信过程中传输的数据实施加密保护，可根据管理级别所对应的数据保密要求进行部分加密或全程加密。

2. 数据加密技术的分类

数据加密的技术分为对称加密和非对称加密两类。

（1）对称式加密就是加密和解密使用同一个密钥，这种加密技术在当今被广泛采用，如美国政府所采用的 DES 加密标准就是一种典型的“对称式”加密法，它的密钥长度为 56bits。

（2）非对称式加密就是加密和解密所使用的不是同一个密钥，通常有两个密钥，称为“公钥”和“私钥”，它们两个必须配对使用，否则不能打开加密文件。

（3）这里的“公钥”是指可以对外公布的，“私钥”则不能，只能由持有人一个人知道。它的优越性就在这里，因为对称式的加密方法如果是在网络上传输加密文件就需要把密钥告诉对方，不管用什么方法都有可能被他人窃取到。而非对称式的加密方法有两个密钥，且其中的“公钥”是可以公开的，也就不怕别人知道，收件人解密时只要用自己的私钥即可，这样就很好地避免了密钥传输的安全性问题。

当今计算机业界的公司及各种机构所提供的技术服务，包括令牌、安全传输数据协议、电子证书及可信任网站安全标准等，都要涉及加密技术，其重要性显而易见。目前被广泛采用的算法有以下几种：美国著名的算法公司 RSA 提供的公钥密码 RSA 算法和美国 IBM 公司提供的分组密码 DES 算法。

（二）安全认证

旅游企业电子商务网站的安全除网站本身硬件和软件的安全外，还应包括传输信息的安全。对一些重要的传输信息，应保证信息在传输过程中不被他人窃取、偷看或修改，因此，应在网站服务器中启用安全认证系统。

旅游产品的网上预订和网上支付需要有互联网电子认证身份系统和电子金融系统来支持，其中电子账户是两者的基本组成部分。通过个人电子账户和银行账号的唯一性关联，银行就可以为旅游消费者和旅游企业之间提供安全、可信的电子金融服务。为了保证旅游网上交易的可信度，要配以必要的技术措施来保证，如数字签名、数字证书等技术手段。

1. 数字签名

数字签名是用来保证信息传输过程中信息的完整和提供信息发送者身份的认证，如同出示手写签名一样。应用数字签名可在电子商务中安全、方便地实现在线支付，而数据传输的安全性、完整性，身份验证机制以及交易的不可抵赖性等均可通过电子签名的安全认证手段加以解决。

2. 数字证书

数字证书就是标志网络用户身份信息的一系列数据，用来在网络应用中识别通信各方的身份，其作用类似于现实生活中的身份证。数字证书由可信任的、公正的权威机构认证中心（Certification Authority，CA）颁发。

数字证书内容包括证书申请者的名称及相关信息、申请者的公钥、签发证书的认证中心的数字签名及证书的有效期等内容。最简单的证书包含一个公开密钥、名称以及证书授权中心的数字签名。

从证书的用途来看，数字证书可分为签名证书和加密证书。签名证书主要用于对用户信息进行签名，以保证信息的不可否认性；加密证书主要用于对用户传送信息进行加密，以保证信息的真实性和完整性。

数字证书颁发过程如下：

（1）由用户产生自己的密钥对，并将公共密钥及部分个人身份信息传送给认证中心。

（2）认证中心对用户身份进行核实，并对用户发送来的信息进行确认。

（3）认证中心发给用户一个数字证书，该证书内附了用户的密钥等信息，同时还附有对认证中心公共密钥加以确认的数字证书。

3. 认证中心

在旅游电子商务交易中，要实现各方身份认证的安全需求，必须建立一种信任及信任验证机制，即每个网络上的实体（个人、企业等）必须有一个可以被验证的数字标志，即数字证书；同时，这就意味着应有一个网上各方都信任的机构，专门负责对各个实体的身份进行审核，并签发和管理数字证书，这个机构就是认证中心（CA）。对于参加电子商务的各方来说，都必须拥有合法的身份，即由 CA 签发的数字证书。在交易的各个环节，交易的各方都会检验对方数字证书的有效性，从而解决了用户信任和身份认证的问题。

目前，在互联网上存在着很多 CA，适用于不同的国家或地区，应用于不同的情况，实现不同的目的，其中最有全球影响力的是美国的 VeriSign。在中国，目前的 CA 架构以银行体系为主，基本上各大银行都有自己的 CA 中心，另外还有一些地区性的 CA 中心，一些企业和网站也设立了自己的 CA 中心。不同的 CA 之间可以遵循一个开放性的标准——PKI（Public Key Infrastructure，PKI）公钥基础设施规范，可使各个 CA 之间能够互联、互相认证。

（三）安全协议

电子商务信息安全功能的实现必须基于一整套的安全协议。目前世界上公认的标准有 SSL、SET 和 NetBill 协议。

1. SSL 协议

SSL（Secure Socket Layer，SSL，安全套接层）协议是 TCP/IP 协议族中的安全协议，可以实现通信过程的安全保密，目前 SSL 被众多厂家和用户广泛采用，已经成为通信底层协议的实际标准。SSL 安全协议主要提供三方面的服务。

（1）认证用户和服务器，使得它们能够确信数据将被发送到正确的客户机和服务器上。

（2）加密数据以隐藏被传送的数据。

（3）维护数据的完整性，确保数据在传输过程中不被改变。

2. SET 协议

SET（Secure Electronic Transaction，SET，安全电子交易）协议是由两大信用卡商 Visa 和 MasterCard 联合制定的实现网上信用卡交易的模型和规范。从概念上，它是通用信用卡的自然延拓，保留了信用卡交易的一切特点，同时针对网上交易，制定了确保安全的一系列规范和协议。SET 能够保证较好的安全性，但是也有处理速度慢、协议复杂、安装麻烦等缺点，而且只适用于信用卡的应用。

（四）防护检测

1. 防火墙技术

防火墙的主要功能是建立网络之间的一个安全屏障，从而起到内部网络与外部公网的隔离，加强网络之间的访问控制。防火墙技术是指一个由硬件设备或软件或软硬件组合而成的，在内部网与外部网之间构造的保护层。所有的内部网和外部网之间的链接都必须经过此保护层，并由它进行检查和链接。防火墙是根据制定的策略对两个或多个网络分析和审计，按照一定的安全策略限制外界用户对内部网络的访问，只有被允许的通信才能通过防火墙；设定了管理内部用户访问外界网络的权限，监视网络运行状态并对各种攻击提供有效的防范，从而使内部网络与外部网络在一定意义下隔离，防止非法入侵、非法使用系统资源。

2. 入侵检测系统

防火墙是一种隔离控制技术，一旦入侵者进入了系统，他们便不受任何阻挡。而入侵检测系统能够监视和跟踪系统、事件、安全记录和系统日志以及网络中的数据包，识别出任何不希望有的活动。在入侵者对系统发生危害前，检测到入侵攻击，并利用报警与防护系统进行报警、阻断等响应。入侵检测系统所采用的技术有以下两种：

（1）特征检测

①这一检测假设入侵者活动可以用一种模式来表示，系统的目标是检测主体活动是否符合这些模式。它可以将已有的入侵方法检查出来，但对新的入侵方法无能为力。

②特征检验的难点在于如何设计模式既能够表达“入侵”现象，又不会将正常的活动包含进来。

（2）异常检测

①假设入侵者活动异于正常主体的活动。根据这一理念建立主体正常活动的档案，将当前主体的活动状况与档案相比较，当违反其统计规律时，认为该活动可能是“入侵”行为。

②异常检测的难题在于如何建立档案以及如何设计统计算法，从而不把正常的操作作为“入侵”或忽略真正的“入侵”行为。

3. 网络漏洞扫描器

没有绝对安全的网站，任何安全漏洞都可能会导致风险。网络漏洞扫描器是一个漏洞和风险评估工具，用于发现、发掘和报告安全隐患和可能被黑客利用的网络安全漏洞。网络漏洞扫描器分为内部扫描和外部扫描两种工作方式。

以外部扫描为例，是通过远程检测目标主机 TCP/IP 不同端口的服务，记录目标给予的回答。通过这种方法，可以搜集到很多目标主机的各种信息，如是否能用匿名登录、是否有可写的 FTP 目录、是否能用 TELNET 等；然后与漏洞扫描系统提供的漏洞库进行匹配，满足匹配条件则视为漏洞。也可通过模拟黑客的攻击手法，对目标主机系统进行攻击性的安全漏洞扫描。如果模拟攻击成功，则可视为漏洞存在。

4. 防病毒系统

病毒在网络中存储、传播、感染的途径多、速度快，方式各异，对网站的危害较大。因此应利用全方位防病毒产品，防杀结合，构建全面的防病毒体系。

常用的防病毒技术主要有三种：

（1）反病毒扫描。通过对病毒代码的分析找出能成为病毒结构线索的唯一特征。病毒扫描软件可搜索这些特征或其他能表示有某种病毒存在的代码段。

（2）完整性检查。通过识别文件和系统的改变来发现病毒。完整性检查程序只有当病毒正在工作时才能起作用，而网站可能在完整性检查程序开始检测病毒之前已感染了病毒，而潜伏的病毒也可以避开检查。

（3）行为封锁。行为封锁的目的是防止病毒的破坏。这种技术试图在病毒马上就要开始工作时阻止它。每当某一反常的事情将要发生时，行为封锁软件就会检测到并警告用户。

第三节　旅游电子商务的法律保障

1996 年 12 月 16 日，联合国国际贸易法委员会第 85 次全体大会通过了

《电子商务示范法》，该法是世界上第一个电子商务的统一法规，其目的是向各国提供一套国际公认的法律规则，以供各国法律部门在制定本国电子商务法律规范时参考。

一、我国电子商务相关法律、法规

（一）关于网上交易

（1）法律及有关法律问题的决定。《中华人民共和国合同法》《全国人民代表大会常务委员会关于维护互联网安全的决定》《中华人民共和国电子签名法》《全国人民代表大会常务委员会关于加强网络信息保护的决定》《中华人民共和国消费者权益保护法》。

（2）行政法规性文件。《互联网信息服务管理办法》《国务院办公厅关于加快电子商务发展的若干意见》。

（3）部门规章及相关文件。《商务部关于促进电子商务规范发展的意见》《电子商务模式规范》《网络购物服务规范》《电子认证服务管理办法》《商务部关于促进网络购物健康发展的指导意见》《商务部关于规范网络购物促销行为的通知》《第三方电子商务交易平台服务规范》《商务部关于“十二五”电子商务信用体系建设的指导意见》《国家发展改革委、财政部、商务部、人民银行、海关总署等八部委关于促进电子商务健康快速发展有关工作的通知》《国家工商行政管理总局关于加强网络团购经营活动管理的意见》《网络发票管理办法》《商务部、发展改革委、财政部、人民银行、海关总署、税务总局、工商总局、质检总局、外汇局关于实施支持跨境电子商务零售出口有关政策的意见》《网络交易管理办法》。

（4）地方性法规与地方政府规章及相关文件。《上海市促进电子商务发展规定》《深圳市电子商务可信交易环境建设促进若干规定》等。

（二）关于网络支付

《海关总署关于网上支付税费担保事宜的公告》《电子支付指引（第一号）》《非金融机构支付服务管理办法》《保险代理、经纪公司互联网保险业务监管办法（试行）》。

另外，《中华人民共和国电子商务法》于 2019 年 1 月 1 日起正式施行，该法对于解决电子商务存在的突出问题，规范并促进电商发展具有重要意义。

二、旅游电子商务的法律应用

（一）《旅游法》中涉及旅游电子商务的内容

2018 年 8 月 31 日，《中华人民共和国电子商务法》由中华人民共和国第十三届全国人民代表大会常务委员会第五次会议通过，中华人民共和国主席令（第七号）公布，共七章节八十九条，自 2019 年 1 月 1 日起施行。其中关于旅游电子商务方面的内容主要有以下两条。

（1）关于在线旅游业务的条款

第四十八条　通过网络经营旅行社业务的，应当依法取得旅行社业务经营许可，并在其网站主页的显著位置标明其业务经营许可证信息。

发布旅游经营信息的网站，应当保证其信息真实、准确。

（2）关于旅游信息服务的条款

第二十六条　国务院旅游主管部门和县级以上地方人民政府应当根据需要建立旅游公共信息和咨询平台，无偿向旅游者提供旅游景区、线路、交通、气象、住宿、安全、医疗急救等必要信息和咨询服务。设区的市和县级人民政府有关部门应当根据需要在交通枢纽、商业中心和旅游者集中场所设置旅游咨询中心，在景区和通往主要景区的道路设置旅游指示标识。

（二）旅游电子商务企业资质方面的相关规定

旅游电子商务企业经营资质方面，必须有工商部门颁发的营业执照和相应的经营许可证。

根据《旅行社条例》，经营旅游线路和旅游产品的旅游电子商务企业，必须具备旅行社营业执照和《旅行社经营业务许可证》；经营酒店、度假村业务的旅游电子商务企业，必须具备相关住宿企业营业执照；订房中心必须具备类似服务行业营业执照；经营机票业务的旅游电子商务企业，必须具备类似服务行业营业执照；经营景区门票的旅游电子商务企业，必须具备旅行社营业执照或者类似服务行业营业执照；经营租车车辆的旅游电子商务企业，必须具备车辆租赁行业营业执照或者类似服务行业营业执照。

旅游电子商务企业所经营的业务，不能超出经营许可范围；在企业网站上，应将营业执照与经营许可证原件同版的电子版证件放在网站的显著位置。

（三）“黄金假日”诉携程案

2003 年 12 月 29 日，北京黄金假日旅行社有限公司（以下简称黄金假日）先后向国家旅游局、民航总局、中国旅行社协会、国家工商总局等相关机构举报，内容为携程旅行网非法经营旅行社业务和非法从事机票代理业务。

紧接着 2004 年初，黄金假日先后在上海等地提起诉讼，诉称根据上海市工商局的档案，携程计算机技术（上海）有限公司和上海携程商务有限公司根本就不具备预订酒店、机票、旅游等经营资质，却通过携程旅行网实际从事了这些业务。黄金假日认为携程进行了非法经营，破坏了旅游业和民航客运代理业的正常经营秩序，破坏了我国许可经营的市场管理制度，对合法经营的旅游企业和民航客运代理企业构成了不正当竞争。

法院认为，判断行为人是否属于实际从事机票销售代理业务，应当以机票上的出票人为准，而不能将提供与机票销售相关的预订、送票和收款等业务的经营者也视为原《民用航空运输销售代理业管理规定》（即民航 37 号令）规定的销售代理人。由此，最高人民法院最终确认了携程计算机公司和携程商务有限公司通过携程旅行网提供机票预订服务这一新型经营模式的合法性，既保护了商业模式创新，也激励了市场竞争。

携程旅行网继而通过一系列收购线下有资质的旅行社等实体旅游企业，完善了其从事旅游服务业务的资质与能力。

第七章 旅游电子商务平台案例分析

旅游业是典型的传统服务行业，社会经济的发展与生活水平的提升催生出人们更多的出游需求。其中旅游电商企业正在以多姿多彩的形态，如雨后春笋般出现在我们的视野中，丰富了人们生活。本章以各旅游平台为案例进行讲解分析。

第一节 携程旅游平台运营案例分析

一、发展历程和现状

携程旅行服务公司（http：//www.ctrip.com/，以下简称携程，如图 7-1 所示）是由携程计算机技术（上海）有限公司于 1999 年 5 月创建，并于当年 10 月网站正式开通的。总部设在上海，目前员工 2.3 万余人，公司已在北京、广州、深圳、成都、杭州、南京、厦门、重庆、青岛、沈阳、武汉、三亚、丽江、香港、南通等 17 个城市设立分支机构。作为中国领先的在线旅行服务公司，携程旅行网成功整合了高科技产业与传统旅行业，向超过 1.41 亿会员提供集无线应用、酒店预订、机票预订、度假预订、商旅管理及旅游资讯在内的全方位旅行服务，被誉为互联网和传统旅游无缝结合的典范。①

（一）发展历程

携程的发展历程可以概括为三个阶段，分别是初创阶段、起步阶段和大发展阶段。以下是这三个阶段的简单介绍。

---

① 携程网（http：/pages.ctrip.com/public/ctripab/abctrip.htm）.

图 7-1　携程首页

1. 初创阶段

1994 年 1 月 19 日，担任甲骨文（Oracle）（中国）咨询总监的梁建章以外商的名义在上海创办了谅望计算机技术（上海）有限公司，注册资本为 6 万美元。当时公司主要是提供计算机技术方面的咨询业务。虽然由于梁建章此时仍在 Oracle 工作，无力打点这家公司，业绩平平，但这家公司却是携程的前身。1999 年，中国的互联网开始热起来，梁建章看好这一点，辞掉 Oracle 的工作，和沈南鹏、季琦等人准备创办一家网络公司。出于方便和注册手续上的考虑，三人对谅望公司进行了改造，一起投资 200 万元，招聘了三四十名员工，在上海的徐汇区租地办公，谅望自此改名为携程。1999 年 5 月，携程在上海正式成立。到底是做拍卖、游戏、旅游、打折书行业，还是做门户网站，最初这家公司不甚清楚，最终由于旅游市场在中国方兴未艾，市场比较大、前景看好等特点，促使创办人选择了进军旅游业。但携程在成立之初，也只是想做一个有关旅游的网上百货超市，网民可以在携程查询到国内以及国外各个旅游景点的详细情况，满足吃、住、行、游、购、娱等旅游的种种需求。携程希望通过广告带来高点击率，再用点击率换取网站广告收入。事实证明，广告收入无法让携程致富，它拥有的 .com 身份却成为强有力的融资工具，网络泡沫的虚幻，迫使携程去寻求更踏实的盈利途径。

在国内旅行服务的各大业务板块中，如酒店预订、机票预订、旅游项目等，只有酒店预订拥有不需要配送、没有库存之忧、便于客人支付的优势，这点很适合携程当时的情况。1999 年 10 月，携程开始做酒店的预订业务。事实上，对携程来说，进入酒店预订，无疑是其比较好的选择，因为投资少，便于利用公司的网络优势。

2. 起步阶段

在正式开展酒店业务之后，携程面临的最大问题是缺少相应的资源，包括人员及上下游产业的关系。好在当时整个中国旅游业的发展也正处于起步阶段，市场的集中度不高，边际资源并不缺乏，缺少的只是将它们整合在一起的理念和行动。当时的携程已经利用其颇有前景的商业模式筹集到了1700万美元的风险投资，充足的现金让携程有了强大的整合能力。

2000年10月，携程果断地以数百万现金加期权收购了北京的一家传统旅游企业——现代运通，使酒店订房量发生了突飞猛进的增长。2002年3月，酒店预订量创国内酒店分销业榜首。接下来在别的网站很难再获风投青睐之时，携程成功地进行了第三轮融资，凯雷集团注入1000万美元，此时携程的估价已达3000多万美元。在酒店预订领域闯出点名堂后，携程开始进军机票预订领域。此时，携程将收购的目标锁定北京海岸机票预订中心，即北京最大的呼叫中心，如法炮制，同样用数百万现金加上股权，在2002年3月完成收购。2002年5月，携程启动全国中央机票预订系统；2003年10月，机票预订网络覆盖国内35个城市；2004年11月，建成国内首个国际机票在线预订平台。至此，借助收购传统行业，携程完成了最主要的酒店和机票网络建设。伴随着两次收购，携程还挖来了许多业务骨干，这些都为业务在全国范围内展开奠定了基础，一条互联网与传统业务相结合的道路清晰可见。

3. 大发展阶段

2003年12月9日，携程网在美国纳斯达克挂牌上市，成为2000年以来我国第一支登陆纳斯达克的网络概念股票。股票开盘首日涨幅就达到了88.56%；上市4天后，股价涨至发行价的2倍，成为3年来纽约市场上表现最好的新股票；2004年11月，宣布分红，成为美国纳市首家分红的中国网络股。

2004年2月，携程以高级管理者入股的形式正式收编了上海翠明国际旅行社，刚刚在纳斯达克上市才2个月的携程，开始展露出要整合业务资源和客户资源，进军旅行社业务的野心。2004年10月，携程推出全新360°度假超市，首推休闲度假旅游概念。2006年12月，度假出发地拓展至11个城市。2006年3月，携程继酒店、机票、度假预订业务之后全力进军商旅管理市场，商旅服务成为携程网的第四个业务增长点。2007 年 3 月，携程在北京、上海、广州、深圳、南京、武汉、杭州、青岛、厦门、成都、沈阳等城市又推出了租车业务。

至此，携程进入了大发展时期，形成了“酒店预订、机票预订、度假产品、商旅服务、车辆租赁”几大块主营业务的架构。短短几年间，携程利用并购手法在各个领域合纵连横，从纯粹的 . com 网站到酒店、机票分销，再到“机票+大酒店”套餐的自助游，并延伸到商旅和租车服务，开始在旅游市场上全面开花。

（二）发展现状

2022 年 6 月 28 日，携程集团公布了截至 2022 年 3 月 31 日第一季度未经审计的财务业绩。财报显示，2022 年第一季度，携程集团净营业收入为 41 亿元，经调整税息折旧及摊销前利润为 9100 万元，整体业绩表现超过市场预期。

受开年以来及 3 月中下旬疫情波动影响，携程集团国内业务承压严重。从主营业务来看，今年一季度，携程住宿预订收入 15 亿元，交通票务收入 17 亿元，旅游度假业务收入 1. 24 亿元，商旅管理业务收入 2. 22 亿元。

在此背景下，携程集团依然通过强化多边合作，为复苏蓄势。今年一季度，携程平台高星酒店套餐订单占比环比提升超 30%。疫情之下，携程持续与酒店合作伙伴共建联合会员体系。截至 2022 年第一季度末，携程平台的联合会员较 2021 年同期增长近 3 倍。联合会员的营销力与密集的促销活动一起，助力合作酒店间夜量和交易额同比增长超 1 倍。

此外，在旅游度假方面，今年第一季度，携程露营业务签约露营地数量逐月增长 3 位数，订单量和交易额的增长趋势延续至今。一季度，携程国内门票订单较 2019 年呈现两位数增长。携程租车的季度销售额较 2019 年同期增长 54%，通过持续扩大长尾目的地供应链覆盖，合作伙伴数量环比增长两位数。携程周边及短途私家团订单量较 2019 年同期接近全量恢复。

受益于海外旅游市场的强劲复苏，携程集团在海外酒店、交通、门票、商旅等业务方面迎来全面回暖。从携程住宿业务来看，一季度国际平台整体酒店预订量较 2019 年同期增长约 25%。在国际机票业务方面，一季度携程国际平台整体机票预订量同比增长超 270%。

此外，海外度假和商旅业务也表现出强劲的增长势头。数据显示，携程海外目的地玩乐产品订单量在2021年全面反超2019年的基础上，2022年第一季度继续保持超过3位数的同比增长。

今年一季度，携程官方直播的交易额环比提升近20%，携程直播平台的主播数环比增长近4成；携程星球号旗舰店一季度粉丝量环比增长近50%，商家营销交易额环比提升超100%。携程口碑榜于今年3月正式启动上线后，累计引导交易额环比提升超100%。与此同时，在内容生态方面，今年一季度，携程平台上的日均用户创作内容环比增长140%，KOL数量环比增长10%，用户平均内容浏览量也同比增加约40%。

2022年以来，携程累计与国内14个目的地政府达成惠民消费补贴合作规模超3亿元，预计拉动直接旅游市场消费超10亿元；作为携程在乡村高端民宿领域的标杆产品，今年以来，截至6月1日，携程已累计开业9家度假农庄。

二、携程的商业模式

（一）目标客户

从统计数据来看，由于携程的总部在上海，所以上海的客户比率相对大一点，占26%。北京其次，占22%。广州占12%、深圳占9%、杭州占5%、南京占3%，其他地区则占23%，如表7-1所示。

表7-1　携程目标客户的地区分布

地区	百分比（%）
上海	26
北京	22
广州	12
深圳	9
杭州	5
南京	3
其他地区	23

从客户的分类来看，携程的主要客户是商务客人，占88%。休闲客人占12%，其中回头客超过了75%，如表7-2所示。

表 7-2 携程目标客户的构成

客户类型	百分比（%）
商务客人	88
休闲客人	12

（二）产品类型及特色

自成立以来，携程的主要收入来源是酒店预订和机票预订，占其全年总营业收入的 90%左右。在这两项业务的基础上，携程积极开拓其他业务市场，其中度假产品所占的比重逐年增加。2007 年，携程又开展了车辆租赁业务。随着公司的发展，携程提供的产品种类也将越来越丰富。

1. 酒店预订产品

酒店预订是携程的四大业务之首，也是携程运作和发展的基础。目前，携程已经与全球 2.8 万余家酒店签订了合作协议，旅客可以通过互联网预订这些酒店，携程公司则从其所预订出的酒店盈利中抽取佣金。

携程的合作酒店遍布全球 190 个国家和地区的 5900 余个城市，不仅为会员提供 2~7 折优惠房价，更有 2000 余家酒店保留房为会员出行提供更多保障。这些酒店包括了国内 3500 余家的会员酒店，覆盖国内 300 余个城市。携程每月的酒店预订量在同类企业中表现突出，达到总量的 50%以上。无论是从合作酒店数量、分布地区，还是从合作情况以及每月的订房业务量等方面来比较，都无可争辩地显示携程是国内领先的酒店预订服务中心。

2. 机票产品

机票预订是携程的五大业务中发展迅速的业务。目前，携程已和国内外各大航空公司合作，预订覆盖国内外绝大多数航线。会员可在携程网站上查询丰富的机票资讯，包括国际机票信息。携程拥有行业内规模最大的统一的机票预订系统，可以支持订票点和送票点不同的预订，有别于其他订票机构。携程的国际机票可以实现“异地出发，本地订票、取票”，极大地方便了会员。同时，携程在全国 43 个主要商旅城市与资源供应商一起提供市内免费送（机）票上门的服务，开创了机票预订服务的先河。携程还开通了各大航空公司（国航、东航、南航、上航、海航）电子客票。客人可在航空公司支持电子客票的城市用信用卡支付方式购买电子客票，无须等待送票，直接至机场办理登机，出行更加便捷。目前，携程是国内领先的电子客票服务供应商。预订量名列全国前列，机票直客预订销售量也在全国领先，是名副其实的国内领先的机票预订服务平台。

3. 度假产品

度假预订是携程的三大业务中的新亮点。目前，携程的“度假产品超市”包括近20个“自由行”专卖店，拥有多达近千条度假线路，涉及海内外200余个最热门的度假目的地。携程的大部分路线都有菜单式的自选附加产品，如机场接送、目的地用车、旅游保险等，游客可以根据自己的需求自由搭配，是中国大陆最丰富最权威的休闲度假产品供应商。携程拥有充足的三星级至五星级众多房型资源，与灵活的航班、火车、轮船、专线巴士及自驾车等交通工具的搭配可以充分满足会员自由的选择。游客可选择从11个城市出发，月出行人次近两万人，是中国领先的度假旅行服务网络。携程旅行网为会员提供自由行、深度团队游、半自助游、自驾游以及签证、自由行PASS等全系列度假产品。

4. 商旅产品

携程与世界各主要商旅目的地城市的酒店和世界各主要航空公司建立了良好、长期的合作关系，可以在全球范围内为客户提供酒店和机票业务方面最佳的服务。具有丰富行业经验的携程专业商旅顾问能为客户提供周到和细致的个性化服务，可以根据客户国际商旅的特点和要求，设计多种路线及价格以供选择，服务内容涵盖咨询、预订、出票、更改、全球紧急支援及各种突发事件处理等。

5. 车辆租赁

携程已与多家车辆租赁公司达成伙伴关系，为游客提供车辆预订业务。目前，还在北京、上海、广州、深圳、南京、武汉、杭州、青岛、厦门、成都、沈阳提供代驾租车业务。所谓代驾租车产品，是指携程为游客配备有驾驶员的用车服务。代驾租车的业务内容包括机场接送用车和日常用车服务。该业务中有多种车型可供选择，不同城市略有不同，但车型从低到高（从桑塔纳、中华到奔驰），从小到大（从可以乘坐5人的车辆到可以乘坐n人的车辆），可充分满足游客的多种需求。

（三）盈利模式

2021年，预测出境旅游人数为2562万人次，与2019年相比同比恢复

17%，与2020年相比，同比增长27%。相比疫情前过亿人次的出游规模，出境旅游依然基本处于停滞状态。

从出境目的地结构上看，亚洲继续在洲际目的地上占据首位，占比为95.45%。总体上看，较近程目的地受疫情冲击的影响较小。赴亚洲、欧洲、大洋洲、美洲和非洲等地区游客同比减幅为70%~95%。中亚洲减幅最小，大洋洲减幅最大。港澳台地区依然是出境旅游最主要的目的地，占据8成以上的份额。其中，中国澳门在出境旅游目的地中排名第一，前往中国澳门的内地游客市场出现了明显的复苏迹象。

2019年，我国出境游市场规模达到1.55亿人次，比2018年同比增长了3.3%。出境游客境外消费超过1338亿美元，增速超过2%。过去连续多年的增长势头，在2020年被疫情冲击突然中断，2020年1—6月，出境旅游人数同比增长率为负数。

2020年度，全国旅行社国内旅游营业收入1194.49亿元，占全国旅行社旅游业务营业收入总量的86.90%；国内旅游业务营业利润2.65亿元，占全国旅行社旅游业务营业利润总量的80.91%。同时，入境旅游营业收入为16.16亿元，占全国旅行社旅游业务营业收入总量的1.18%。此外，在此情况下，出境旅游受疫情影响较大，去年营业收入163.91亿元，仅占全国旅行社旅游业务营业收入总量的11.92%，而2019年度全国旅行社出境旅游营业收入则为2145.56亿元。

携程网是一个专业性极强的网站，因依靠运用互联网技术全新演绎了旅游服务这个最传统行业的商业模式而获得成功。目前，携程网拥有个性化自助服务的商务网站平台，其行业优势明显，如覆盖面广、信息量大，可提供专业便利的全程个性化服务。

在线旅游网站盈利模式分为流量模式和会员模式。所谓流量模式，就是不区分用户群，依托庞大的点击率，可以获得广告收入；所谓会员模式，则必须区分出用户群，然后依靠足够数量的使用会员，获取会员服务费，或者成为会员与商户的中介，赚取商户的中介费。携程网的盈利模式可归为会员模式，因为它为了获得足够的使用会员不计成本地发行会员卡，然后赚取旅游中介的费用。

携程旅行网的盈利来源主要由网站、上游旅游企业（目的地酒店、航空票务代理商、合作旅行社）和网民市场构成。

携程网服务的市场以商旅客户为主，以观光和度假游客为辅。酒店和机票预订是其主营业务，同时又整合自助游和商务游产品。比如，针对商旅客户，携程还提供差旅费用、管理咨询等相应服务。同时，与其他旅行社合作推出组团线路，多以出境游为主且数量有限。此外，携程还建立目的地指南频道和社区频道，有效的信息沟通和良好的环境营造成为盈利流程中不可或缺的辅助因素。就现实情况而言，携程网盈利模式体现出以下核心竞争力：

1. 发卡会员制开发出中高端商务会员

对携程网而言，广泛发卡和提供积分会员制是因为单个会员的使用频率对它的利润贡献更重要。因为一个会员使用 10 次就相当于 10 个会员只使用一次，如果发行 10 张卡的话，只要有一个人加入会员就可以保证盈利。同时积分也有一定的成本，但重复使用会增加利润，同时也能降低单卡的发行成本。所以携程网广泛发卡也只是为了首先从人群中区分出所需要的目标客户，因而发卡成本相当于广告成本。而一些会员有较强的消费能力和使用该业务的需求，使用频率非常高。同时，扩大会员量能够从商户那里得到更低的折扣，所以携程网发卡成本完全可以降下来，成为携程网盈利模式的一种有效的营销渠道。

当携程网的会员发展到一定规模的时候，它的会员卡将不再是毫无价值的，相反它因为能够为会员带来额外的实际好处而对非会员形成门槛。也就是它把中介平台做得足够大了以后，就占据较为强势的地位，这也是后来携程网不再免费发卡的原因。携程网其本质是个中介机构，只不过借助互联网作为工具而已。

此外，当携程网在发展了数量巨大的会员之后，对于相同模式的市场后进者就是一个强硬的壁垒。除非竞争对手可以提供更低的折扣优惠和更便捷可信的服务，否则无法轻易转移它的会员。这使得它的市场先入优势最终转化为其核心竞争力。

2. 携程网多渠道挖掘利润来源

目前，携程网特有的会员制盈利模式主要可从以下五个渠道获取在线旅游市场的利润来源。

（1）酒店预订代理费。基本上是从目的地酒店的盈利折扣返还中获取的。

（2）机票预订代理费。从顾客的订票费中获取的，等于顾客订票费与航空公司出票价格的差价。

（3）自助游中的酒店、机票预订代理费以及保险代理费。也是采用盈利折扣返还和差价两种方式。

（4）在线广告。在酒店的盈利折扣中，用户完全可以和酒店通过携程网取得联系后双方再直接交易，重新分配携程所应得的中介差价而避开携程网。此种情况造就了携程网也提供在线广告的盈利方式来获取利润来源。

（5）自助度假业务。有些航空公司也在开通自己的网上订票业务，避免损失机票预订费中介所分得的那一部分利润。基于这些原因，携程网开始利用它所掌握的旅游资源提供更多具备更高附加值的服务。比如，它的自助度假业务就将机票和酒店业务整合在一起，从而获取更高的利润。

（四）核心竞争力

携程网作为业内知名度极高的在线旅游品牌，拥有着不可复制的核心竞争力。主要表现为以下几个方面。

1. 网站技术提高客户响应速度

携程网基于B/S（Browser/Server，浏览器/服务器模式）的网上订房系统数据库，可以与其上游酒店内部的客房管理系统数据库实现向前集成，在不改变宾馆数据库所有权的前提下实现资源共享，可及时掌握上游酒店客房状态数据，抹平“牛鞭效应”。同时，携程网还与酒店确认预订的环节实现业务流程重组（Business Process Reengineering，简称BPR），与客户的互动交流实现客户关系管理（Customer Relationship Management，简称CRM），为消费客户提供更具时效、更经济、更富特色的服务。因而携程网的访问量大幅提高，使得更多的酒店愿与其联盟合作，随着后备客房资源变得越来越丰富，消费者的选择余地也就更加广泛，旅游网站的吸引力也就更大。访问量得以不断攀升，从而形成一种良性循环。

2. 产品优势

携程网可以查询到几乎所有国内的旅游产品。携程网将传统旅游业和互联网资源经技术创新融合后，使得传统的旅游运作方式得到极大的改善，并创造出新的产品价值。

携程网充分利用网络资源的优势——互动开放、动态整合各地旅游资源。不受时空限制，还利用了电子商务的模式使交易操作程序简便，交易环节合并压缩，交易成本大幅度节省，交易效果也变得非常显著。

此外，携程拥有亚洲旅行业首屈一指的呼叫中心，其座席数已近 1.2 万个。携程同全球 190 个国家和地区的 50 万余家酒店建立了长期稳定的合作关系，其机票预订网络已覆盖国际国内绝大多数航线，送票网络覆盖国内 52 个主要城市。规模化的运营不仅可以为会员提供更多优质的旅行选择，还保障了服务的标准化，进而确保服务质量，并降低运营成本。

3. 搜索引擎投放引入访问量

由于搜索比价式网站的蓬勃发展对携程网造成了一定的竞争压力，为此，在 2006—2008 年，携程网先后对去哪儿和酷讯屏蔽了其业务数据。因为竞争对手的强势，致使携程网的呼叫中心的业务量随着其他网站业务的争夺而面临下滑。

为了应对这一竞争格局，携程旅行网携手全球最大的中文搜索引擎公司百度（baidu.com）开展酒店搜索方面的全方位合作。出行的客人可以通过百度地图频道，搜索携程网近 5000 家会员酒店的地理位置和介绍信息，并可以直接预订。携程网将旅游信息和搜索引擎进行结合：一方面，搜索引擎具有便捷和快速的优点，与专业的旅游信息提供网站联合后，可以做到强势互补，更好地推动旅游信息推广和在线旅游业的发展；另一方面，此次合作不仅为百度旅游资讯搜索提供了完善的内容支持，也直接给携程网带来了预订量的增长，实现了“双赢”。

4. 差异化战略打造携程品牌

国内市场上大部分在线旅游网站都采用携程模式或艺龙模式，即基本上都包括酒店预订、机票预订、旅游度假产品、公司差旅管理等在线旅游业务，从而使得在线旅游产品高度同质化，导致恶性价格竞争，妨碍了行业的健康有序发展。尤其是各个服务商为了争夺客源，竞相压价，将利润损失转移给各酒店和航空公司，造成后者的不满，加剧整个产业链的紧张关系。

为此，新进入者纷纷采取“差异化”的竞争策略，探索采用新的盈利模式或深耕某细分市场。携程网则将技术创新后的产品系统化并细分市场，在保证现有业务领先的基础上，进行诸如团队、会议预订等相关新业务的多元化延展，深度挖掘网上消费市场潜力，形成完善的自主研发体系和技术创新体系。

此外，携程网通过整合线上线下渠道协同工作来运作自有品牌，加强网站品牌优势和核心竞争力，充分提高盈利能力。同时“携程网”作为优秀在线旅游品牌为公司提供了竞争优势：（1）由于其高水平的消费者品牌知晓和忠诚度，公司减少了营销成本；（2）由于顾客希望分销商与零售商经营这些品牌，加强了公司对它们讨价还价的能力；（3）由于该品牌有更高的认知品质，公司可比竞争者卖出更高的价格；（4）由于该品牌有高信誉度，公司可更容易地开展品牌拓展；（5）在激烈的价格竞争中，品牌给公司提供了某些保护作用。

（五）集团成员

携程的集团成员如表 7-3 所示。

表 7-3　携程的集团成员构成

成员	成员简介
途风网	途风旅游创立于 2006 年，是国内现有美洲旅游第一品牌。作为美洲旅游最早最具口碑的开拓者，途风凭借丰富的旅游线路、优质的服务、可靠的行程品质，获得了全球华人美洲旅游市场内外的良好口碑，以及洛杉矶旅游局的高度赞誉
台湾易游网	成立于 2000 年，总部位于台北，员工人数 500 人。通过网络提供全方位的线上预订及线上支付，拥有 220 万会员，是台湾线上旅游的领先者
中软好泰	成立于 1995 年，是中国最优秀的酒店软件与服务全面解决方案提供商。经过十余年的发展，中软好泰凭借技术与产品的持续创新能力、完善的服务支撑体系等强大的综合实力，成为中国旅游饭店业民族软件的第一品牌
香港永安旅游	成立于 1964 年，拥有近 50 年的丰富营运经验，在全球聘用 600 多名精英，是香港旅游业界首屈一指的旅行社。服务网络遍布香港、九龙及新界，在加拿大、英国等地设有海外分社，路线遍布全球 50 多个国家，每年服务客量超过 40 万
铁友网	成立于 2009 年，以互联网为平台，高效整合线下火车票务服务、物流服务和在线票务信息咨询服务，独创全国火车票在线代购一站式服务业务，服务网络覆盖国内绝大多数城市
途家网	2011 年上线，是一家高品质度假公寓预订平台，提供旅游地度假公寓的在线搜索、查询和交易服务。度假公寓是在旅游地提供酒店式管理和服务的可租赁的公寓，既为旅行者提供优质的度假新体验，又为业主提供灵活的闲置资产托管增值服务

续表

成员	成员简介
鸿鹄逸游	鸿鹄逸游是携程旗下顶级旅游品牌，2012 年 3 月由携程、台湾易游网、香港永安旅游联合创立，同年 4 月战略投资太美旅行，集合了四家企业分别在品牌、研发服务能力、精英团队、资源网络等方面的优势。2010 年起连续三年成功推出“顶级环游世界”。此外，还有北京、上海、台北三地出发共近 200 条针对高净值人群的高端旅行线路

（六）管理团队

携程有紧密协作的管理团队。携程管理团队在资源合作、管理技能、业务经验上的完美组合，以及团队间紧密的合作，保证了公司迅速稳健的发展。携程的高层管理团队成员来自美国、瑞士、中国的 IT 业、旅游业及金融业，他们拥有丰富的业务运作与管理的经验；中层管理团队汇集了中国 IT 业、酒店业、航空代理业及旅行社的精英。

在携程成立之后到 2013 年的十几年中，一直是金字塔式的组织结构，所有的审批都汇集到首席执行官（CEO）处，影响了决策效率和运行效率。2013 年 3 月 1 日起，梁建章担任董事会主席兼首席执行官；范敏担任董事会副主席兼总裁，并兼任携程旅游控股有限公司董事会主席。携程随之调整了其组织架构及管理层人员，最新的组织架构为五大事业部，分别由副总裁级别的高层亲自负责。其中，酒店事业部由高级副总裁孙茂华负责，机票事业部由副总裁李小平负责，无线事业部由副总裁江浩负责，旅游度假事业部由副总裁郭东杰负责，商旅管理事业部由副总裁方继勤负责。此外，副总裁丁小亮作为北京分公司总经理，兼任酒店业务部副总。而原负责商旅业务的副总裁庄翔宇则担任携程新成立的旅游目的地营销公司总经理。

（七）携程的融资

携程的成功，除了其能够找到适合自己发展的方向外，资本运作也起到了重要的作用。纵观携程的成长历程，同时也是一部融资并购史。携程这样的旅游电子商务模式，在早期就需要巨额投入。首先，要与遍布全国的上千家酒店签下合作协议，如果签约酒店少或分布地域不广，在顾客眼里你这个品牌就没有价值。然后，要动用各种方式广而告之，让顾客有意愿体验这一便捷的出行安排方式。最后，每天要能够处理上万个顾客的订房、订票电话。

如果顾客太少，个别签约酒店的利益就要受到损害，商家就会对企业失去兴趣。随着业务展开，持卡会员人数将大得惊人，如果没有强大的后台系统支持，企业将会有灭顶之灾……总之，携程的模式虽然是充分贴近社会实际需求的，却给企业的软硬件及资金造成巨大压力。幸运的是，这家企业有一位资本运营高手，为企业赢得了海外资本的青睐，成就了今天的携程。

电子商务企业的发展中，融资和资本运作推动的超常规增长是其典型特征。融资方面，风险投资、上市融资和股权融资是大型旅游预订网站的主要资金来源，携程正是从这三个方面得到了强大的资金支持。

1. 风险投资

携程的注册资本只有 200 万元人民币，在公司快速发展的情况下，这是远远不够的，为此，携程的创始人想到了去融资。

凭借良好的商业模式，1999 年 10 月，携程从国际数据集团（IDG）拿到了 45 万美元的种子基金。IDG 集团公司创建于 1964 年，总部设在美国波士顿。IDG 所属的 IDG 技术创业投资基金（简称 IDGVC Partners，原太平洋技术创业投资公司）于 1989 年 11 月在北京进行了第一个试验项目的风险投资。IDGVC Partners 投资于各个成长阶段的公司，目前已经在中国投资了 100 多个优秀的创业公司，包括携程、百度、搜狐、腾讯、金蝶等公司，已有 30 多家所投公司公开上市或并购。

2000 年 3 月，不满一周岁的携程，又从软银（Softbank）等投资机构获得了第二轮融资，每股 1.0417 美元发售 432 万股“A 类可转可赎回优先股”（有投票权，IPO 时自动转为普通股），其中 144 万股被软银认购，融资 450 万美元。当时融资的主要原因是要收购北京现代运通。结果，携程花了 800 万元人民币外加一部分股票，收购了这家公司。

2000 年 11 月，携程又拿到了第三笔投资。本次融资的牵头公司是总部设于华盛顿的凯雷（Carlyle）集团，一个久负盛名的私有资产管理公司。除此以外，参与本次融资的还有携程以前的投资者，包括软银（Softbank）、上实投资、国际数据集团（IDG）以及亚洲兰花基金（Orchid）等，以每股 1.5667 美元发售 719 万股“B 类可转可赎回优先股”实现，其中 481 万股被凯雷认购，软银和 IDG 分别增持了 64 万股和 41 万股，融资总额约为 1200 万美元。三次融资近 1600 万美元，且都是从国际上最知名的风险投资机构募得。那时正值网络寒冬，无数网络泡沫破碎，无数知名不知名的 IT 幼小企业在寒风中瑟瑟发抖，携程却在IDG、软银、凯雷等投资者的滋养下获得长足发展，“挺”到了纳斯达克的门槛外。

2003年9月，携程获得上市前最后一轮1000万美元的投资，著名的老虎基金以每股4.5856美元认购218万股“C类可转可赎回优先股”。这笔投资全部用于旧股东套现退出，以每股4.5282美元赎回普通股和A类股票共约122万股，以每股6.7924美元赎回约64万B类股票。

经过这几次的快速融资，携程比其他的旅游网站更快地抢占了市场，在行业内的优势地位逐渐显现了出来，并最终成就了携程率先走上纳斯达克的辉煌之路。

2. 上市融资

美国时间2003年12月9日，携程在美国纳斯达克上市，股票代码CTRP。上市之日便表现惊人，在纳斯达克市场初始发行价为18美元，开盘价为24.01美元，发售股票420万股；截至收盘，携程股价涨幅88.56%，收盘价为33.94美元。业内人士的评价是，“三年来纽约股市表现最好的一只新股”。其中，270万股为新发行，募集资金归携程；150万股为原有股东抛售，募集资金归旧股东。扣除承销等各项费用，携程得款4520万美元，占IPO总额的60%；旧股东得款2511万美元。IPO后，携程总股本3040万股，市值约5.5亿美元。

2004年11月，携程宣布，将该年度经审计的净利润的30%作为红利分发给股东，该公司也因此成为第一家宣布分红的纳市中国网络股。2005年，携程又将经审计的净利润的30%作为红利分发给股东。携程的两次分红，体现了对广大投资者的投资回报，同时也源于其自身的高成长性和稳定的利润增长。

3. 股权融资

2004年6月，在美国纳斯达克上市的中国概念股、拥有5.322亿美元市值的携程网，其主要股东发生变化。日本最大的门户网站乐天公司(Rakuten)，通过私下交易从携程网股东手中收购664.5万股普通股，以1.09亿美元现金换取了携程网20.4%的股份，以求双方在中日以及亚洲市场开展旅行服务、度假产品开发的强强合作。

乐天公司是日本最主要的综合类电子商务网站，服务领域包括旅游、金融、商务等多方面，自2003年收购了日本知名旅游网站mytrip.net后，占据了日本国内最大的酒店预订市场份额。乐天希望利用携程网的专长和行业关系，拓宽在中国的在线旅行服务业务。

此次交易后携程的股权结构为：风险投资占 30.7%、日本乐天公司占 20.4%、管理层团队持股 18.2%、市场公开流动股占 26.1%，此外还有零星股份为携程收购的旅行社、预订中心所持有。由于风险投资公司持股比较分散，日本乐天现在已是携程最大的单一股东。

携程总能在需要的时候找到钱，似乎不知资金瓶颈为何物。这主要有两方面的原因：一是企业的商业模式。虽然属于代表新经济的 IT 产业，却不是在网络上飞、在电话里飘、没有明确盈利模式的空洞概念。携程充分利用电话呼叫中心、互联网等先进技术，通过与酒店、民航互补式合作，把自己与中国高速增长的商旅市场紧密地绑定在了一起。携程的商业模式已经被证明能够为股东带来好的回报。二是优秀的团队。携程的团队搭配得比较好，各有自己的特点，能够得到投资者的信任，跟很多国外投资者比较好沟通。

还有一点值得注意，携程每次融资都是配合业务发展需要、不早不晚，融到的资金也是不多不少有整有零。早期投资人面对较大的风险，要求的回报很高（股权），融资超过当时所需就会闲置，多数企业几乎无法把握，但求资金多多益善，常闲置资金牺牲宝贵股权。携程有了沈南鹏，对融资的分寸把握绝佳，及时获取资金，同时又避免了创始人股权被过度稀释。风险投资进入公司后，对公司产生了两个大的促进作用：一是直接的资金，帮助公司得到资金支持；二是公司的管理结构得到了完善。

另外，还有个大的背景是网络经济受到了关注，风险基金也愿意向这些方面投资。

三、携程的运营评价

（一）优势

1. 市场先入

携程创业之初，在前期的深入调研、分析的基础上，选取了中国的旅游市场作为切入点。作为一种服务性产品，旅游受地域限制小，分销成本低，从而基本不受物流与资金流的限制。同时，在当时的国内市场，互联网的概念刚刚萌芽，旅游市场的发展也逐渐成长，因此，携程选取了将二者相结合，在借鉴美国优秀网商的经营模式的基础上确定了自身的发展定位，将携程作为交易平台，为旅游者与旅游服务提供商之间的消息传达提供便利。这一发展思路，在当时的市场环境中是非常超前的，再加上携程在随后几年中的成功运营，使其在旅游预订产品方面获利丰厚，使得线上产品预订商场毫无悬念地由市场先入者成功变身为市场领先者。

2. 技术创新

携程一直将技术创新视为企业的活力源泉，在提升研发能力方面不遗余力。携程建立了一整套现代化服务系统，包括海外酒店预订新平台、国际机票预订平台、客户管理系统、房量管理系统、呼叫排队系统、订单处理系统、E-booking 机票预订系统、服务质量监控系统等。具体包括：

（1）自动呼叫分配（ACD）。根据各个部门的服务时间、服务要求设置不同的处理流程，保证每个呼叫能及时准确地到达各服务人员。

（2）监控管理。通过实时监控工具，不仅可以看到每个队列的当前状况、当前的通话及座席的统计信息，而且可以监控每个队列中所有操作员的工作情况及电话机的状态，做到所有情况一目了然。

（3）呼叫记录、报表统计分析。将每个呼入、呼出电话的详细情况全部记录在数据库中，并且结合报表生成系统，制作了各种呼叫中心的实时报表和统计分析报表；同时利用数据仓库技术对这些数据进行分析、挖掘，为呼叫中心的运行、管理提供了强有力的支持。

（4）录音及查询。对所有呼叫中心的电话进行全程录音；当有客户投诉、争议发生时，服务部门可重听电话录音，以便尽快解决问题。可通过声控方式控制录音开关，或者可以通过 CTI（计算机电话综合运用）通知录音系统开始录音和结束录音；所有录音文件全部以文件方式保存，并且在数据库中建立录音索引信息，记录 CTI 传送过来的电话信息（如主被叫号码、业务代表号等），提供快捷方便的查询依据。

（5）客户关系管理系统（CRM）。根据客人以往的预订习惯，推荐不同的酒店，不同的旅游套餐，甚至为客人制订出合适的旅游度假方案。

（6）独特的房间管理系统。利用房态管理系统来简化预订程序。每天酒店业务部的人员都与酒店联系，预测每天的房源情况，并分为紧张、良好与满房三种类型，更好地为客户服务。

（7）E-booking 系统。利用 E-booking 系统，能与酒店通过互联网相互联系，让携程旅游网更快、更准确地了解酒店实时的房态及其预订价格体系。

2013年，携程发布“大拇指+水泥”策略，构建指尖上的旅行社，提供移动人群无缝的旅行服务体验。依靠这些先进的服务和管理系统，携程为会员提供更加便捷和高效的服务。

3. 规模经营

服务规模化和资源规模化是携程旅行网的核心优势之一。携程拥有世界上最大的旅游业服务联络中心，拥有1.2万个座席，呼叫中心员工超过1万名。携程与全球190个国家和地区的50多万家酒店建立了长期稳定的合作关系，其机票预订网络已覆盖国际国内绝大多数航线。规模化的运营不仅可以为会员提供更多优质的旅行选择，还保障了服务的标准化，确保服务质量，并降低运营成本。

4. 产品多样

携程网旅游产品的最大特点在于专业性以及覆盖面广。游客在携程网上可以查询到多样化的国内外旅游产品。多年以来，携程始终坚持根据市场需求情况为消费者提供不同的产品，及时丰富更新其产品种类，以更好地挖掘和满足消费者的需求。目前，携程提供的产品包括酒店预订、机票预订、旅游线路制定、汽车票预订、用车服务、景区门票预订、火车票预订，甚至近几年开始与世界众多时尚品牌和奢侈品牌商家合作为消费者提供全球购服务。携程最近战略投资了北京世纪明德，该公司已经为逾70万名中小学生提供了修学旅行服务。此投资使得携程将其服务延伸到了3~18岁的中小学生，这将帮助携程从一个消费者的早期阶段就培养其使用携程服务的习惯。丰富的产品线使消费者在旅游出行时的选择面更宽，而且能够尽可能地在携程实现“一站式购物”，一方面为消费者节省了在不同网站上进行信息查询和比较的时间，另一方面也调动了消费者不断尝试体验其新产品的兴趣。

（二）劣势

1. 机票和酒店预订比重过大，价格劣势显现

机票和酒店的预订业务是携程自建立之初到现在的核心业务。由于机票和酒店产品标准化程度很高，从预订到最后完成交易的过程中人工干预环节比较少，所以携程能够将服务过程分割成多个环节，以细化的指标控制不同环节，并建立起一套精益服务体系，将六西格玛质量管理体系运用其中。当

再配以庞大的呼叫中心后，顺利运营这套服务体系，导致携程的成本与其他几家同样以机票和酒店的在线预订业务为主的旅游电商相比，在成本上毫无优势。近年来消费者进行在线预订的比例不断提高，他们的比价手段多样而且方便，机票和酒店的价格透明程度已经很高，从而导致携程的星级服务能力优势并没有在机票与酒店预订业务中得到充分发挥，与竞争者相比携程的价格劣势逐步明显。

2. 对供应商态度过于强硬，垄断地位动摇

回顾这些年来，携程与上游供应商之间的“封杀”事件时有发生，每一次事件其实对双方都有不小的伤害。也许在旅游电商市场还是携程一家独大、垄断地位明显的时候，这些上游供应商为了依赖这个市场认可度第一的平台能够最终“忍气吞声”地按照携程的要求进行合作，但上游供应商都毫无例外地认识到多元化分销渠道的重要性。在近几年旅游电商如火如荼地发展中，艺龙、同程、芒果等都在市场中有了一席之地并得到了不同消费者的认可，因此，上游供应商都在新市场中努力拓宽自身的分销渠道，大的上游供应商加大对自己直销渠道的投入与宣传，小的上游供应商通过与不同的在线旅游服务商（Online Travel Agent，简称 OTA）进行合作，将风险分散到不同的篮子里。另一方面，去哪儿、酷讯等比价搜索的存在为更小的旅行社和旅游代理服务商提供了借助互联网的预订服务的机会。以上这些新兴的渠道从多方面动摇了携程原有的在线预订平台的垄断地位。从 2010 年开始，携程市场份额开始低于 50%，行业控制能力和议价能力开始被削弱。

3. 创新不足，新的利润增长点不多

携程是中国旅游电商的开拓者、领导者、推动者，国内旅游电商市场中的很多商业模式、管理规范都是携程首先提出并付诸实践的，携程在行业中的地位以及它曾经的众多创新是受到行业认可和推崇的。但是，携程在行业中的领先者地位巩固后，它的发展更多地聚焦于对整个产业链的把控。对上游供应商的封杀，与同行业竞争者的价格战这些年都在业界引起轰动，而相反的是其在最核心的产品、商务模式上的创新很少。对于同行业竞争者的创新，携程更多的是处于后知后觉或者跟随的状态；而当这些竞争者的创新对携程已有的市场份额带来影响时，它所采用的手段又是简单的封杀，几轮之后，不论是上游供应商还是同业的竞争者，他们开始寻求联合。由于携程创新能力不足导致携程只能固守原来的优势产品，即过度依赖机票和酒店营

收，其中，“机票+酒店”收入占其整体营收的80%以上；而度假和企业旅游这两年虽然得到较大发展，但苦于长期基础薄弱，短时间要改变目前营收结构较难。

（三）机遇

1. 更多政策驱动旅游发展

国务院日前印发《“十四五”旅游业发展规划》（下称《规划》），从发展目标、重点任务、保障体系等方面擘画了未来5年旅游业的发展蓝图。

“《规划》体现了全方位推进旅游业高质量发展的基本思路，有五个突出特点：一是突出以人民为中心；二是突出文旅融合发展；三是突出创新驱动；四是注重综合功能发挥；五是注重生态优先。”中国旅游研究院副院长唐晓云对上海证券报记者表示。

《规划》提出，到2025年，旅游业发展水平不断提升，现代旅游业体系更加健全，旅游有效供给、优质供给、弹性供给更为丰富，大众旅游消费需求得到更好满足。国内旅游蓬勃发展，出入境旅游有序推进，旅游业国际影响力、竞争力明显增强，旅游强国建设取得重大进展。

《规划》提出了七项重点任务：一是坚持创新驱动发展，深化“互联网+旅游”，推进智慧旅游发展。二是优化旅游空间布局，促进城乡、区域协调发展，建设一批旅游城市和特色旅游目的地。三是构建科学保护利用体系，保护传承好人文资源，保护利用好自然资源。四是完善旅游产品供给体系，激发旅游市场主体活力，推动“旅游+”和“+旅游”，形成多产业融合发展新局面。五是拓展大众旅游消费体系，提升旅游消费服务，更好地满足人民群众多层次、多样化的需求。六是建立现代旅游治理体系，加强旅游信用体系建设，推进文明旅游。七是完善旅游开放合作体系，加强政策储备，持续推进旅游交流合作。

2. 创始人重返带来更多变革

携程公司董事长梁建章兼任首席执行官（CEO），创始人重新从幕后走向台前。梁建章IT背景以及他在美国游学期间的经历与视野，使其在重返携程后连续采取了多项变革，并且把携程由线上向线下延伸的趋势及时拉回到线上来，并且提出携程不只是做OTA，还要做移动旅游服务商（Mobile Travel Agency，简称MTA），接下来的一系列举措也显示了携程强势变革的决心。

组织架构方面，由原有的金字塔式变革为事业部式，最新的组织架构为五大事业部，无线事业部在年初正式成立，成为独立于携程酒店机票、旅游和商旅四大业务板块之外的事业部。此举可以看出未来携程对于移动互联网的重视。随后，携程把已经发布的细分的 App 整合为了“携程旅行”，酒店、机票、旅游、火车票、景点门票、目的地攻略、租车业务等原有的产品和新业务都做在了一个客户端里面。携程提出“要把好的资源和支持都偏向无线方面，这些支持涉及产品、人员、营销等方方面面，比如，携程的所有对外广告投放都会考虑涵盖无线客户端宣传推广”。

携程以 2 亿美元投资曾经的主要竞争对手同程，成为仅次于同程管理层团队的第二大股东，携程将把景点门票的现付业务接入同程。之后，携程又以 1 500 万美元价格入股途牛。同程在休闲游、门票上的优势以及途牛在跟团游上的领先都是携程投资的驱动力。携程通过入股同程和途牛减少恶性竞争带来的损失的同时，也可以通过途牛和同程的上市获得收益，而近两年来，携程其实一直在不断加大对外投资，以形成自己庞大的“携程系”，包括铁友网、一嗨租车、易到用车、易游网、永安旅游、途风网、驴评网、蝉游记、古镇网、松果网、途家、如家、汉庭、7 天、中软豪泰、订餐小秘书等，涉及租车、境内外旅游、酒店住宿、餐饮等领域。如果携程自己重新开发这些领域，需要花费很大代价，包括人力、物力的大量投入，不如直接投资合适。

全球市值最高的在线旅游企业 Priceline 和中国市值最高的 OTA 携程进行战略合作，斥资 5 亿美元收购携程至多 10%的股份，以增加在中国这个快速增长的旅游市场的占有率。双方还扩大了在 2012 年首次达成的商业协定，为彼此的客户预留更多宾馆客房。携程用户可以使用 Priceline 租车和订餐服务，而 Priceline 则能够使用携程的航空和票务服务。

从以上携程与国内外同行业竞争者的一系列合作举动不难看出，携程已经意识到在目前旅游电商战火纷飞的环境中，与其独自与其他对手纷纷打仗闹得两败俱伤甚至导致其他对手联手抵制自己，不如承认对手的长处，有策略地选择自己不同发展时期的合作伙伴，实现共赢。

(四) 威胁

1. *市场竞争激烈*

这几年国内的在线旅游市场一直是火药味十足，各家旅游电商，无论大小都在拼力找投资、找客户、找资源，唯恐错过这一班列车。数据显示，2023 年国内旅游人数预计达到 45. 5 亿人次，国内旅游收入将达到 4 万亿元，分别比上年增长 73%和 89%。同时，综合考虑国际形势和“外防输入、内防反弹”的疫情防控压力，今年的入出境旅游市场仍然不容乐观，预计从第三季度起，港澳地区和商务旅游两个市场将会有可以预期的复苏。

在几年之前，可以被称为携程对手的可能还只是艺龙一家，即使是这样，二者的规模和业绩也相差甚远，携程可以说是傲视国内旅游电商市场。但是，仅仅几年的时间，携程毫无疑问地感觉到了市场成长的快速和变化的巨大，多种商业模式被创新开发出来并且不同程度地受到了消费者的认可，艺龙、去哪儿、同程、途牛、淘宝旅行、驴妈妈等都迅速成长，在不同领域对携程形成了冲击。

尽管携程进行了很多变革，但是携程不愿投靠 BAT（超一流规模的互联网公司）、去哪儿不愿与携程合并、艺龙落后仍坚称誓夺第一都是因为旅游电商市场未开辟的疆域太大。不但艺龙、去哪儿两个最重要的对手没有拿下，携程又主动挑起或被动卷入酒店、机票、景区门票领域一轮又一轮的“价格血战”，这些都对携程的利润产生影响。持有艺龙 85%股份的 Expedia 和持有去哪儿 62%股份的百度，对现有管理层都会给予最大支持，艺龙、去哪儿可以亏钱抢份额，携程却不一定可以少赚点保住份额。对投资者来说，携程净利润下滑、机票预订量被去哪儿超越、酒店预订不能与艺龙及去哪儿拉开距离，会令人产生携程模式已经“过时”的想法。

2. 消费偏好多样化

当携程创立之时，正是我国互联网起步的时期，所以它的成长和我国互联网的成长一样，经历了国内消费者对互联网的认知从无到有的过程，它的创新引导了当时消费者对于旅游产品的消费理念和消费方式。正是由于是从无到有，所以消费者能够容忍和接受它的不足之处，再加上当时的市场空白很大，所以对于当时的携程来说也有足够的时间去改进，消费者因为别无其他的选择，他们会等待携程的改进。

目前，我国的互联网对于各行业的改变早有目共睹。旅游电商的市场也是创新迭出，能够看到的、想到的、获取到的海量信息足以让消费者对任何一个品牌的忠诚度随时产生变化。同时，目前旅游电商市场的主力消费群体仍然是以年轻消费者为主，尤其是 80 后和 90 后，甚至 00 后的消费者们，他们和中国互联网一起成长，他们获取信息的手段，接受创新的速度和以前的消费者相比更快，他们的消费理念和消费方式更易于发生变化，对于携程这样的老牌旅游电商来说，如何通过创新应变消费群体在消费心理和消费偏好上发生的变化，如何通过创新吸引并且尽量保留住这样的消费群体，是携程必须重视的和应对的问题。

四、携程的运营建议

通过前面的分析可以看出，目前在国内旅游电商市场中携程毋庸置疑有很明显的优势，但是近几年逐渐显露的劣势也不容忽视。当携程面对未来的机遇和挑战的时候，建议在以下几方面给予关注。

（一）不断提高自身的创新能力

携程是中国旅游电商里程碑式的企业，作为国内最大的在线旅行服务商，携程旅行网曾经依托于强大的网络、呼叫中心和地面资源的整合，提出了“鼠标+水泥”业务战略。国内旅游市场中现有的很多商业模式管理规范都是携程首先提出并付诸实践的，携程在行业中的地位以及它曾经的众多创新是受到行业认可和推崇的。但随着移动互联网风潮渐起，移动互联网技术与旅游业动态化、碎片化趋势相呼应，改变了旅行预订模式、营销方式和场景体验。而近几年来，无论是竞争者还是携程自身都意识到其创新能力大大下降，尤其是标志性的创新几乎没有。

2013 年梁建章重返携程后，通过对移动互联网的研究，对携程的移动战略以及旅行行业在移动互联网发展趋势的判断与分析，他首次提出了“拇指+水泥”的理论，并且把无线战略称为携程的“二次创业”。2013 年 4 月，携程无线客户端新版本（4.4 版本）发布，新客户端除了酒店、机票，还加入了境内外度假线路查询、景点门票预订、目的地攻略、火车票业务，就连原来独立程度最高的驴评网也被并入其中，这样的“一站式旅游服务”的 App 显然走的是资源整合的综合路线。在携程的无线战略确立后，相信其必然在无线客户端产品的发掘和设计上投入很大的人力、物力和财力，而且非常注重在该款产品使用过程中的技术、流程和细节的创新，会非常关注客户使用中的体验。

但是，“一站式旅游服务”的 App 毕竟只是携程基于无线客户端的一个产品，除此之外，携程应该更加关注其对自身已有旅游服务产品的改进和新的旅游服务产品的开发，毕竟再时尚的客户端产品也需要有实际价值的应用内容支撑，才能带来更多的下载量和应用量。如何开发出能够吸引愈来愈多的自由行的消费群体的产品？如何提高商务旅游在营收中的比重？如何开发高端旅游产品？如何开发适合家庭游的产品？如何深耕自己的金融产品？如何挖掘全球购产品？近几年新兴的这些产品其实携程都有所涉及，但是真正知道携程提供这些产品的消费群体有多少？真正使用这些产品的消费群体又有多少？可能携程在这些产品上的市场份额还不如目前市场中只提供其中某一款产品的小型旅游电商的市场份额大。但是，这几个产品的确非常值得在未来几年中深耕细作。

（二）改善与供应商的关系

携程与上游供应商之间的几次“封杀”事件虽然最终由于携程的强势话语权看似取胜，但实际上也对其在供应商中的口碑造成了非常负面的影响。当上游供应商有了更多的选择时，他们毫无例外地会和其他友善的 OTA 合作，目前艺龙、同程、芒果、去哪儿、到到网等都是他们可能的合作伙伴。也正是基于此，携程的行业控制能力和议价能力开始被削弱，所以携程“赢者通吃”的理念需要转换。

对于携程来说，如果进行产品创新，新开发的旅游服务毕竟仍然是这些供应商所提供的资源的不同组合，供应商的良好配合与合作才是其新产品多样化的保障，而且与供应商之间的关系直接影响到企业的成本。因此，携程应该以自身品牌的魅力吸引更多的供应商，在加深目前合作关系的基础上，发展更多的合作伙伴，以最终获得更多客户。在加强与各地知名旅行社、运输企业、各大酒店之间的合作关系满足高档消费者的同时，开发一些资质较好、服务理念较新的中小旅行社、运输企业以及酒店满足普通消费者的需求，甚至可以考虑开发优质的民宿产品，吸引更多的年轻消费群体和背包客。

（三）继续加强与国内外企业的战略合作

互联网的“长尾现象”为众多小型企业提供了很好的理论支撑，使它们对“找准目标就能至少分得杯羹”具有非常强烈的信心。纵观现在的国内旅游电商市场，无论大小，都在尽力挖掘市场中的一个个“利基”，以期在这小块市场中能够有所作为。携程作为大型的综合旅游电商平台不可能全部靠自己开发每一个有潜力的“利基”市场，也不可能在短期内吞并所有的大小竞争对手。因此，与国内外同行的战略合作、优势互补，是携程目前非常明智的选择。不断加大对外投资，以形成自己庞大的“携程系”。

从携程成立至2022年所选取的合作伙伴的过程来看，携程从选取一些与旅游产业链条相关的小企业入手，逐步发展到愿意与同业的较大型优秀企业合作；从选取国内企业入手到与国际知名企业合作；从选取旅游产业的企业入手到跨界牵手优秀的互联网企业。携程正在愿意正视竞争对手的优点，愿意通过合作获得双赢，希望通过不断地取长补短最终实现携程的企业生态圈。

第二节　途牛旅游平台运营案例分析

一、发展历史及现状

途牛旅游网（www. tuniu. com）是由其现任首席执行官（CEO）于敦德和现任首席运营官（COO）严海峰在2006年10月创建的，是南京途牛科技有限公司旗下的网站，以“让旅游更简单”为使命，为消费者提供由北京、上海、广州、深圳等64个城市出发的旅游产品预订服务，产品全面，价格透明，全年365天24小时400电话预订，并提供丰富的后续服务和保障。途牛利用互联网优势，整合旅游产业链，通过呼叫中心与业务运营系统服务客户，开辟了创新的在线旅游预订模式。目前，途牛旅游网提供8万余种旅游产品供消费者选择，涵盖跟团、自助、自驾、邮轮、酒店、签证、景区门票以及公司旅游等，已成功服务累计超过400万人次出游。同时，基于途牛旅游网全球中文景点目录以及中文旅游社区，可以更好地帮助游客了解目的地信息，妥善制订好出游计划，并方便地预订旅程中的服务项目（见图7-2）。[①]

① 途牛网（http：//www. tuniu. com/corp/aboutus. shtml）.

图 7-2 途牛网首页

(一) 成立背景

“在线旅游市场里，相比酒店机票的预订服务，专做旅游线路预订的很少。”途牛网创办人于敦德说：“玩的人少就意味着机会。”尽管携程、艺龙等在渠道、产品资源等方面的优势为后来者树立了强大的竞争壁垒，但是途牛网只做旅游路线，对这一细分市场进行深耕细作，仍然是“广阔天地，大有作为”。于敦德提出了做不了携程，就另辟“旅游路线”的思想。这个思想是通过以下几个方面一步一步实现的。

1. 做旅游路线

之所以选择做旅游是因为于敦德酷爱做网站，想在这个领域干出一番事业；又因为喜欢旅游，所以看中了国内旅游市场每年 1 万亿以上的大蛋糕。刚走出大学校门没多久的于敦德选择了创业，并将目光瞄准了在线旅游预订市场。

于是，于敦德的创业就从做旅游网站开始了。2006 年，25 岁的他跟几个合作伙伴一起创办了旅游产品电子商务网站，产品为旅游路线。创业项目确定之后，他们花费半年时间建立网站，并取名为“途牛网”。

今天的在线旅游业用 10 多年时间走过了传统旅行社几十年的路。于敦德将途牛旅游网定位于“旅游线路”预订服务。在线旅游市场里，相比酒店机票的预订服务，做旅游线路预订的很少，很多有实力做在线旅游的旅行社也没有成功做起来。

2. 竞价排名，“搜”来滚滚人气

虽然旅游是传统行业，但出身于互联网的于敦德非常了解网络的优势，在途牛网创办之初，就开始全面借助网络营销，为网站带来了滚滚人气。

众所周知，白领阶层有一定的消费能力，经常上网，对网络交易的信任度很高。若他们去旅游，那么其出行前会通过网络搜索，比较不同在线旅游网站，找到潜在兴趣网站咨询，而大多数主动咨询的客户都能顺利完成交易。而这类客户群也正是途牛网的主要目标客户群。于是，为打开知名度，途牛网采用网络营销中的竞价排名这种重要营销手段，获得了源源不断的销售线索和订单。

3. 戈壁投资途牛项目

途牛起家的时候，启动资金不到 100 万元，股东送了第一台服务器。后来随着严海峰的朋友和于敦德的朋友的资金投入，途牛网才有了初步的发展。

也就是在 2007 年中，途牛成立 8 个月的时候，严海峰和多家风险投资（VC）的接触有了结果，“直到戈壁进来的这笔资金才让两人有足够的余粮”。向赢利靠拢，戈壁落点在途牛，因为这是他们看到的规模最大的一家旅游网。

4. 服务体验是核心

“服务业是个细活，不能通过机器去做。”严海峰说。

在内部管理上，途牛网有严格的内部控制。若有投诉，一经查证属实，产品经理都要接受罚钱，供应商也要扣钱。在多数情况下，严海峰都把投诉归在自身服务上。

（二）发展历程

- 2009 年大事记

2009 年 1 月，两周年庆典大会举行。

2009 年 3 月，公司旅游产品线上线。

2009 年 10 月，度假酒店产品线上线。

2009 年 11 月，成功获选 2009 红鲱鱼（Red Herring）亚洲科技创新公司 100 强企业。

2009 年 12 月，“游海南，送小牛”活动成功举办。

- 2010 年大事记

2010 年 1 月，途牛旅游网全面启动“7×24 小时全天候服务”。

2010 年 2 月，途牛旅游网荣登 2009 电子商务风云榜。

2010 年 5 月，途牛荣获“企业信用评价 AAA 级信用企业”称号。

2010 年 6 月，途牛旅游网正式启用全新旅游预订电话。

2010 年 9 月，途牛成都旅游网正式上线。

2010 年 10 月，途牛武汉旅游网正式上线。

2010 年 12 月，途牛重庆旅游网正式上线。

- 2011 年大事记

2011 年 1 月，途牛西安旅游网正式上线开业，途牛常州旅游网正式上线开业。

2011 年 2 月，途牛无锡旅游网正式上线开业。

2011 年 3 月，途牛长沙旅游网正式上线开业。

2011 年 4 月，途牛旅游网完成 C 轮约 5000 万美元融资，途牛大连旅游网正式上线开业。

2011 年 5 月，途牛厦门旅游网正式上线开业。

2011 年 6 月，途牛青岛旅游网正式上线开业。

- 2012 年大事记

2012 年 3 月，获“英国旅游专家旅行社”称号。

2012 年 4 月，入选 2012“加拿大优先合作旅行社”。

2012 年 6 月，获“最具活力互联网企业”奖。

2012 年 6 月，获评“2012 中国消费市场最具影响力品牌”成长潜力奖。

2012 年 8 月，获“年度最受欢迎旅游类商城”称号。

2012 年 9 月，通过 ISO 9001：2008 质量管理体系认证。

2012 年 12 月，获“2012 年度第十一届中国企业成长百强”亚军殊荣。

2012 年 12 月，获第三届“中国休闲创新奖——休闲创新卓越贡献奖”。

- 2013 年大事记

2013 年 1 月，途牛旅游网获“中国年度最佳雇主（2012）”殊荣。

2013 年 2 月，海南康泰旅游机构一行来途牛旅游网参观访问。

2013 年 3 月，途牛旅游网获评“南京市商务工作优秀企业”。

2013 年 4 月，途牛旅游网荣获“中国出境游最佳在线旅行社”奖。

2013 年 4 月，途牛旅游网荣膺金远奖“最具品牌突破力企业”。

2013 年 5 月，途牛以强大阵容参展“上海世界旅游博览会”。

2013 年 5 月，中组部副部长、人社部部长尹蔚民莅临玄武区调研。

2013 年 6 月，“途牛”获评南京市著名商标。

2013 年 8 月，途牛荣获“江苏省著名商标”铜牌。

2013 年 9 月，广州分公司开业。

2013 年 10 月，荣获“金耳唛杯——年度中国最佳客户中心——卓越客户体验奖”。

2013 年 10 月，荣获 AAAAA 旅行社。

2013 年 11 月，荣获 2013 年度十佳企业官方微博荣誉证书及奖牌。

2013 年 11 月，荣获途牛境外 WIFI“牛无线”产品推广综合类金铜奖。

2013 年 12 月，荣获“2013 年度‘十一’黄金周 10 大国内游线路”。

2013 年 12 月，荣获年度最受网友欢迎网站。

- 2014 年大事记

2014 年 5 月 9 日晚，途牛网敲响了美国纳斯达克开市钟，正式登陆美国资本市场，股票代码为“TOUR”。

- 2015 年大事记

2015 年 1 月，CEO 于敦德获“2014 中国旅游十大影响力人物”称号。

2015 年 2 月，CEO 于敦德获“2014 苏商创变者”称号。

2015 年 3 月，途牛并购中山国旅、经典假期，获台湾游牌照。

2015 年 5 月，途牛获京东领投 5 亿美元融资。

2015 年 5 月，CEO 于敦德获省委宣传部“江苏最美人物”称号。

2015 年 6 月，首个境外服务中心——马尔代夫服务中心成立。

2015 年 7 月，途牛牵手《中国好声音》娱乐营销版图强势扩张。

2015 年 8 月，“首付出发”授信 70 亿元，途牛全面开放分期出游。

2015 年 9 月，途牛获“金音奖——2015 中国客户服务领袖奖”。

2015 年 9 月，途牛宣布旅游产品唯一分销网站“笛风假期”正式上线。

2015 年 9 月，途牛获批基金销售牌照，成为首家拥有基金销售业务资格的在线旅游企业。

2015 年 9 月，途牛旗下两个商业保理公司获批，途牛成为国内首个进军旅游商业保理市场的在线旅游企业。

2015 年 10 月，途牛启动新 Logo 标识，开启品牌升级时代。

2015 年 10 月，途牛发布双代言人，林志颖、周杰伦同时成为途牛品牌代言人。

2015 年 11 月，途牛学院荣获“2015 年中国百强企业大学”荣誉，同时被评为最具成长性企业大学。

2015 年 11 月，途牛获得海航旅游集团 5 亿美元投资，并达成战略合作。

2015 年 12 月，途牛宣布成立途牛专项公益基金——“团圆行”。

2015 年 12 月，巴厘岛境外服务中心正式开业。

- 2016 年大事记

2016 年 1 月 6 日，途牛旅游网正式上线汽车票频道，加速大交通布局。

2016 年 1 月 17 日，由途牛影视打造的全国首档 90 后环球旅游真人秀节目《出发吧我们》在云南卫视首播。

2016 年 1 月 21 日，途牛发布机票、酒店、主题游开放战略，搭建“+X”旅游共赢生态圈。

2016 年 1 月 29 日，途牛区域服务中心增至 170 家，渠道下沉至四、五线城市。

2016 年 1 月 30 日，途牛 CEO 于敦德当选“感动南京”2015 年度人物。

2016 年 2 月，途牛 CEO 于敦德获江苏“全省旅游创新发展优秀个人”称号。

2016 年 3 月，途牛亮相 ITB Berlin 联合柏林旅游局打造“中国之夜”，加速全球化。

2016 年 3 月 22 日，途牛与首都航空开启深度战略合作，联合推出“首航·途牛假期”品牌。

2016 年 3 月，途牛宿迁客服中心成立。

2016 年 3 月，途牛同时发布了企业频道、爸妈游品牌“乐开花爸妈游”、向导在线平台和会员服务品牌“途致”。

2016 年 5 月，途牛旅游网 CEO 于敦德荣获“创新创业好青年”荣誉称号。

2016 年 7 月，凭借出色的业绩表现以及持续引领在线旅游行业创新潮流，途牛旅游网上榜“中国互联网百强企业”。

2016 年 7 月 16 日，途牛会员日单日交易额突破 2 亿，创下历史新高。

2016 年 8 月，途牛国际接送机服务在“途牛旅游”App 和 M 站正式上线，可提供覆盖 100 多个国家、1100 多座城市的国际接送机服务。

2016 年 9 月 2 日，途牛旅游网斩获业内最高荣誉的“最佳在线旅游品牌”大奖。

2016 年 10 月，中国最佳客户联络中心与 CRM 颁奖典礼在贵阳举行，途牛荣获“2016 中国最佳客户体验奖”。

2016 年 11 月，“一路之上——途牛十周年战略发布会”在北京隆重举行，会上，途牛宣布将成为集团化公司，业务将拆分为旅游度假子公司和金融科技子公司两大板块。

2016 年 12 月，途牛以完善的客户服务体系、优质的客户服务体验等优势，荣获“2016 年中国客户联络中心行业发展年会暨颁奖大会”颁发的“2016 年度客户口碑最佳客户联络中心”奖。

- 2017 年大事记

2017 年 2 月，途牛旅游 App 上线“朋派定制游”品牌专区，打造 OTA 中高端家庭定制第一品牌，加大移动端布局。至此，途牛定制服务在系统化、个性化、品牌化实现全面升级。

2017 年 2 月 14 日，途牛与大韩航空联合在南京举行发布会，宣布大韩航空途牛旅游网旗舰店正式上线。

2017 年 3 月，途牛荣获 2016 年度南京市市长质量奖提名奖。

2017 年 3 月 20 日，途牛、澳大利亚凯恩斯与大堡礁旅游局（热带北昆士兰旅游局）在南京签署了战略合作协议备忘录。

2017 年 3 月 29 日，途牛获得中国电子商务协会客户联络中心专业委员会副会长单位荣誉。

2017 年 6 月，途牛斩获第八届虎啸奖金奖，首创 MULTI-TOUCH MEDIA 引领营销新潮流。

2017 年 6 月 4 日，途牛摘得 2017 年度世界旅游大奖“亚洲最佳旅行社”和“中国最佳旅行社”“中国最佳在线旅行社（OTA）”三项大奖。

2017 年 7 月，为升级供应链管理、整合线上线下资源，进一步提升用户体验，途牛正式启动零售平台，并强势上线零售平台系统。途牛致力于打造平台化生态由此拉开序幕。

2017 年 10 月，途牛以完善的客户服务体系、优质的客户服务体验等优势获颁“中国最佳客户联络中心”奖以及“中国最佳全渠道客户服务”奖。

2017 年 11 月，第十二届中国邮轮产业发展大会在三亚举行，途牛获颁

2017 中国邮轮年度“最佳邮轮旅客服务”奖。

2017 年 11 月 27 日，途牛发布第三季度财报，毛利同比增长 73.%，Non-GAAP 净利润 3970 万元。

2017 年 12 月，途牛获得“2017 年度客户口碑最佳联络中心”大奖，会员事业部总经理徐娟荣获 2017 年度中国客户联络中心行业“杰出管理人”奖。

- 2018 年大事记

2018 年 1 月 9 日，由中国互联网协会举办的“2018（第八届）中国互联网产业年会”在北京国家会议中心隆重召开。基于企业在公益活动中的突出表现，途牛荣获“2016——2017 年度中国互联网公益奖”。

2018 年 1 月 13 日，途牛与中国建设银行江苏省分行联合举办“庆贺途牛龙卡发行两周年卡量突破 200 万张暨 2018‘金融+旅游+X’共赢合作发布仪式”。

2018 年 2 月 2 日，江苏省旅游工作会议在南京召开，会上，江苏省旅游局公布了 2017 年江苏旅游成绩单，其中，南京途牛国际旅行社获评 2017 年度江苏“旅游百佳”单位。

2018 年 3 月 26 日，途牛凭借“团圆行”公益项目以及全年 150 万元善款捐赠额度，获中国扶贫基金会“2017 年度杰出贡献”荣誉。

2018 年 3 月 31 日，途牛第四届“323 旅游节”落下帷幕，数千款品质游线路、高额优惠补贴以及线上线下新零售合力，引燃了春季旅游市场最具震撼力的预订狂欢。

2018 年 4 月 11 日，途牛与金昌市政府举行战略合作签约仪式，这标志着途牛与金昌市正式建立合作关系。

2018 年 4 月 23 日，香港旅游发展局副总干事叶贞德女士一行到访途牛旅游网，与途牛 CEO 于敦德等人就 2018 年共同打造优质赴港游产品进行了深入探讨。

2018 年 5 月 15 日，围绕目的地服务让旅游更简单主题，2018 途牛春季产品发布会在北京举行。途牛将从建立国内自营地接服务网络“随往旅业”、搭建目的地频道、发力“枢纽联运+干线+目的地服务”模式、拓展海外自营地接社服务网络“环球经典”、招募“全球合伙人”、提供全球旅拍服务等多个维度全面拓展目的地服务网络，提升客户目的地服务体验。

2018年5月29日，斯里兰卡旅游部长约翰·阿马拉通加一行到访途牛旅游网。

2018年7月16日，途牛会员日单日交易额超过2.48亿，再创历史新高。

2018年7月，途牛正式推出签证服务自营品牌“牛签证”，致力于为国内游客出境旅游提供更完善、专业、贴心的一体化签证服务，深入布局签证服务市场。

2018年7月26日，途牛与印度尼西亚旅游部在雅加达签署合作备忘录，正式开启印度尼西亚旅游在途牛的全渠道推广，标志着双方进入全方位深度合作阶段。

2018年8月17日，加拿大驻华大使john mccallum、加拿大驻上海总领事weldon epp一行到访途牛，双方进行了深入的交流，并就进一步加强旅游合作展开了全面探讨。

2018年10月19日，途牛全球航司旗舰店再添新成员，途牛芬兰航空旗舰店正式上线。

2018年10月23日，以“云服务，新共享”为主题的笛风品牌升级发布会在北京举行。发布会上，除了途牛旗下分销渠道“笛风假期”升级为“笛风云”以外，笛风云旗下团队机票交易平台“包机通”和酒店打包价共享平台“包房通”也同步亮相，为笛风云合作伙伴带来丰富多样的团队机票、酒店资源和强有力的服务支持。

2018年12月25日，途牛全国自营门市数量突破500家，全年累计新增门市数量超过280家。

- 2019年大事记

2019年4月9日，中国领先的在线休闲旅游公司途牛旅游网（NASDAQ：TOUR）公布了截至2019年12月31日未经审计的第四季度及2019财政年年度业绩报告。财报显示，2019年，途牛净收入为23亿元人民币（合3.276亿美元），较2018年同期增长1.8%；打包旅游产品收入为19亿元人民币（合2.71亿美元），较2018年同期增长3.1%。

- 2020年大事记

途牛旅游网创始人、董事长兼首席执行官于敦德表示，过去的一年里，途牛调整业务重心、加速产品升级、探索新兴渠道，积极恢复国内游业务。2020年，途牛加大了自主研发产品的投入，途牛“高品质跟团游”产品品牌“牛人专线”也启用了全新的 Logo。同时，途牛仍在继续拓展其直营地接服务网络。2020 年，途牛新增筹建两家随往直营地接社，截至目前，途牛国内随往旅业目的地接待网络覆盖范围已超过 30 个目的地。

（三）发展现状

经过多年的发展，目前已拥有员工逾千人，公司总部设在南京。途牛旅游网提供北京、上海、天津、深圳、南京、苏州、杭州、成都、武汉、重庆、宁波、西安、无锡、常州、长沙、大连、厦门、沈阳、青岛、太原、温州等 21 家分公司出发地旅游产品的预订，包括周边自助旅游（如景点门票、住宿、温泉等），周边跟团旅游，国内长线跟团旅游，海南、云南、广西等自助旅游（如往返机票、酒店等），以及包括港澳、马尔代夫海岛在内的出境自助游。同时，基于途牛全球最大的中文景点目录和中文阳光旅游社区，可以帮助用户了解目的地信息，制订出游计划，并方便地预订旅游过程中的服务。

基于“互联网+旅行社+呼叫中心”的运营模式和注重客户体验的服务模式，途牛旅游网一直以“为旅游者供经济可靠的旅游产品”的形象示人，深受客户信赖。在众多客户的支持下，途牛业务量高速发展，短短几年已跃居国内在线旅游网站前列，每年增长速度 3 倍左右。

二、途牛的商业模式

（一）目标客户

途牛网的主要客户群是白领阶层。采用网络营销中的竞价排名成了途牛网打开知名度，带来源源不断的销售线索和订单的重要营销手段。

据了解，目前途牛网投入的网络竞价排名营销费用，占了总预算过半份额，而传统推广方式花费的营销费用仅占总投入的 30%。虽然投入不菲，不过实际的效果却很好。于敦德透露，2007 年是途牛网运营竞价排名营销的第一年，在没有积累、没有品牌的情况下，就取得了超过百万元的盈利，客源中有 60%~70%是冲着竞价排名而来的；2008 年，竞价排名营销的效果更为明显，为途牛网带来了近千万元的盈利。

据中商情报网报道，2021 年 12 月，我国在线旅行预订用户规模达 3.97 亿，较 2020 年 12 月增加 5466 万，占网民整体的 38.5%。

2021年，我国对于新冠肺炎疫情的及时有效防控，推动了国内旅游业的有序复苏。随着旅行预订细分行业的发展，国内旅游产品供给形式不断丰富，同时数字化赋能旅游业变革创新，进一步推动行业高质量发展。

国内旅游市场有序复苏，旅行预订企业发展总体平稳。数据显示，2021年全国国内旅游出游人次和国内旅游收入分别比上年同期增长12.8%和31.0%，恢复至2019年同期的54.0%和51.0%。其中，国庆假期期间，全国国内旅游出游人次和国内旅游收入分别恢复至2019年同期的70.1%和59.9%。在国内旅游市场有效复苏的背景下，受局部地区疫情反复的影响，旅行预订企业业绩略有波动，总体平稳。2021年第三季度，携程实现净收入53亿元，同比下降2.2%，环比下降9.3%。

旅行预订细分市场顺势发展，乡村旅游迎来发展机遇。受局部疫情反弹和天气影响，中远程旅游需求未能充分释放，旅行预订呈现近程化态势。以短时间、近距离、高频次为特点的“轻旅游45”“微度假46”“宅酒店47”成为市场热点，红色旅游、亲子游、研学游等特色旅行预订产品持续升温。同时，企业不断深耕下沉市场，助力乡村旅游。数据显示，截至2021年9月底，同程艺龙的注册用户里，非一线城市的注册用户约占全部注册量的86.8%；三季度，同程艺龙在微信平台上的新付费用户中，约62.7%来自国内三线或以下城市。

（二）产品类型及特色

途牛的主要产品有以下四种。

1. 跟团游。包括周边短线游、国内长线、出境游，行程透明、质量可靠。

2. 自助游。海岛、港澳、三亚、丽江、九寨沟、厦门等既有国内外自助游套餐，亦可单订某项产品或任意搭配组合。

3. 特色产品。针对个性化需求为游客量身定制个性化的旅游产品。

4. 景点门票。数千家精品景区，超低价订购。

基于景点库，途牛网又做了两个在于敦德看来颇有意思的产品；一个是路线图，一个是拼盘。“路线图”是一个用来做游记的工具，可以让网友们按照天数把行程很直观地进行组织，途经的景点都可以利用景点库的资源选择出来，每天包含几个景点，一个行程包含几天，这样一个完整的游记就出来了。“拼盘”是根据一个主题，把一些景点给组合出来，添加非常方便，只要把文章贴上，然后利用景点选择器选一下景点就可完成。例如，“世界上八大令人惊讶的岩石美景”“国内旅游的十座顶级小城古镇”等，不但可以看到文字，还可以看到景点库里丰富的图片，很好玩。

其中特色产品有“牛人专线”和“牛人跟团”。

“牛人专线”是途牛旅游网倾心打造的独家品牌，致力于全面提升游客的游览体验。线路产品设计的出发点立足于游客体验，价格定位面向大众，对比同等价位其他线路，“牛人专线”拥有全面的优势。行程轻松不累，细节100%完全透明，且参团的都是途牛的客人，品质更有保证。“牛人跟团”是途牛旅游网推荐产品，整合当地优质资源，价格经济实惠，符合大众旅游需求。

途牛旅游网力推自主产品——“牛人专线”系列旅游产品。该系列产品是途牛旅游网资深旅游团队从众多旅游产品中挑选出的性价比极高的精品线路，并优化了景点安排和服务标准，为游客打造的高品质产品。“牛人专线”拥有诸多鲜明的特点；独家产品、独立成团，让每一位游客能体验到来自途牛的专业贴心服务；透明行程、透明消费、透明购物，让游客能够明明白白地旅游。具体详细的行程表，让游客能够提前了解行程中的每一处细节，享受畅快的旅游行程。

（三）盈利模式

国内有众多的旅行社，途牛网将这些旅行社的旅游线路集中在一起并且分类管理，游客通过访问途牛网了解感兴趣的旅游线路，也可以向途牛网的客服咨询，最后在途牛网完成预订。当游客与旅行社签订合同时，途牛网可以获得旅行社反馈的3%~7%的佣金。同时，途牛根据其专家团队的研究结果，结合各大旅行社开发出市场上没有的旅游路线，这一块的获利比率相对较高。同时，海内外邮轮票务销售、景点门票销售、酒店预订等也是主要盈利来源之一。途牛的盈利模式主要如下：①

1. 差异化经营

跟携程、艺龙等“酒店+机票”产品的模式不同的是，途牛只卖旅游线

① 百度文库．途牛旅游网案例分析报告（http：/wenku. baidu. com/view/cca953db80eb6294dd886cc6. html）.

路；跟传统旅行社门店销售模式的区别又在于，途牛是以“网站+呼叫中心+旅游线路”的方式展开业务的。这就是途牛首席执行官于敦德为途牛网寻找到的差异化竞争优势。用户通过网站的展示平台，能够轻松地找到自己满意的旅游产品，然后通过电话咨询或直接在网络上预订并支付旅游产品，为用户节省了更多的时间和精力。途牛的团队中专门设定了呼叫中心部，负责全天候呼叫、预订和咨询。2010 年 1 月 4 日，途牛旅游网全面启动“7×24 小时全天候服务”，用户可以随时随地享受途牛无微不至的贴心服务和深切关怀。

2. 线上+线下的渠道革新

在线旅游企业的经营内容、销售的产品，最终还是要落地，通过线下的服务和运作来完成与旅游者之间的买卖协议。而线下的传统旅行社，可以通过在线技术，为自己找到更多的客户，拓展市场空间。所以，途牛采用了在线旅游和线下企业深度结合的经营模式。

途牛相对酒店和机票的预订方面，更重视完整的旅游线路服务，能够为客户提供指导意见，将旅行社订单流程细化，线路、景点、时间、住宿、吃饭标准、费用、保险等项目在网站上全都标注得很清楚，也能够看到其他游客的评价。

良好的线上用户体验是途牛网的核心优势。途牛的首席执行官于敦德总结出提升线上用户体验的三大要点：人性化、个性化、社会化。连同前期成功的营销宣传，途牛网会员数量呈几何级增长，网站流量和知名度位居同类型网站前列。同步递增的还有合作旅行社的数目，因为它们从途牛网激增的会员和流量看到了庞大的潜在客源。迄今为止，已有近千家旅行社和途牛网合作。

业内人士透露，有途牛网客人与其他渠道的旅客被放到同一个旅行团的情况，这对途牛网的差异化和售后服务都形成了不小的挑战。途牛网定位在最终端的销售平台，用户的线下体验会影响到途牛网的口碑和品牌。所以途牛网正通过定期培训导游、派专人考察和收集用户反馈等途径，逐步规范供应商，并提升游客在旅游过程中的体验。

作为线上旅游产品的终端销售平台，途牛网 2010 年预订出游人数高达 30 万，对其开拓线下旅行社合作伙伴，无疑是一个利好因素。定位于专业网站的途牛网，累积的 50 多万名在线注册用户、丰富的在线营销经验，吸引了众多旅游供应商。

3. 途牛网站联盟

途牛网站联盟是途牛旅游网的分销平台，联盟会员网站可以通过图片、文字广告，开通途牛旅游网的频道、内嵌、抓取路线或 EDM 等多种形式推广宣传途牛旅游网，途牛旅游网将通过 CPS 进行分成。分成比例占销售额的 2%～3%。

其中，CPS 全称为商品推广解决方案（Commodity Promotion Solution），是基于门户级网络媒体，通过全站充分连续的展示某商品，促使用户认知、喜好并购买的一种创新推广方式。即按照推广销售成功支付佣金的计费方式。

途牛网站联盟的优势：

（1）途牛品牌保证。企业信誉保证，中小联盟无法比拟。

（2）推广有效期长达 1 年。绝对超值，远超其他联盟的丰厚收益。

（3）数据反馈及时准确。订单、佣金数据基本实现实时传递，方便查看。

（4）广告更新迅速，内容精彩。由专业的视觉设计人员制作。

通过这种联盟推广的方式，可以为途牛在短期内做大宣传并且带来更多更广的客源，不失为一种好的推广经营的方式。

（四）核心竞争力

途牛的核心竞争力主要表现在以下几个方面：

（1）用户。在旅游预订行业，途牛网入行比较早，在推广的深化中，在消费者市场中拥有众多的客户，成为一个巨大的竞争优势。

（2）渠道。渠道对于网站而言，就是产品的丰富程度。途牛网除了跟团游、自助游外，还有特色产品、景点门票、海内外邮轮业务，这些产品可以满足不同客户的需求。

（3）品牌。途牛从网站的竞价排名到公共交通传媒以及电视传媒的全面覆盖，在消费者心中树立了良好的品牌形象，现在提到途牛，顾客就能想到“要旅游，找途牛！”的广告语。同时，途牛也成为旅游预订中具有很强竞争力的一个品牌。

（五）管理模式

1. 战略

途牛旅游网实行差异化战略，只做旅游路线并对这一细分市场进行深耕细作。途牛利用互联网优势整合旅游产业链，通过呼叫中心与业务运营系统服务客户。从2010年开始，途牛网把更多心思花在产品和服务上，同时针对目前旅游产品鱼龙混杂的情况，途牛网还制定了回访制度，对所有订单进行逐个回访，确保服务质量。客户的服务满意度是途牛网最为关注的，所以接下来主要还是以提升服务的水平、提高客户对服务的满意度为目标做一些事情。

2. 组织结构

途牛旅游网的组织结构属于事业部制，途牛团队下属五个部门，分别为：

（1）网站部。庞大的产品信息、旅游资讯、旅游者互动社区、在线咨询与网上预订；

（2）呼叫中心部。全天候呼叫中心、预订、咨询；

（3）客服部。最新旅游资讯、邮件列表服务、回访服务、追踪服务；

（4）产品部。全国旅游产品采集、筛选、服务质检；

（5）技术部。为途牛其他部门提供强有力的技术支撑，公司业务快捷化、自动化。

3. 管理控制

于敦德主要负责公司的战略，把控公司的发展方向；严海峰承担销售推广的重任。于敦德把自己与严海峰的搭配形容为“他踩油门，我刹车”“碰撞来自大家信息的不对称”。于敦德说：“碰撞让他意识到内部透明化的重要性”，通过邮件组、面对面沟通等多种方式加强团队沟通。每个人发现了问题都可以给大家发邮件，不仅给自己的直属领导发，还要给涉及的所有部门与人员发，在透明沟通中矛盾明显减少了。

自2010年来，途牛网每年保持着300%的增长速度，目前月收入超过50万元。于敦德并没有好高骛远：“我希望我们稳扎稳打，未来继续保持300%的增长，给予客户更优的体验。”

4. 企业文化

（1）注重细节，“没有惊讶”

一些公司往往过于关注战略，很少去关心细节问题。公司内部办公都是用邮件来沟通的，有一个细节是一封邮件发出去后，大家收到后总会回复一下，如“收到”“好的”之类。虽然只是一个小细节，但导致的结果是大家邮箱里面都会收到很多类似“收到”“好的”“谢谢”类的邮件。这些无实际意义的邮件往往会对工作造成一定的干扰，所以途牛网就规定，除审批回复外，如果回复邮件里面仅有类似感情用语或者表示得知，则不需要发送，默认所有人都会阅读收到的邮件。如果因为没有阅读出现问题，默认是收件人的责任。这虽是个小细节，但保证了邮件沟通的高效性。

其实细节就像是润滑剂，让公司能够顺畅地运转，同时还能对公司这个机器起到保养作用。如，办公室多一些绿色植物，每逢节日办公室做些氛围布置，这些润物细无声般的做法对公司企业文化起到很大的强化作用。企业文化对公司业务也发挥着很大的作用。

途牛网有一个重要的文化叫“没有惊讶”，即要求所有途牛人在与同事、客户的沟通方面做到细致入微，多从他人的角度去思考问题和解决问题，不要造成相互之间的“惊讶”，尤其作为服务性行业，细节更是凸显重要。公司一直强调，对于会员的沟通要注重细节，所有行程线路细节要尽量全部呈现给会员，不能让会员在行程中产生“惊讶”。

（2）牛人堂：企业的学校，员工的课堂

途牛网在新员工培训的时候，会向每一位新员工传输一个理念：“每一位途牛人都是牛人!”牛人堂是员工学习的课堂，同时也是进行自我提升的一个优化空间。

一家企业要想把自己的文化传播给员工，首先就是要有完善的培训体系，让自己的员工在企业里不断学习和进步。牛人堂就是途牛网自己的员工学校。在这里，有系统的新员工入职培训，有专业的培训讲师授课；有老员工的业务交流，相互学习好的经验；有专业技能的学习课堂，提高员工的业务流程效率；有相关培训专家开展职场业务培训，在各项培训中，培训部还会开展很多符合年轻人口味的趣味性活动，以达到更好地消化知识的目的。

同时，每位员工入职 1 个月内就会有和公司高层直接对话的机会，称之为新员工沟通会。新人可以和公司高层面对面沟通，主动提出疑问和见解。

（3）员工 TOP 排行榜：提升内部竞争力

企业的发展源于员工的创造力和竞争力，需要员工的集体力量来推动；员工的个人发展则需要企业提供机遇和发展空间。对于企业而言，有效的绩效考核机制会提高整个公司的员工业务能力；对于企业员工而言，有竞争才会有进步。途牛网在每个业务部门办公区域都设置了一个本部门的 TOP 排行榜，定期表彰工作积极的员工，鼓励其再接再厉；同时对其他员工也起到激励作用，形成良性的内部竞争力制，从而使员工不断进步，带动整个企业发展，提高企业的综合竞争力。

（4）门牌取名：团队最真实的自我写照

为了给员工创造一个轻松、活跃的工作氛围，以利于员工最大限度地发挥自己的创造力和工作潜能，途牛产品部的每个团队都有自己的团队名字和精神面貌口号，或是反映团队的工作职能，或是对自己团队的真实写照，或是团队自己立下的工作目标等。

“牛人专线”小组负责途牛的主打产品线路——牛人专线；“钢七连”“拼命三郎”是团队的工作精神面貌和态度；“东方明珠”是团队负责的旅游方向。这是每个团队员工集思广益，结合团队的各方面特色去总结的，是团队最真实的自我写照。自己给自己定位，自己给自己定目标，好过直接的上级对下级。

途牛网的会议室、会客室等命名也是结合公司的特色来命名的，不是用“大”“小”会议室等来区分，而是以“巴厘岛”“可可西里”“马来西亚”等来命名。进入公司一看，就能多少猜到该公司的所属行业了。

（5）节日装点：增强员工的归属感

企业的竞争最终取决于人的竞争，为发挥出员工的最大潜能，除了给员工提供业务培训、提高员工待遇、培养员工的个人兴趣、组建足球俱乐部等兴趣小组开展业余活动外，给员工创造良好的企业归属感也是很重要的。在途牛网这个大家庭里，员工就是家人的观念深入人心，而员工拥有强烈的归属感是需要公司去营造的。所以，在平时的节日期间，公司行政部就会做一些温馨的装饰，给员工营造一种亲切的氛围，让大家有公司就是家的感觉。

（六）途牛的融资

与很多电子商务企业一样，途牛也是主要依靠各方的投资来维持企业运作的，即途牛采用的是风险投资型的资本模式。

2006 年 10 月，途牛起家的时候，启动资金不足 100 万元，股东仅仅赠送了一台服务器。

2006 年下半年，严海峰的朋友提供了 100 多万天使投资。在这段时间，于敦德和严海峰两人摸索旅游行业怎么做。

进入 2007 年，于敦德的朋友也给了 100 多万的投资，这一阶段两人思考如何商业化。

在公司经营的前两年中，资金较为紧张，效益也不甚好。直到2009年戈壁合伙人有限公司提供了将近400万美元的投资，才让途牛有足够的余粮向赢利靠拢。戈壁公司投入的这笔资金主要用于呼叫中心的升级、业务运营系统的改进、业务人员的培训、度假产品的研发以及市场方面。

继2009年获得戈壁公司的巨额投资之后，途牛又在2010年获得DCM近1000万美元的第二轮投资。借着这笔资金，途牛在2010年一举创下近4亿的销售额。

2011年4月，途牛完成了第三轮高达5000万美元的融资，由红杉资本、乐天团体、DCM、高原资本等联合投资。这也是该领域内截至目前单轮最大的一笔融资。红杉资本是全球最大的VC，苹果电脑、思科、甲骨文、雅虎和Google都曾获得红杉资本的风险投资。红杉资本中国基金创始及执行合伙人沈南鹏曾表示，作为职业投资人，相比IPO数量，自己更在意的是被投企业是否能成为优秀的行业龙头。严海峰表示，此次投资中，红杉资本为领投人，占据了投资额中的绝大部分。此轮新资金主要用于增加出发地覆盖、拓展优化产品结构、提升上游合作、加快市场推广、加强团队建设。

2013年9月，途牛又获得淡马锡、DCM公司等高达6000万美元的投资。

2021年8月，生活服务电商领域共发生7起融资，融资方分别为邻汇吧、曹操出行、商有Syoo、全优车、至优出行、爱泊车、小熊U租，融资总额超2.1亿元人民币。

表7-4　途牛融资记录

第一轮融资	2009年3月	GobiPartners（戈壁公司）	400万美元
第二轮融资	2010年年初	DCM	近1000万美元
第三轮融资	2011年4月	红杉资本、乐天集团、DCM、高原资本等	5000万美元融资
第四轮融资	2013年9月	淡马锡（Temasck）、DCM等	约6000万美元
第七次融资	2021年8月	邻汇吧、曹操出行、商有Syoo、全优车、至优出行、爱泊车、小熊U租	超2.1亿元人民币

途牛网之所以能获得诸多风投的青睐，这都跟途牛网发展的迅速程度和具有的巨大竞争潜力分不开。

三、途牛的运营评价

途牛旅游网首席财务官（CFO）杨嘉宏表示，新资金将主要用于拓展优化产品结构，进一步推进自动化流程、加强团队建设等方面，将“让旅游更简单”的使命继续快速推进。

（一）途牛优势

1. 产品丰富

从近千家旅行社中，精选出性价比高的优质线路，组成丰富的产品线，满足游客国内外出游需求。

2. 性价比高

同类产品选择途牛更实惠，近百位专业的旅游顾问筛选出市场上性价比最高的旅游产品。

3. 省心便捷

点击鼠标或打个电话即可出行，专业的呼叫中心和资深旅行顾问为游客提供最便捷贴心的服务。

4. 量身定制

专业旅游顾问团，丰富的产品线，满足游客量身定制的个性化需求。

5. 双重保障

售中、售后跟踪服务以及质检，确保旅途中出现任何质量问题途牛都能帮游客维权到底，使游客的权益得到切实保障，使游客的出游有双重保障。

（二）劣势

1. 利润来源单一

途牛网盈利模式上的最大问题是其获利来源太过单一。尽管在票务销售和酒店预订方面也有获利，但都不是它大的获利来源，途牛把主要的资源都花在了旅游线路市场上，而对其他方面（机票预订和酒店预订）的投入不够。

虽然现在途牛网在旅游线路上拥有绝对的优势，可是一旦携程网、同程网、艺龙网等有较强实力的公司整合资源进入旅游线路市场，途牛网的利润空间必然会被压缩。实行多元化经营，可以很好地分担企业遭受利润被挤压的风险，从而可以在未来的竞争中处于不败地位。

2. 目标客户定位不当

途牛网的另一问题是目标客户的定位。在企业刚刚成立的时候，途牛把白领阶层作为市场的进入点。但是，在以后的发展中，如果不改变自己的市场客户定位，对公司的发展将会是一个限制。

（三）机遇

在全面建设小康社会的历史进程中，假日经济发挥了积极作用，大大刺激了消费、拉动了内需，其中，旅游是一道亮丽的风景线。《“十四五”旅游业发展规划》指出，我国将全面进入大众旅游时代，旅游业发展处于重要战略机遇期。完善假日经济结构，有利于推动旅游业高质量发展。

1. 假日制度安排带来旅游热

假日经济指在法定节假日期间产生的以旅游消费为主，进而带动商品、餐饮、文化、交通、物流等综合消费，以及相关贸易和投资活动的总和。1999 年，国家修订发布了《全国年节及纪念日放假办法》，通过对法定假期与周末两天作息时间的调整，形成了春节、劳动节、国庆节 3 个连休七天的“黄金周”。在国民经济和居民可支配收入稳步增长的情况下，“黄金周”制度增加了相对集中的、可自由支配的休闲时间，旅游消费意愿因此得到了明显提升，国内旅游市场得以快速发展。随着传统文化的复兴和旅游休闲需求的增长，国家在综合考虑各方面因素后，将原来的“黄金周”逐步调整为现在的春节、国庆节、元旦、清明节、劳动节、端午节、中秋节“两长五短”共 7 个法定假期。在过去 20 年里，旅游业是假日制度调整的最大受益者，持续增长的假日旅游，在释放需求、扩大消费和拉动经济增长方面取得了明显成效。

我国国内旅游人数从 1999 年的 7. 19 亿人次发展到 2019 年的 60. 06 亿人次，2019 年国内旅游收入达到 5. 7 万亿元，较 1999 年增长了约 20 倍。2019 年城乡居民年均出游次数达 4. 4 次，旅游已经成为人民群众美好日常生活的一部分。2001—2020 年，国庆节与春节两个长假旅游人数与全国国内旅游人数之比从 13. 9%上升为 31. 2%，年均增速达到 4. 3%；旅游收入占比从 12. 7%上升到 33. 7%，年均增速为 5. 3%。

过去三年，受新冠感染疫情影响，旅游业经历了前所未有的萧条，出入境旅游几乎全面停滞，假日旅游和商务出行构成旅游经济生存的基本面和创新生长点。2020 年全年法定节假日出游总人数约 9.9 亿人次，占全年全国国内出游总人数的 34.5%，较 2019 年占比提升了 6.6 个百分点，2021 年全年法定节假日出游总人数约 13.3 亿人次，占比提升到 41.4%。

"十四五"时期，我国将全面进入大众旅游时代，凭借超大规模市场优势和巨大需求潜力，假日经济有望迎来更广阔的发展前景。

2. 假日旅游丰富精神文化生活

人民群众不仅要提升物质生活水平，也要提升精神享受和文化消费，需要更多的"诗和远方"。假日期间，博物馆、图书馆、文化馆、美术馆等公共文化场馆成为游客获取精神文化需求的重要场所，非遗活化、时尚国潮、旅游演艺让传统文化呈现出崭新的面貌。

文化和旅游部数据中心专项调研显示，2021 年国庆节假日期间，84.9% 的游客参与了 2 项及以上文化活动，较上年提升了 9.6 个百分点；参观博物馆和历史文化街区的游客分别为 52.8%、44.4%，较上年分别提升了 12.3 个百分点和 2.6 个百分点。故宫博物院、秦始皇兵马俑博物馆等热门文博场所在假日期间更是一票难求。在旅游消费的带动下，文化参与成为假日经济新亮点，文化创意、科技创新为城乡居民和广大游客带来更多可触可感的新生活场景。2020 年年末，全国艺术表演场馆、美术馆和公共图书馆比 2019 年年末分别增加 54 个、59 个和 16 个。文化场馆、都市商圈、休闲街区、夜间灯光演艺、文创产品等已经嵌入居民日常文化休闲生活中，文化消费逐渐成为人民群众日常生活新常态。

假日经济在满足人民群众文化消费需求的同时，进一步提升了政府和社区发展公共文化，投资机构和市场主体参与文化产业的积极性，社会主义文化强国建设因此而具有更多的思想共识和现实动能。

3. 拉动经济增长，促进乡村振兴

2019 年，旅游业对国民经济的综合贡献为 10.94 万亿元，综合贡献率为 11.05%；旅游直接就业人数为 2825 万人次，间接就业为 5162 万人次，总体就业人数占全国就业总人口的 10.58%。假日旅游作为旅游经济的重要组成部分，对旅游及餐饮、住宿、交通、体育等相关产业的经济增长和就业拉动作用显著，能缓解就业压力，提供灵活就业方式，增加城乡居民就业。

2020 年乡村旅游接待人数约 14.2 亿人次。通过发展乡村旅游，保护和活化了乡村文化遗产，改善了农村人居环境，促进了农民增收致富。对于拥有优良的自然环境和原生态的区域文化、民族文化的革命老区、少数民族地区、边疆地区和贫困地区而言，假日经济对就业和社会发展的综合带头作用更加明显。2021 年国庆节假期，游览城市周边乡村的游客占比达到 28.9%，较 2019 年提升了 4.56 个百分点。

此外，假日经济对推动农业农村社会发展和共同富裕也发挥了积极作用。在 2020 年国内旅游出游人数和花费中，农村居民出游人数占比和花费占比均呈稳步增长态势，较 2019 年分别增长了 2.7 个百分点和 2.4 个百分点。

为提升假日旅游市场发展质量和游客满意度，国家持续提升行业监管、市场监测、应急处理、舆情应对等旅游业治理体系和治理能力现代化水平。

假日办、部际联席会议、部际协调机制，都是假日旅游工作的行政创新。从《关于进一步发展假日旅游若干意见》《“黄金周”旅游信息统计调查制度（试行）》、由 18 个部门组成的全国假日旅游部际协调会议制度，到《“黄金周”旅游信息统计调查制度》《关于促进智慧旅游发展的指导意见》的印发，政府保障假日经济的机制不断完善，成就日渐明显。同时，政府治理假日旅游的科技程度和现代化水平不断提升。各省积极建设智慧旅游平台，监测疫情常态下的春节 40 天景区接待和预约人数，预报地级以上和重点热点县级旅游城市热度，以及利用人工智能和数字技术对节假日城市旅游客流调控和智能疏导技术研发。

（四）威胁

随着旅游业的发展，从事旅游服务的旅游在线网站数量增多，如携程、艺龙、去哪儿、芒果网、酷讯、游多多、春秋旅游网、腾邦国际、马蜂窝、驴妈妈、同程网、途牛旅游网等。

新兴的在线旅游企业和营销方式接连出现，各种细分垂直型在线旅游企业兴起，如同程、途牛、驴妈妈等。各种旅游垂直媒介及旅游点评和社交网站纷纷出现，典型的代表有以垂直搜索引擎为主的去哪儿、酷讯，以点评攻略为主的驴评网，以旅游攻略为主的马蜂窝，以旅游计划为主的途客圈等。市场参与主体多元化营销方式和新型的服务模式出现，如逆向拍卖、模糊定价、最后分钟特价等。各种网站在集中核心业务的同时，也注重旅游资讯的全面化，产品服务的多样化。来自同行业的竞争越来越激烈。包括携程在内的越来越多的旅行预订网站正在加大对社区的重视，或自建社区或与其他社区网站展开合作。

四、途牛的运营建议

（1）途牛网应重点呈现特定线路度假产品的相关信息。尽可能详细地披露呈现于网站上，如产品的图片、描述、用户评价等，以使更多的产品信息透明化。

（2）大力树立度假产品标准，建立行业标杆。由于目前整体在线度假细分领域还未形成特定的行业标准，各家均处于摸索且互相学习借鉴的阶段。因此，途牛在发展规划中应逐渐把握各线路产品的侧重点，以期建立产品标准库，逐步细致化度假产品的在线预订。

（3）在自助游增长迅速的情形下，应转型成为要素代理商或服务提供商，提供自助游产品将更适合在线代理商的发展。

（4）途牛网应当积极拓展出境游渠道，提供合适的、消费者喜欢的旅游产品；发掘周边游产品，为消费者提供快捷方便的旅游资源和线路。

（5）途牛网应寻求与其他企业的合作，努力促进与相关企业（酒店、旅行社等）的强强联合，提高自身的市场竞争力。

第三节　同程旅游平台运营案例分析

一、发展历程和现状

同程网络科技股份有限公司成立于2004年，总部位于苏州工业园区，是中国领先的休闲旅游在线服务商，员工2000余人，注册资本8000万元。同程旅游是国家高新技术企业、商务部首批电子商务示范企业，2012年和2013年连续两年入选“中国旅游集团20强”，是中国在线旅游行业三大企业集团之一。新的10年，公司以“休闲旅游第一名”为战略目标，目前公司在中国景点门票预订市场处于绝对领先位置，并积极布局周边游、长线游、邮轮旅游等业务板块。2013年服务人次达到2000万，年均增长100%。经过近10年的创业历程，同程已成为国内具备B2B和B2C双平台的大型旅游网站，由三部分组成：同程旅游、一起游、旅交汇（见图 7-3）。①

图 7-3　同程网首页

（1）同程旅游（http：//www. ly. com/）。中国优秀的一站式旅游预订平台，网站拥有国内海量的旅游产品线，提供国内 3 万余家及海外 10 万余家酒店预订，覆盖全国所有航线的机票预订，8000 余家景区门票预订，200 多个城市租车预订，境内外品质旅游度假预订，以及互联网预订、手机无线预订和 365×24 小时电话预订。网站秉持“有保障的低价”原则，在行业内首创“先行赔付”和“点评返奖金”等特色增值服务，成为目前中国增长速度极快的旅游预订平台。

（2）一起游（www. 17u. com）。中国优秀的旅游资讯类门户网站，为超过 3000 万会员提供真实可信的出行指南和旅游资讯。网站形成了以旅游攻略、点评、问答、博客为特色的旅游社区，为旅游者提供全球上千个热门目的地官方旅游攻略，100 万篇驴友原创游记攻略，超过 500 万条以上的高质量旅游点评与问答。“一起游”正在成为国内旅游者安排旅游行程及分享游后体验的网站。

（3）旅交汇（www. 17u. net）。中国优秀的旅游 B2B 交易平台，为包括旅行社、酒店、景区、交通、票务代理等在内的旅游企业提供专业的交易、交流和信息化管理服务，拥有注册旅游企业会员 14 万余家，其中 VIP 会员 1

① 同程旅游网（http：//www. ly. com/about/aboutl7u/intro. html）.

万余家，被誉为永不落幕的旅游交易会。目前基于Saas平台（运营Saas软件的平台）的旅行社、酒店、航空软件用户遍布全国，市场占有率超过70%，正在成为国内旅游信息化的标准软件。

（一）发展历程

2002年5月，同程诞生在美丽的苏州东吴园。

2003年7月，加盟同程建立“网上旅行社”的旅行社会员突破150家。

2003年7月，同程网正式上线。

2003年11月，同程网上名片正式发布，被誉为“旅行社经理人的身份证”。同程论坛和网上名片合成，同程网成了中国第一个实名实照交流的B2B网站。

2004年5月，同程旅行网全国连锁项目正式启动，全国加盟城市达到24家。同程网上名片和同程网上旅行社全线升级，增加在线交流功能。

2005年1月，同程网B2C平台试运行，同程网成为国内唯一拥有B2B、B2C两个平台的旅游电子商务网站。

2005年2月，同程网网站的全球Alexa排名进入前3000名，首页日访问量突破10000IP。

2006年3月，同程网B2B和B2C平台获得苏州市服务业引导基金和苏州中小企业发展基金的支持。

2006年8月，同程网启动雅典计划，筹建同程网中房信旅游分销平台。

2006年10月，同程网中房信产生第一单，上线酒店2000家。

2007年4月，同程网面向单体酒店推出酒店中房信“四位一体”营销平台。

2007年6月，同程网正式推出旅行社“六合一营销通”，在国内首次将旅行社软件和旅行社销售渠道无缝对接。

2007年7月，B2C平台新版首页正式上线，打造Web3.0时代的在线旅游门户网站。

2007年9月，同程网推出千店连锁计划，正式进军旅游分销领域，挑战携程“霸主”地位。

2008年1月，同程网中房信机票净价平台正式上线。

2008年4月，同程获得国内著名创投机构首轮投资。

2008 年 10 月，同程启动金牌供应商计划，百万媒体投入帮助旅行社决战黄金 10 月。

2009 年 12 月，2009 首届同程中国旅游网商峰会暨同程网第七届全国会员大会在苏州召开。

2010 年 1 月，“验客中国”全国旅游体验博客大赛正式拉开序幕。

2012 年 5 月，获得腾讯数千万元 B 轮投资。

2012 年 11 月，同程网接送机服务正式上线。

2012 年 12 月，同程网拟 A 股上市，接受上市辅导。

2012 年 12 月，同程网邮轮频道上线。

2013 年 4 月，同程酒店业务遭当头棒喝，如家陆续撤离。

2013 年 10 月，同程网与中信银行苏州分行签署协议，宣布获得中信银行 20 亿授信，并在商旅、会员营销及移动电商领域展开合作。

2014 年 2 月，同程网获得腾讯、博裕、元禾三家机构 5 亿元投资。5 亿投资已经全部到账。这也是至今国内 OTA（在线旅游服务商）领域所获最大的一笔投资。

2015 年 12 月 18 日，同程旅游涉足互联网金融领域的首款活期理财产品“同同宝上线”。

2017 年 12 月 29 日，同程旅游集团旗下的同程网络与艺龙旅行网宣布正式合并为一家新公司“同程艺龙”。

2019 年 8 月 14 日，“2019 年中国互联网企业 100 强”发布，同程旅游排名第 29。

2019 年 12 月，同程旅游集团入选 2019 中国旅游集团 20 强名单。

2020 年 4 月 22 日，同程艺龙宣布正式启动品牌升级，同程旅游 App 及同程艺龙小程序更名为“同程旅行”，同步启用全新的 Logo 和品牌口号“再出发，就同程”，彰显活力。

2022 年，同程旅行启动了“新旅人公益计划”，通过线上课程分享，帮助中小旅游企业共同抵御寒冬。在“新旅人公益计划”首期课程中，同程旅行邀请了 7 位酒店领域的运营管理专家，为疫情下的中小酒店发展提供了七种不同的破局思路。该系列课程累计吸引超过 7.8 万酒店从业者观看。

（二）发展现状

2003 年，同程网上线，它主要的业务是打造一个旅游行业内的资讯交流平台，用户主要是旅行社、景区、酒店等。彼时，业内并没有出现旅游业里的 B2B 模式，很快同程网就聚集了上万家企业会员，而且交易十分活跃。不过，在同程网上，企业之间的交易模式大多是资讯的对接。比如，广州有个旅行团要去北京旅游，广州的旅行社为节约成本需寻找北京的旅行社做地接，于是发布信息寻找合作伙伴，一旦有合适的报价，双方便自行达成合作。虽然是重要的交易平台，但同程网面临着一个尴尬的问题，没有任何商业收费，网站要怎么才能活下来？

2004 年，经过反复考察和设计之后，创始人吴志祥推出了国内旅游网站的第一个诚信档案——“网上名片”，这也是其第一个收费产品。这个项目的运作手法是，会员可以把名片、头像贴到网上，方便业务交流和寻找合作伙伴，后来“网上名片”更名为“同程诚信录会员”，增加了评价系统和旅游网店。

如今，同程网的企业用户有 14 万左右，收费会员已经达到 1 万名左右，成长为国内最大的 B2B 旅游交易平台。而借着平台的成长，其收费也由最初的 100 元/年，攀升至最高峰时的 1 万元/年，“平均来算，是 3000 元/年。”吴志祥说，到 2006 年时，同程网的团队已扩充到七八十人，从“网上名片”得到了第一桶金。①

2013 年 6 月，由中央财经大学数据挖掘研究室和中国软件资讯网主导的中国 IT 研究中心（CNIT-Research）对携程、艺龙、淘宝旅游、同程网、去哪儿网、酷讯网、芒果网、乐途旅游网等 20 余家在线旅游品牌影响力进行了调查与研究，从用户关注度、媒体关注度、新闻传播量、微博传播量、负面报道量以及企业网站流量等方面进行了综合评价。②

从 2014 年至今，流量的持续增长依然是同程旅行四季度和全年亮点。财报数据显示，2021 年同程旅行的 MAU（月平均活跃用户）2.6 亿，同比增长 34.2%，创历史同期新高。按年计的付费用户约为 2 亿，同比增长 28.2%。

分季度来看，从 2019 年一季度到 2021 年四季度，同程旅行 MAU 指标的三个高值均出现在 2021 年度，分别是 2021 二季度的 2.78 亿、三季度的 2.77

① 大学生创业网．同程网：以 B2B 活下来靠 B2C 赚钱（http：//www.studentboss.com/html/news/2011-08-02/84372.htm）．

② 中国软件资讯网．6 月在线旅游影响力：同程网跻身三甲艺龙出局（http：//www.cnsoftnews.com/news/201307/3141.html）．

亿和四季度的 2.57 亿，其中二季度的 2.78 亿为自其上市以来的新高。2021 年第二至第四季度的 MPU 同样也是三个高值，分别为 3340 万、3360 万和 3130 万，其中 3360 万也是历史新高。

支撑同程旅行流量持续增长的因素是多方面的，与腾讯续签合约稳定流量基本盘固然重要，但最核心的则是其近年对多元化服务场景的积极探索，让优质旅行服务惠及更广泛人群。首先是对腾讯生态的“挖潜”，在不断优化小程序等已有渠道外，同程旅行在微信搜索平台上也加大了探索力度，打通小程序、搜一搜、视频号等平台。其次通过营销层面的探索与年轻群体建立更加紧密的联系，如“机票盲盒”、黑鲸学生卡等吸引了大量年轻用户，提升了客户端及小程序等平台的访问量和注册量。最后同程旅行还不断从线下寻找有价值的渠道，例如交通场站、酒店前台以及下沉市场的本地消费场景等，这些同样是流量增量的重要来源，同时也切入了更加广泛的细分人群，如民工、学生等。

（三）融资

同程的融资，如表 7-5 所示。

表 7-5　同程的融资

轮次	融资时间	投资方	金额（元）
A	2008.4	创投机构	3500 万
B	2012.5	腾讯	4000 万~5000 万
C	2014.2	腾讯、博裕、元禾	5 亿
D	2014.4	携程	2 亿美元
E	2015.12	万达、腾讯、中信产业基金	60 亿人民币
战略投资	2016.10	万达、携程、腾讯	10 亿人民币
战略投资	2018.6	华侨城	20 万人民币
IPO 上市及以后	2018.11	投资方未透露	11.1 亿人民币

二、同程的商业模式

商业模式指为实现客户价值最大化，把能使企业运行的内外各要素整合起来，形成一个完整的、高效率的、具有独特核心竞争力的运行系统，并通过最优实现形式满足客户需求、实现客户价值，同时使系统达成持续赢利目标的整体解决方案。

（一）目标市场

同程网是国内最大的旅游电子商务平台之一，同样也是目前中国唯一拥有双平台的旅游电子商务平台。由于两个平台的运营目标客户不同，战术方法不同，自然战略定位也就不同。同程网的目标定位在 B2B 和 B2C，也就是同程网所说的行业商务和社会商务。

1. 同程网的行业商务

同程网是中国最大的旅游交易平台。同程网搭建包括旅行社、酒店、景区、交通、票务在内的近 10 万余家旅游企业间的信息交易平台，在全球中文旅游网站中排名前三，旅游 B2B 交易网站排名第一。

2. 同程网的社会商务

同程网在 2005 年正式启动大众旅游市场，向超过 300 余万注册会员提供包括在线酒店机票预订、景区门票折扣与预订、旅游线路比价搜索、特惠餐馆、旅游资讯及博客服务在内的全方位旅行及旅游相关服务，并成功打造成为以旅游点评、旅游问答、旅游询价、旅游博客为特色的 Web3. 0 时代的新旅游旗帜网站。

（二）产品类型及特色

1. 旅游服务

全国连锁式的旅游服务是同程网旅游服务的特色。同程的目标是，对于任何一个城市的游客，看到“同程旅行全国连锁”的标志就知道这里可以提供酒店机票预订、租车、门票预订、线路预订等服务。这是一种模式的建设过程，也是一种新的信任关系的建设过程。“同程旅行全国连锁”并不改变旅行社原有经营体制，从表面上看，旅行社只是多挂了一块牌子，有点儿像一个旅行社联合体，只不过这是一个巨大的旅行社联合体。和传统的旅游联合体不同的是，几千家旅行社不仅在同程旅游网拥有自己的“网店”，而且都可以借助同一个分销平台，进行散客的酒店、机票、门票、旅游线路的分销。

2. 旅游用品的零售

传统旅游业和在线旅游业各具优势。在目前的市场上，除了相互竞争外，更多的是相互补充。而同程旅行连锁计划最希望达成的效果就是将传统分销和在线分销结合起来，更大限度地满足普通消费者的需求。

一方面，普通旅行社门市在客户接待上的优势将被充分发挥，消费者可以方便地进入旅行社中，与服务人员进行面对面的交流，更细致地了解旅游产品各方面的情况；服务人员也可以记录下每一位客户的特殊需求，及时为客户设计更加人性化的产品。当然，面对面的交易最重要的特点就是大大提高消费者的信任度，以保证有更好的“售后服务”。

消费者可以从任何一家同程旅行连锁店中购买到全国任意地区的旅游和旅行产品，无论是单项产品还是打包产品。进入一家旅行社就如同进入了一个巨大的旅游超市，对于需求多样的消费者来说，这是最具吸引力的一点。适应人们各种空余时间的旅游产品也可以刺激旅游市场进一步发展。

另一方面，对于习惯了在线预订的消费者来说，无论是上网的方式还是电话的方式，同程旅行连锁店都给出了相应的解决方案。每一家旅行社就是一个电话中心，随时提供服务；而各个旅行社也在同程旅游网上拥有自己的网上门市——旅游网店，满足喜欢足不出户的消费者的需求。

（三）盈利模式

第一，同程网是国内最早做在线管理软件 Saas 平台的企业之一，软件业成为创业初期最主要的收入来源。

第二，旅游目的地营销。虚拟景观游览系统对旅游目的地起到了实地旅游之前的有形展示作用。在这种营销模式中，虚拟旅游网站可收取大量的广告费用。这也是目前虚拟旅游网站的主要利润点。

第三，植入式广告。当虚拟旅游网站具有较高知名度并达到一定会员规模的时候，可以与旅游目的地的其他企业接洽，将其商业广告内置，以获取广告收入。

第四，与旅行社、酒店联盟。注册它们的账号，直接把酒店订单和查询转给它们，然后按实际成交来提成。

（四）核心能力

1. 独特的 Web3.0 模式

同程网的这种 Web3.0 模式，具有独特的优势。一方面，信息搜集高速。主要是因为 Web3.0 的信息提供者是分散的个体，而个体的巨大数量提高了信息收集的速度。另一方面，信息形式个性化。信息传播者的差异性促使不同提供者的信息形式也存在一些差异，而这种差异会满足信息获取者的个性化需求。

2. 优势资源

同程网经过长期酝酿，利用拥有 4 万旅游产品供应商的资源优势，于 2005 年 1 月推出面向普通游客的 B2C 平台，游客可以通过旅游点评、旅游提问、旅游询价、旅游博客等互动形式参与到网站中，并可直接与旅行社、酒店、景区、交通等旅游供应商进行沟通，进行旅游采购。同程网的这种做法，降低了旅游者的采购风险与采购成本。随着 B2C 平台的推出、完善，同程网亦成为目前中国唯一拥有双平台即 B2B 旅游企业间平台和 B2C 大众旅游平台的旅游电子商务平台。

3. 网络优势

同程网利用网络优势，将流行的“最后一分钟”（Last Minute）概念加以推广，整合酒店中突然取消的团队房、散客房等瞬间积压的资源，用超低价的优势在极短的时间内为它们寻找新的买家。虽然看起来是偶然性的资源，但是当这种偶然性积累到一定数量，达到相当的规模时就变成了必然。而只有网络这种工具，才能让这种瞬间资源的规模化变成现实。

（五）合作伙伴

随着同程网的不断发展，同程网与多家公司成为合作伙伴，包括腾讯、苏宁、图吧、丁丁网、爱帮网、汇通客、返利网、号码百事通、欣欣旅游网、来订吧等。

（六）管理团队

同程网总部设在苏州，吴志祥任首席执行官（CEO）。吴志祥毕业于苏州大学旅游专业。1999 年进入一家旅游公司任副总经理，2001 年进入阿里巴巴负责销售工作，2002 年 5 月创建苏州同程旅游网络科技有限公司（同程网）并于 2003 年 7 月正式上线。2006 年，参加 CCTV《赢在中国》创业大赛，跻身五强。2012 年 10 月，同程网全体伙伴共计 1500 余人。2013 年 10 月，同程网伙伴达到 2600 余人。截至 2021 年，同程网伙伴已达到 4000 余人。

三、同程的运营评价

（一）优势

1. 网站设计出色

同程网电子商务营销的关键之一是强化旅游信息的开发，提供全面、详细、准确、及时的旅游信息。网络主页是企业网络形象的第一扇窗户，网上营销是推广企业产品的一种方式。同程网通过网络特有的传播方式，设计出醒目、模块清晰的网页版面，实现了旅游产品艺术性、宣传性、娱乐性的完美组合，使消费者接受它、喜欢它，并产生购买欲望。网页制作有鲜明特色，内容丰富，形式不拘一格，并时常进行更新。

同程网具有很强的对信息反应的灵敏度，能够对市场需求立即做出反应，通过网上交流设计旅游线路、安排旅游活动、开发旅游资源、建设旅游设施、提供旅游服务等。另外，产品设计也不完全受市场约束，可通过网络设计出旅游精品，产品的营销已经打破人们的消费习惯、生活方式和生产方式，开始引导人们的消费需求，创造出新的适合主流人群的市场需求。

2. 友好的客户体验

同程网营销提供的产品主要是服务产品。为了能够及时、准确地向客户提供优质的服务，同程网在网站操作方面，设计得非常科学、详尽。这样在客户递交订单时就可以方便地通过网络和电子方式知道在什么时候、什么地点、需要什么样的服务，并且能够在订单生成后第一时间得到实时、快速的处理。所以客户都很喜欢同程网的操作界面和预订系统，从而吸引了更多的客户来体验。

3. 宽广的服务范围

同程网能够在短时间内跻身全国旅游网站的前三名，与同程网全面的服务内容、广阔的地域范围以及优良的服务品质是分不开的。同时拥有三个网站的同程网，业务范围涵盖了酒店、机票、景点、自助游、租车、度假等全方位的预订工作，给客户带来了非常大的便利，在同一个网站上这些预订即可轻松完成。截止到 2013 年，同程网已经拥有了超过 1500 万散客会员，1 万余家企业会员。同程网的这种规模效应已充分体现出了互联网的优势，产生了较大的规模效应和边际效应，真正达到了企业规模化运作和互联网的跨地区的结合，实现优势互补、相互促进。

4. 良好的安全保障

旅游业网络销售作为一种新生事物，需要国家政策法规的保护和扶持。同程网在旅游信息网络建设、旅游信息开发、旅游信息网络上的电子商务等各个方面均有法律和政策的保证。为确保商业事务的安全性、旅游网络营销记录和事务的长期完整性，同程做了大量的工作，为广泛的旅游电子商务营销提供了必要的可信度，树立了诚信的良好品牌。

5. 基于细分化的服务

随着信息产业的发展，旅游企业已有能力设计出各种各样的旅游产品。针对专门公司奖励旅游、员工福利游，针对商务客人的特殊需求，针对家庭游等成立不同的服务中心，根据国内外商务旅游者的活动规律和需求特点，提供多档次的商务、会议、度假及有关的各种中介服务。在这个过程当中，同程网借助信息技术的发展为旅游企业提供关于消费者个人或家庭的深入而详细的信息，使得企业能够在一个分散化的、竞争白热化的、消费者偏好越来越细分的市场中不断找到新的发展机遇。

（二）劣势

1. 定位不准确

随着客户消费越来越理性化与旅游市场竞争的日趋激烈，旅游电子商务营销策划逐渐开始从注重表面转向追求内涵，从杂乱无章趋向规范有序，但纵观目前许多策划行为，很多地方仍值得深思。不少旅游网站对电子商务营销策划的认识仍停留于肤浅的表层，甚至由于理解的偏颇，而在实际运作中使营销策划走向误区，同程网也不例外。造成这种现象的原因有多个：一是对差异化竞争的重视不够；二是对目标客户定位不够准确；三是空洞的营销计划。

2. 同质化严重

近年来，旅游网站得到井喷式增长，但国内各大旅游网站的旅游线路大多千篇一律，缺乏创新和特色，同质化现象严重。同程网与国内其他旅游电子商务网站一样，为了吸引更多的游客，都采用压缩成本、大量拷贝常规线路的方法以求批量低价。这样的做法导致了企业同质化严重，创新不足；消费者旅游品质整体降低，游客投诉不断。

3. 企业客户关系管理混乱

同程网作为一个服务性的公司，客户的满意度至关重要。而目前该企业客户关系管理有些混乱，客户服务质量不高，造成客户大量流失，给企业带来很大的损失。客户关系管理系统的混乱，已经影响了同程网的客户忠诚度。分析提高客户的满意度、保持客户的忠诚度、关注企业内部营销是同程网的当务之急。

4. 营销管理制度和体系不健全

销售增长是同程网最关心的事情，企业所采用的一切手段都是为了促进销售的直接增长。但是，对销售方式的运用实在太简单、太粗放了，往往看似即时见效的方式，结果却损害了销售的持续性增长，最终形成了无法突破的销售瓶颈，致使企业束手无策，陷入恶性循环的境地。

（三）机遇

第一，旅游业在国民经济中的地位不断提升。目前，全国有 24 个省区市把旅游业定位为支柱产业、先导产业或重要产业。这表明，旅游业将得到各级党委政府更大的支持，旅游发展的宏观环境进一步优化。

第二，全面建设小康社会将产生巨大的旅游消费需求。随着全面建设小康社会的推进，消费市场、消费结构、产业结构都将发生显著的变化，旅游消费需求将大幅度提升。这是我国旅游业持续兴旺的重要动力。

第三，发展旅游将成为各地贯彻科学发展观的重要选择之一。旅游业是符合科学发展观要求的优势产业，具有可持续利用资源、促进人与自然社会和谐、统筹区域和城乡协调发展、建立节约型社会、促进社会就业、带动贫困地区脱贫致富等功能。在经济结构和产业结构调整中，将有越来越多的地方选择旅游业作为优势产业，并给予重点支持和发展。

第四，世界旅游业发展形势对我国有利。未来 5 年世界旅游业发展的总趋势是，欧美发达国家在全球出入境旅游市场中仍将保持传统优势，但增速放缓；以中国为代表的东亚太国家和地区则将保持较快增长。世界旅游组织发布的 2021 年全球旅游业相关数据显示，全球旅游业的数据较 2020 年略有恢复，但最早到 2024 年才可能完全恢复至新冠肺炎疫情暴发前的水平。

（四）威胁

第一，入境旅游面临的竞争更加激烈。发达国家不断提升旅游整体竞争力，对我国入境旅游发展形成压力。

第二，出境旅游高增长将引发诸多新问题。旅游服务质量亟须提高，利用出国游渠道滞留不归、非法偷渡等问题增多，旅游贸易逆差潜在发生。旅游部门、旅游机构和旅游企业必须应对这些新的挑战。

第三，国内旅游低层次、粗放型的增长方式面临挑战。长期以来，我国国内旅游发展中存在的“一流资源、二流开发、三流服务”的粗放型增长方式，影响了旅游产品的档次和品位，制约了旅游产业素质的提升。

四、同程的运营建议

针对以上分析，给出以下几点建议。

（一）创新营销模式，提供个性化的旅游体验

旅游电子商务高速发展，拥有创新模式的旅游网站，对于网站的自身发展以及提升核心竞争力，无疑都起着至关重要的作用。不断创新，为客户提供个性化的旅游新体验是同程网努力的方向。

（二）建立差异化概念，形成差异化

同质化不利于消费者识别，无特色、无差异，若是知名品牌，尚有竞争力，但仍需进行品牌建设及产品服务的提升。如是一般品牌，免不了要进行残酷的价格战，市场前景不容乐观。同质化就像一个包围圈，对于同程网而言，要突破这个包围圈就需要在核心技术研发上多下功夫，不断开发新的网络产品，提升消费者体验满意度；要提前对于终端消费市场做出预判，率先做出变革；与旅行社、酒店等行业联合不断推出新线路和新产品，以消费者需求和习惯为导向，积极满足消费者的需求和体验，以求在同质化现象下脱颖而出。

（三）构建营销诚信文化

在企业市场营销活动的每一个环节上，都可能会出现道德问题。这些道德问题，无论是对消费者的利益、企业自身的利益，还是对社会整体的利益均能造成严重的后果。对消费者来说，轻则造成经济损失，重则影响身心健康甚至威胁生命安全；对企业自身来说，不道德行为一日被揭穿，势必声名扫地，一蹶不振；对整个社会经济而言，市场营销不道德行为的泛滥必定导致社会资源的严重浪费和整个经济的不健康发展。因此，必须加强企业营销

道德的建设力度，避免不诚信行为的发生，促进企业的良性循环发展。

第四节　去哪儿旅游平台运营案例分析

一、发展历程和现状

去哪儿网（http：//www. qunar. com/）是目前全球最大的中文在线旅行平台，网站上线于 2005 年 5 月，总部位于北京。去哪儿网为旅游者提供国内外机票、酒店、度假和签证服务的深度搜索，帮助旅游者做出更好的旅行选择。去哪儿网凭借其便捷、人性且先进的搜索技术对互联网上的机票、酒店、度假和签证等信息进行整合，为用户提供及时的旅游产品价格查询和信息比较服务。同时，开辟了专业的旅游类产品团购频道，打造最实惠的旅游类产品团购直销平台。① 如图 7-4 所示。

图 7-4　去哪儿网首页

（一）发展历程大事记

2005 年 2 月，道格拉斯、戴福瑞和庄辰超共同创立去哪儿网。去哪儿网作为中国第一个旅游搜索引擎，使中国旅行者第一次可以在线比较国内航班和酒店的价格和服务。

2006 年 7 月，著名的硅谷风险投资商 Mayfield 和 GSR Ventures（金沙江创投）完成对去哪儿网的第一轮投资。

① 去哪儿网（http：/www. qunar. com/）.

2007 年 9 月，风险投资商 Mayfield 和 GSR Ventures（金沙江创投）以及 Tenaya Capital（特纳亚资本）完成对去哪儿网的第二轮投资。

2009 年 1 月，美国知名的互联网研究公司 comScore 发布的亚太地区旅游媒体分析报告显示，截至 2009 年 1 月，去哪儿网以其广泛的用户数量和质量，被列为中国第一大旅游媒体，在亚太地区排第三。

2009 年 10 月，艾瑞咨询发布的数据显示，在中国旅游网站机票业务的季度总访问次数统计中，去哪儿网以 33.7%的市场份额排名第一。

2009 年 11 月 12 日，去哪儿网在北京宣布完成第三轮 1500 万美元的融资。该轮融资由 GGV Capital 领投，之前所有投资人包括 Mayfield Fund、GSR Ventures 和 Tenaya Capital 共同参与。

2010 年 4 月，Google Double Click Ad Planner 发布网络统计数据，在全球最受欢迎旅行网站中，去哪儿网是前 10 名的两家中文旅行网站之一，而其他 9 家网站均为上市企业。

2010 年 7 月，去哪儿网荣获 Always On 2010 年度全球 250 强，是唯一获此殊荣的在线旅行网站。

2010 年 8 月，去哪儿网成功打造了全球最大的中文酒店点评系统，用户酒店点评量突破 100 万条。去哪儿网由单纯的旅游搜索引擎转变成在线旅游媒体。

2011 年 5 月，去哪儿网与中国旅游研究院建立战略合作伙伴关系，双方将在行业发展趋势研究等方面深度合作。

2011 年 6 月，中国领先的旅游搜索引擎去哪儿网与领先的中文搜索服务提供商百度共同宣布，双方达成一项深度战略合作协议，去哪儿网获得百度战略投资 3.06 亿美元，百度将成为去哪儿网第一大机构股东。

2011 年 11 月，美国知名研究机构 Experian Hit wise 发布的中国月度访问率数据显示，去哪儿网以占旅游类网站 42%的访问率继续保持中国旅游网站第一的排名。

2011 年 12 月，去哪儿网无线客户端在苹果中国 App Store 公布的“2011 年最佳产品”（App Store Rewind 2011）中荣膺中国原创旅行类应用软件的冠军。

2011 年 12 月，去哪儿网荣获 2011 年度中国旅游集团 20 强。

2012 年 3 月，去哪儿网荣获艾瑞咨询集团颁发的“2011 年年度互联网成长力产品服务奖”。

2012 年 10 月，根据中国互联网络信息中心（CNNIC）发布的《2012 年中国网民在线旅行预订行为调查报告》，去哪儿旅行是手机旅行信息查询用户安装最多且使用最多的移动客户端。

2012 年 12 月，去哪儿网荣获 2012 年度中国旅游集团 10 强。

2013 年 1 月，去哪儿网完成事业部制的改革，建立机票、酒店、无线三大事业部，新业务部及特殊项目部，启动内部创业体系激励计划。

2013 年 4 月，去哪儿网荣获 iResearch Awards 金瑞奖“2012—2013 年度中国移动互联网旅行应用——最佳创新力奖”。

2013 年 10 月，去哪儿网荣获由中国电子商务协会授牌的“中国互联网电子商务首批诚信示范企业”。

2013 年 11 月 1 日，去哪儿网在美国纳斯达克上市。

2014 年 10 月，该公司宣布将与中信银行联合推出在线“存款证明”，这可以避免用户在出国旅行或留学时不得不冻结存款的麻烦。

2015 年 1 月 29 日，去哪儿网和 22 家高端酒店集团在上海宣布结盟，旨在联合整合在线旅游产业连锁，打造高端住宿和旅游的“生态圈”。

2015 年 10 月 26 日，携程宣布同意与去哪儿合并，合并后携程将拥有去哪儿 45%的股份，携程和去哪儿合并的形式是，百度出售去哪儿的股份，然后控制携程，而百度将拥有携程 25%的股份。

12 月 15 日，去哪儿网宣布在酒店频道推出“会议厅”。

12 月 17 日，韩亚航空宣布其在中国的第一家在线旗舰店正式登陆去哪儿，韩亚航空和去哪儿网络在北京举行战略合作启动仪式。

2017 年 12 月，陈刚履新去哪儿网 CEO。2018 年，陈刚带领去哪儿网完成了业务重构、团队重构到系统重构的艰难过程。2018 年去哪儿网全年 GMV 增长 30%。机票年增 20%；酒店重返高增长通道，中高星酒店保持 30%以上的增长；火车票业务保持 40%增速；旅游度假增长达 3 位数。

2018 年，针对央视调查的争议，去哪儿网回应央视，下线该代理商产品并与消费者达成了和解。

2019 年，去哪儿网 CEO 陈刚表示，去哪儿网已积累 6 亿用户；2019 年 GMV（成交总额）达 1600 亿元，主营业务继续保持两位数增速。

2020 年，去哪儿网交易用户数量同比 2019 年增长数千万。新增用户当中，三线以下城市用户占比达到 46%，95 后群体占比高达 40%。2020 年 12

月31日，去哪儿CEO陈刚发内部信息，宣布去哪儿在2020年实现全年盈利。内部信中透露，去哪儿在年初改变了BU制，用接近于创业小团队的方式，在疫情的挑战下实现全年盈利。

2021年通过去哪儿网购票的用户中，有934万人是第一次坐飞机，创近五年新高。2021年上半年，作为核心业务的交通和住宿预订较疫情前的2019年同期达到两位数增长，其中高星酒店增长超30%。疫情之下，去哪儿整体的恢复情况快于行业，且连续三年新客占比超30%。去哪儿平台上，2021年购买“人生第一张机票”的用户达到了1200万；同时，该平台上中低星用户的“第一晚高星”预订，在2021年贡献了640万间夜增量，这两个数据均创历史新高。

2022年1月，首都机场与去哪儿网签署战略合作协议。

（二）发展现状

2020年12月2日，在携程发布疫情后首季度盈利财报后不久，“携程系”矩阵中的去哪儿网CEO陈刚在下午举办的战略发布会中表示，尽管行业面临巨大困境，公司预计去哪儿网在2020年仍将实现盈利，新交易用户量维持数千万量级的增长，其中三线以下城市用户占近半数。

受疫情影响，旅游业今年迎来了前所未有的挑战。二季度以来，随着国内疫情防控形势向好，去哪儿网核心业务开始稳步增长。陈刚表示，6月，平台实现当月盈亏平衡；8月，国内机票预订量在疫后首次出现正增长；9月，国内酒店预订量反超去年同期；进入10月，游客被压抑了大半年的出游需求得到释放，旅游业迎来了疫情以来最大一波出游潮。

“按照目前的恢复速度，到12月底，我们全年将实现盈利。无论从恢复的水平还是速度来说，我们在整个行业里都是领先的。”陈刚表示，疫情对旅游行业造成的影响无法回避，但在巨大的出游需求面前，去哪儿网未来依然充满各种机会。

携程在发布的三季度财报中披露，去哪儿网目前的新客增量已经与去年持平。据去哪儿网介绍，公司2020年的交易用户数量同比2019年增长数千万。新增用户当中，三线以下城市用户占比达到46%，95后群体占比高达40%。今年通过去哪儿网购票的用户中，有934万人是第一次坐飞机，创近五年新高。

在上述934万第一次坐飞机的用户中，有近3成在今年至少购买了两次机票。北京、上海、广州、成都、深圳等一线及新一线城市，成为他们的第一个飞行目的地。飞行距离最远的一张机票是从喀什经停乌鲁木齐到广州，最低支付价格为438元，是全价经济舱的1折。

在新增用户量稳步增长的同时，去哪儿网的数据还显示，2020年机票价格创五年来新低，较去年下降17%。在陈刚看来，疫情之下除了出游成本下降，用户的旅游消费习惯也发生了不可逆转的改变。

去哪儿网平台数据显示，今年平台机票业务的恢复速度超过火车票，高星酒店的满房率超过低星，高品质民宿、小众目的地等品质旅游产品全年热度高涨。游客在追求低价的同时，对个性化、品质化和安全性也有了新的要求。

陈刚表示，去哪儿网未来的方向非常清晰且坚定，就是坚持“低价+品质”。一方面，在机票、高星酒店这些高品质、标准化的产品上维持对绝对低价的追求；另一方面，对于那些客单价较低、碎片化的产品，去哪儿平台将帮助供应端升级，增加用户的获得感。

另据去哪儿发布的2021年出行预测显示，明年将有6.29亿人次坐飞机出行，比2020年增长50%，比2019年增长10%，国内旅游市场有望在明年迎来爆发。

二、去哪儿的商业模式

一个旅游网站的商业模式，具体来说，即旅游网站能为客户提供的是什么样的价值，为哪些客户提供价值，如何提供价值，如何为提供的价值定价，以及如何在提供价值的过程中获得利润并保持竞争优势。

（一）目标客户

去哪儿网的目标用户主要定位于爱旅行、对旅行信息敏感且经济宽裕的网民，为广大热爱旅游的网民提供国内外机票、酒店、度假、旅游团购及旅行信息的深度搜索，帮助旅行者找到性价比最高的产品和最优质的信息。主要有以下三类人群：①

（1）经常出差的商务人士。对于这类人群，酒店宾馆、机票或火车票是

① 豆丁网．去哪儿网与携程网对比分析（http：//www.docin.com/p-738581948.html）.

必不可少的，去哪儿网为其提供了良好的平台。

（2）爱旅游的工作人群和大学生。去哪儿网提供了各种省钱游，包括酒店也可以双向对比，制订最优惠的旅游方案。

（3）爱好旅游且经济宽裕的人士。去哪儿网提供了团购游，价格优惠，路线多样；对于特别喜欢自助游的人群，更有度假路线搜索，可以找到各种各样的玩法，应有尽有，满足各种旅游爱好。

（二）产品类型及特色

确定企业的核心业务，即企业能为客户提供的产品或服务，明确网站业务，不仅要为客户带来价值，还要为企业带来利润。去哪儿网能够在行业内产生如此大的影响力，除了精准的目标客户群定位和成功的市场策划外，其提供的核心产品也发挥了巨大的作用。目前，去哪儿网提供的产品与服务都属于免费信息，也无须在其网站上注册就可以使用公司产品与服务。去哪儿网提供的核心产品是旅游出行相关产品（机票、酒店），同时还为用户提供签证的服务。

1. 机票销售

去哪儿网提供机票搜索频道，提供全面的国内和国际机票搜索功能。用户能够随时查阅国内外各城市之间所有最新航线价格信息，并获得该机票在赠送保险、接送机等服务方面的参考内容。随着人们生活水平的提高以及航空业近几年的快速发展，越来越多的人出行会选择飞机出行。去哪儿网为了能够快速、准确和真实地将航班的机票价格呈现给客户，与国内数百家互联网运营商签订协议，并且为客户提供多种选择；如果客户认为当天机票过于昂贵，网站还会以曲线的形式将半个月以内的同程航班机票价格展现给客户，客户不需要重复搜索机票，就可以轻而易举地决定选择哪家公司购买机票。除此之外，运营商也可以参与到竞争中来，发挥自己的价格和渠道优势（见图 7-5）。

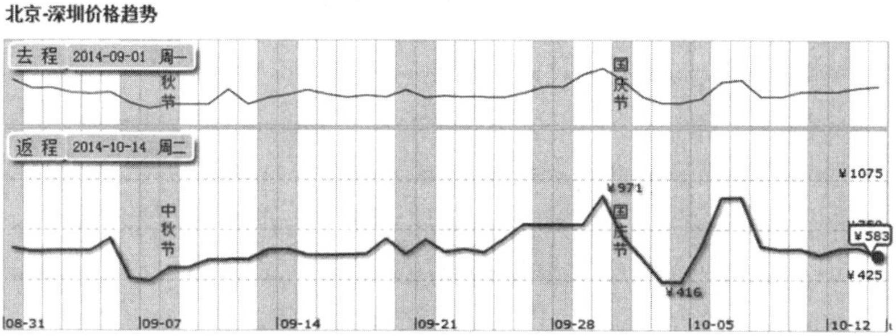

图 7-5 去哪儿网机票价格变化趋势图

随着互联网与航空售票业的结合，人们购买机票的方式主要有以下三种：

（1）官方售票。通过官方专门的售票点购买机票，这是大多数人的选择，其价格较代理商而言要偏高，少则几百元，多则上千元也屡见不鲜，而且营业网点数量有限。

（2）代理商售票。大多数航空公司为了节约成本、拓宽销售渠道，将部分机票出售给代理经营商，留一部分价格区间给代理商，由其自行调整机票出售，而一般代理商为了更好地完成业绩，往往会以低于航空公司机票市场价的价格出售。

（3）互联网运营商。通过互联网即时发布机票行情动态，一般来讲与传统的机票代理商没多大差别。传统代理商主要通过门店直接销售，需要消费者亲自到门店购买；而通过互联网不仅能及时了解最准确的机票价格，还能享受送票上门的便捷服务。

去哪儿网不仅在技术上要求做到最先进、最专业，也要在服务上不断提高网站的核心竞争力。机票业务是去哪儿网站最核心的业务之一，也是发展最快的业务。根据用户调查显示，80%的用户投诉都针对黑代理、山寨网站、假冒网站等。此外，调查数据也显示，在线订票用户遇到的常见问题中，加价出票、退款不及时、电话无法接通也成为用户最为关心的问题。

针对用户的投诉，去哪儿网推出金牌机票服务系统，这个系统包括：100%的 CATA 认证代理商体系、代理商投诉管理系统、代理商信息查询系统、消费者评价排序体系。其中，100%的 CATA 认证代理商体系，可以保证通过去哪儿网搜索到的代理商 100%都是经过认证的，是合格、有经营资质的代理商。其次，代理商信息查询功能，可以查询所有机票代理商的详细信息，让用户更加放心地使用去哪儿网的服务，提高机票产品服务的核心竞争力。

2. 酒店预订

酒店预订是商务人士和爱好旅游的人出行所必须考虑的问题，去哪儿网与分布在全国不同地区（从一线城市到各个县市）的各种档次的酒店签订协议，并且能够以团购的形式让消费者选择。在酒店经营淡季的情况下，优惠额度可以达 6 折到 4 折不等；即使在酒店经营旺季，酒店价格比平常高 2 倍或是更高的时候，消费者仍然可以享受 8 折左右的优惠。去哪儿网是全国最大的中文旅游点评平台，覆盖了 600 家酒店的点评，同时去哪儿网的系统中有 100 万条中文点评，除了普通的消费者点评外，还有大量的酒店专家。所以在酒店预订方面，去哪儿网为客户创造的最大价值在于消费者能够以同等的消费金额享受到更高档的服务或者获得最全面的信息并且节约成本。

去哪儿网结合 3500 万庞大的旅游消费者的搜索数据行为，经过大量分析、预测、对比，得出用户各项关注点的趋势报告。去哪儿的酒店频道目前可实时搜索 121 个网站，594 个城市，约 4 万家各种星级与档次的酒店；还包括短期公寓、度假村、青年旅舍等信息，并提供九大类搜索条件（价格、星级、服务设施、品牌、地标、商圈、行政区、酒店特色、酒店名），36 种搜索要素以及 8 种排序方式供用户选择。去哪儿网对各种出游情况进行数据分析，对其影响要素进行综合，给客户提供建议，同时，酒店也可以根据消费需求提高自己的服务水平。另外，新推出的团购频道，也推出了包括全国各地的团购酒店价格，为客户提供了更大的优惠。去哪儿网拥有全球最大的酒店点评系统，为客户外出提供更便捷、更快速的服务。

除此之外，去哪儿网还创新性地推出了一些“新玩意”。一些酒店下面出现一个小礼物的红色醒目标识，并配合有一些文字说明，有写送代金券的，有写送免费赠品的。

这些“新玩意”，正是去哪儿网推出的一项全新功能，是其他旅游网站未曾出现过的酒店优惠信息提示功能。去哪儿网集中了国内近 8 万家酒店的信息，但如何使客户更全面、更有效地了解酒店的优惠信息，一直以来是这家全球最大的中文旅行网站所努力攻克的一道难题。去哪儿网对各种优惠信息进行了归类，不仅方便了消费者进行横向价格比较，而且有利于对优惠券进行充分比较。根据历史数据显示，在美国酒店业，约 60% 的营业额都是通过优惠券推广所产生的。去哪儿网率先对酒店优惠信息进行整合，开启了酒店业双网联动营销的先河，将大大有助于提升酒店营收水平。

3. 签证

对于要出国旅游的消费者来讲，办理签证是最烦恼的问题。个人亲自去办理由于对流程和常见问题不熟悉，往往心里没把握，经常自己花费了大量时间和精力，结果是无理由被拒签；交给代理机构和旅行社又容易被骗。去哪儿网通过与众多知名服务机构签订协议，提供各种签证服务的专业链接，首先保障了消费者的权益，同时为消费者的签证办理过程节约了成本和时间，这正是消费者所期望的。去哪儿网与百程旅行网合作，提供全球签证服务，根据用户需求搜索各种签证类型及价格信息，并将第三方的签证服务评论完全公开，只要发现有不良记录，便会影响受理公司信誉，所以与去哪儿签订协议的第三方会努力提高业务质量，从而通过客户评论提高竞争力。

4. 其他产品

（1）旅游度假产品

去哪儿网能够快速为旅客提供各类旅行社及在线供应商的旅游度假产品，主要包括主题度假、国内游、出境游、周边游、当地参团等。为游客提供多种玩法，让游客选择最适合自己的出游方式与线路。去哪儿网能够快速搜索各类旅行社，提供的产品范围包括海外度假、特价周边游、国内特价机票、国际特价机票、国内特价酒店等。对于没确定目的地的客户来说，去哪儿网提供最好玩城市、路线推荐，并根据节假日情况提供主题游以供客户选择；而对于已确定目的地的客户来说，如何选择价格便宜、服务优质的旅行社成为客户最关心的问题，去哪儿度假频道可以根据客户出行的地点提供自由行或跟团游等各种形式，并提供多种玩法，总有一种能打动客户的心，给客户充分的选择。旅行社通过竞争，提高了服务质量并实现市场资源有效配置。

（2）火车票

火车票并不是去哪儿的主营业务，主要与机票服务相配合，供一些经济水平一般的游客查询使用。2010 年 3 月，去哪儿网推出其第四大旅游搜索平台——火车票搜索频道。为了更大程度地方便旅客，去哪儿网首推机票与火车票比较搜索模式。网站在火车票搜索位置前，添加了“搜索匹配”的功能，机票与车票的价格差异在同一平台中一览无余，甚至大多时候机票价格要低于火车票，此项功能的完善，极大满足了普通工薪阶层的出行需求。

（3）旅行

旅行频道主要为旅客提供旅游线路和攻略，方便旅客安排行程，让旅客有个美好的旅程。2011 年 3 月 30 日，去哪儿网低调上线了旅行频道，为用户提供旅行攻略、游记等相关信息搜索。此频道希望能帮助用户更快获得有用的旅游信息，成为最好的游记、攻略、旅游信息搜索平台。此外，该频道还整合了去哪儿网此前推出的行程管理功能，使用户规划出行过程更加方便。去哪儿网通过语义搜索对全网内容进行分析，过滤旅游信息，并对优质信息进行排序，可大幅度减少用户查找时间。

（4）团购

2011 年 1 月，旅游搜索引擎去哪儿网推出团购频道。去哪儿团购频道是全国首个以旅游营销为主题的团购平台，主要提供高品质服务和产品的优质酒店、度假村、酒店式公寓、经济型酒店、青年旅舍、特色客栈等团购项目。

（5）“知道”

“知道”的最先发起者并搞得有声有色的当属搜索引擎老大百度。百度知道题目范围广，问题种类多，并有专业的“知道”团队，所以投入市场不久，就受到了大量网民的喜爱，成为网民解决问题的第一选择。去哪儿网沿用这一模式，不过其开发的知道是专为解决客户在日常旅游中遇到的问题而推出的，有票务交通、酒店住宿、旅游攻略，满足了人们出行的各种需求，增加了游客的交流，提高了网站流量。

（6）博客

自从博客进入了人们的视野就得了众多用户的迷恋并快速发展。2009 年新浪开通微博，至今品牌价值已飙升到 7.5 亿。去哪儿网开发的博客频道满足了游客分享旅游经历和心得的诉求，并增加了客户之间的互通性，有效地提高了点击率，也为其他游客提供了借鉴和参考，使客户对网站的品牌更加忠诚，有效地增强了客户黏度。

（三）盈利模式

1. 主营业务

一个成功的商业模式必须是赢利的，除了有独特的价值定位、满足客户需求的产品、合理的资源系统外，还要能够获得价值。去哪儿网把客户价值最大化作为服务的第一宗旨。盈利自然就成了其经营的以然结果。其收入来源主要有以下几个方面：

去哪儿网主要营收来自机票预订业务。2021 年 9 月 1 日，去哪儿公布财报，显示去哪儿第二季度总营收为 10.308 亿元（1.551 亿美元），同比增长 17.0%。相比此前百分之百的同比增长，如今去哪儿增长已大幅放缓。

归属于去哪儿股东的净亏损为 6.988 亿元（1.051 亿美元），好于 2015 年同期的 8.157 亿元，但去哪儿依然是巨额亏损之中，过去 1 年，去哪儿的账面净亏损高达 76 亿元。

自携程控股去哪儿后，去哪儿在 2016 年上半年也亏损了 17.76 亿元。

广告是去哪儿网公司的主要收入来源，目前在各产品与服务页面上提供的广告包括：

①首页广告：旗帜（Banner）广告、文字广告，适合品牌宣传或促销；图片广告按显示次数收费，文字广告按点击收费。

②机票搜索结果页面广告：旗帜（Banner）广告、文字广告、图片广告三种形式；机票报价网站推广，适合可以提供实时价格信息的机票预订网站，按点击收费。

③酒店页面广告：旗帜（Banner）广告和文字广告，适合酒店相关品牌宣传或促销推广；图片广告按显示次数收费，文字广告按点击收费。

④酒店搜索结果页广告：旗帜（Banner）广告、文字广告、图片广告三种形式；首推酒店广告，有针对性，是订单转换率较高的图片广告。

2. 其他收入来源

（1）竞价排名服务。去哪儿网在搜索结果中提供排名服务，按照用户点击收费。

（2）企业客户。为航空公司、酒店、签证服务代理机构、旅游景点、度假村等提供广告服务。

（3）去哪儿网开拓了新的收费方式——酒店预订电话费。当消费者搜索到“酒店直通车”业务的酒店页面时，可以通过去哪儿网站的 400 电话与酒店联系和预订。去哪儿网向酒店收取消费者与加盟酒店通话所产生的电话费用，按每分钟 2 元的标准收取。这样比其他旅游网站收取佣金的模式更为划算。去哪儿官网上提供了一个案例，某酒店直通车获得 107 个用户电话，实际入住 76 个夜间，按每间房 260 元计算，共获得收入 19 760 元。如果按照 15%的佣金来算，该酒店需向传统分销商支付 2 964 元费用，但 107 个电话费仅收428元，为酒店节省了很多成本。所以此项业务不仅能让中小酒店从中获益，更能成为去哪儿网的重要收入来源。①

（四）核心能力

去哪儿网作为业内知名度极高的在线旅游品牌，拥有着不可复制的能力，主要表现为以下几个方面。

1. 资源

去哪儿网可实时搜索超过700家机票和酒店代理商网站，搜索范围覆盖全球范围内超过15万家酒店、1.5万条航线、12万条度假线路、2.5万个旅游景点、8000万份游记攻略，并且每日提供逾1500种旅游团购产品。用户可以从中选择出最实惠最适合自己的旅游攻略。

2. 竞争力

（1）超大规模实时数据搜索技术和强大的数据库。去哪儿网实现了3~5秒的时间从数百个数据源获得大量数据，处理并展现给消费者最新的在线旅游产品数据，并能够同时服务数十万查询而保证服务的速度和效果。

（2）全面的功能。去哪儿网为用户提供旅游的全程服务，方便旅客旅行。去哪儿开发了移动客户端，以满足广大用户的需求。

（3）准确的自身定位。去哪儿网总裁庄辰超表示："去哪儿网站的定位就是为用户提供最完善的信息比较，不仅在技术上做到最先进、最专业，也要在服务上不断提高网站的核心竞争力。"

（4）金牌服务体系。去哪儿网对所有代理商都做了CATA认证，以保障消费者不会受到欺诈。去哪儿开发了机票动态用户跟踪系统，并且提供一系列的工具，让消费者能够在这个过程中保障自己的消费权益。同时，去哪儿网有点评平台，覆盖了大部分的酒店，让用户能更好地选择酒店。

3. 竞争优势

（1）最低价吸引消费者。通过实时搜索技术，对互联网上所有跟旅游有关的产品，包括机票、酒店、景点等，在去哪儿网都能搜索出最低的价格，还可以让消费者自由组合。

（2）采用直销模式，减去中间环节。

---

① 豆丁网．去哪儿网案例分析（http：//www.docin.com/p-724384246.html）.

（3）提供有价值的参考信息。诸如提供产品预订的网站是否能参与某项积分、是否支持信用卡延期支付、每一个航班的误点率等信息，或者是某个航班在最近一个季度或月份的价格走势表等。

（4）客户忠诚度高。垂直搜索引擎定位于一个行业，服务于一群特定需求的人群。由于用户转换搜索引擎的转换成本非常低，几乎为零，有利于提高用户的转换成本，提高用户忠诚度。

（五）合作伙伴

1. 去哪儿网与腾讯 Web 的合作

2011 年 4 月，全球最大的中文在线旅游网去哪儿与目前最大的互联网综合服务提供商腾讯，在其 Web 开放平台上合作推出了旅游搜索应用。作为第三方开发者，致力于整合旅游信息的去哪儿网，此次与腾讯网合作推出的旅游搜索应用，用户不用登录去哪儿网就可以直接在 Web 的主页上即时获取和搜索在线旅游资讯，包括机票搜索、机票工具箱、酒店搜索等内容；同时，也可以通过 QQ 空间和微博即时与好友在线交流个人旅游动态，不仅使获取旅游信息变得更加简单和方便，而且与好友的互动交流更有乐趣。

2. 去哪儿网联手开心网推出旅游搜索组件

2011 年 1 月，去哪儿网（qunar. com）与国内知名社交网站开心网（kaixin001. com）合作推出旅游搜索组件。用户在个人开心主页上添加这一组件后，不仅可以直接搜索机票、酒店等信息，也可以即时与好友分享自己的旅游动态。当下，社交网站的发展壮大受到越来越广泛的关注。有数据显示，社交网站为旅游网站带来的流量比重正在不断上升。去哪儿网与开心网的合作，实现了社交网络与专业旅游的优势互补。

3. 去哪儿网与手机新浪网开展深度战略合作

去哪儿网机票搜索与手机新浪网（sina. cn）百事通进行机票数据无缝对接之后，去哪儿网与手机新浪网开展无线领域更深度的战略合作。现在手机用户只要登录手机新浪网百事通点击酒店查询，就可以通过去哪儿网酒店搜索查询酒店，并可直接拨打 400 电话完成酒店预订。去哪儿网酒店查询还可向用户推荐特价酒店，并有丰富的用户酒店点评信息和酒店介绍、照片、地图，让用户更聪明地选择酒店。

4. 其他合作方式

除此之外，去哪儿网还采用了其他方式：

（1）广告联盟。在成员网站上做广告，引导客户点击网站链接，积累网络流量。

（2）插件捆绑。将去哪儿网首页捆绑在一些常用软件中，在用户安装捆绑软件的同时，将其首页收藏在桌面，或直接篡改用户浏览器首页。

（3）友情链接。双方利用现有的页面文字链接资源（如首面文字链接，内页文字链接，新闻、资讯文字链接等）进行免费互换。去哪儿网与各大旅游网站以及一些商业网站进行友情链接，提高彼此的流量和品牌知名度。

（4）媒体互换。去哪儿网与各大媒体合作，为了提高公众认知度，邀请各大网络媒体向公众报道与去哪儿网相关的新闻，并进行各种宣传推广活动。

（5）通过旅游博客来增加点击量，传播品牌影响力。

（六）去哪儿网的融资

去哪儿网的创始资金只有25万美元，资金主要来源于融资，先后进行了四轮融资，如表7-6所示。

表7-6　去哪儿网的融资　　单位：美元

时间	投资人	投资金额
2006.7	金沙江创投、Mayfield	200万
2007.9	金沙江创投、Mayfield、特纳亚资本	1 000万
2009.11	纪源资本及第二轮投资人	1500万
2011.6	百度	3.06亿
2015.10	百度	——
2016.10	远洋管理	44.4亿美元
2020.8	个人投资者、梅花创投、北极光创投	数亿美元
2020.12	红点投资、顺为资本	亿万美元

获得融资之后，去哪儿网拥有了充沛的资金流。对于这些资金的投资方向，去哪儿网的首席执行官（CEO）庄辰超进行了简要的概括：

第一是技术人力的投入，旅游搜索未来开发大量的旅游产品。

第二是产品品类，重点加大酒店方面的投入，会进行多种多样的创新，所以人力的投入是很大的投入。

第三是在平台营销方面进行投资，同时还会保留大量现金，当市场中展现出特别有效的机会时，去哪儿网将准备足够的资源并以最快的速度掌握和占领新兴市场。

相对于入行较早，早在2003年上市的携程旅游网而言，去哪儿网并没有像携程网那样，通过收购并购等资本扩张的方式壮大资金，去哪儿网依靠着不断上升的网站点击率，渐渐获得了一次次壮大的机会。在短短几年时间，已经迅速壮大的去哪儿网，在完成前四次融资之后，也开始准备踏上自己的上市之路。尤其是2011年百度3.06亿美元的投入，去哪儿网也将更大程度地威胁着携程网的市场地位。

三、去哪儿的运营评价

（一）优势

1. 全面的功能

满足需求——中立、智能、全面的比较平台，对用户进行旅游产品选择和决策的作用日渐突出。去哪儿网为用户提供旅游的全程服务，方便旅客旅行。去哪儿开发了移动客户端，以满足广大用户的需求。

使命——整合中国在线旅游产品及提供高价值信息。

2. 技术优势

优化用户体验——专注于为用户提供信息搜索的深度服务，并在数据搜索量、搜索范围、反应速度、价格实时性、数据详细程度、过滤排序功能的易用性等诸多方面确立了深度服务的优势。去哪儿提供了多种技术工具，让用户自行通过排序或者过滤得到所需的数据。其特有的智能比价系统可以帮助用户获得出色的消费体验。选择什么样的价格与服务的权利，完全掌握在用户自己手中。超大规模实时数据搜索技术和强大的数据库，实现了3~5秒的时间从数百个数据源获得大量数据，处理并展现给消费者最新的在线旅游产品数据，并能够同时服务数十万查询而保证服务的速度和效果。

3. 产品优势

三大特色：（1）快速实时；（2）广泛搜索；（3）信息全面。

四大核心产品：（1）机票搜索频道；（2）酒店搜索频道；（3）特惠搜索频道；（4）签证搜索频道。

4. 丰富的旅游资源

如上面所提到的去哪儿网的核心能力。去哪儿网可实时搜索超过700家机票和酒店代理商网站，搜索范围覆盖全球范围内超过 15 万家酒店、1.5 万条航线、12 万条度假线路、2.5 万个旅游景点、8000 万份游记攻略，并且每日提供逾 1500 种旅游团购产品。用户可以从中选择出最实惠最适合自己的旅游攻略。

5. 金牌服务体系

去哪儿对所有代理商都做了 CATA 认证，以保障消费者不会受到欺诈。去哪儿开发了机票动态用户跟踪系统，并且提供一系列的工具，让消费者能够在这个过程中间保障自己的消费权益。同时，去哪儿有点评平台，覆盖了大部分的酒店，让用户能够更好地选择酒店。

6. 去哪儿网的商业模式

与携程、艺龙的 OTA（在线旅游服务商）模式不同的是，去哪儿其实是一家旅游行业的垂直搜索引擎，它是一家技术型公司，没有庞大的线下销售团队，而是通过搜索技术将 28 家航空公司、1240 家 OTA、53360 家酒店的供给需求集成在一起，提供给消费者最低的价格。

7. 百度的支持

作为一家搜索公司，去哪儿网的商业模式与百度、谷歌相似，都是通过搜索引擎来收集用户流量，将这些用户流量与商业客户相匹配，通过基于点击的付费广告来获得收益。但由于去哪儿网只是一家垂直型搜索公司，如何获得足够的用户流量是发展的关键。因为对一家互联网公司而言，如果其流量大部分都要通过对外购买才能获得，就很难建立起持续盈利的商业模式。但去哪儿网偏偏遇上了百度。自 2011 年引入百度作为其大股东后，有了百度流量的去哪儿网如鱼得水，自然流量自 2012 年全年的 56%上升到了 2013 年上半年的 66%，而购买流量则从 44%下降到了 34%。

（二）劣势

去哪儿网的品牌知名度不够高，没有像携程一样的庞大客户群和被广泛认可的服务能力，没有像百度等所拥有的潜在的技术优势，且网站流量低。

盈利模式才刚刚起步，还没有形成较为完善和成熟的组织管理体系，还没有从实践中总结出一套较为严谨的员工选拔体系，并且市场的认可度不强，品牌知名度需要进一步提高。没有形成优秀的企业文化。

去哪儿网的网络营销方式匮乏。大多数的旅游网站都把关注点放在了网络宣传上，譬如说网络广告、搜索引擎的注册和排名、电子邮件列表等这类传统的营销方式，缺少能够吸引游客的特殊的营销方式，去哪儿网也是如此。在宣传的网页上，没有太多对外国游客以及国外景点的介绍；在网络的主页面上，色彩的搭配、图片的选择上都过于呆板，缺乏应有的活力和表现欲，这在一定程度上降低了其感召力。另外，当前的网络营销方式还很单一，众多的网站在选择网络营销时，仅仅只注重在网络广告和网络促销这一宣传层面上进行推广，这就会造成营销在宣传这一层面上的效果不是很理想。营销手段的多样性也是盈利模式多样性的体现。

退款业务不及时，遭到客户投诉。根据中国质量万里行2020年度消费者投诉数据显示，在旅游交通行业当中，交通票务问题相关的投诉涉及的金额是最高的，其中绝大多数是飞机票的退票问题。从投诉时间的分布来看，该类投诉主要集中在去年2—5月，也是疫情期间总投诉数量变化的核心解释因素，如图7-6所示。该类问题的典型场景是消费者通过去哪儿网等平台订购的飞机票在订购班次取消以后退款时面临的高额手续费、退款难等问题。不同于网约车类问题，交通票务问题的核心诉求就是全额退款，同时按照航班退票惯例，当航班取消的时候航空公司有理由对消费者进行全额退款。①

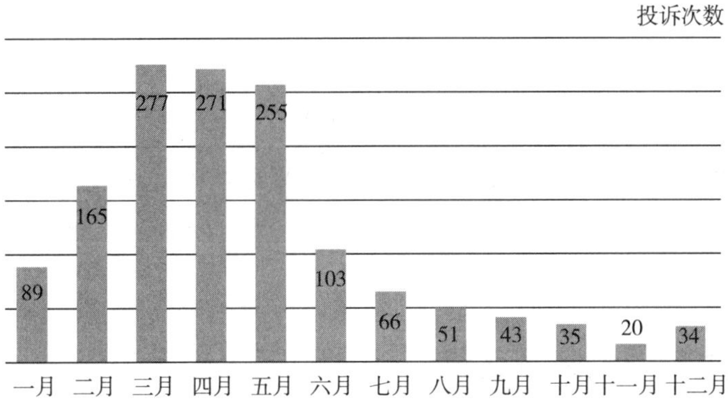

图7-6 去哪儿网月份投诉时间分布

（三）机遇

专业比价搜索引擎是像携程这样的在线旅游网站的重要营销渠道。为了避免“一股独大”的议价，生产商和制造商需要增加分销商的数量和形

① 中国质量万里行网．去哪儿网投诉激增 三大业务遭遇退款难题（http：//www.315online.com/tousu/redian/289432.html）．

态，因此催生了比价搜索引擎存在的空间。消费者更趋向于理性消费，因此越来越重视方便、快捷、性价比高的产品。

旅游市场的大环境看好：

（1）加入 WTO 后旅游市场的全面发展；

（2）各级政府对旅游业发展的重视和支持；

（3）人民生活水平的提高，为旅游打下了重要的经济基础；

（4）网络基础条件改善，从中国信息产业统计的发展状况来看，中国互联网发展基础设施的建设能力大幅提高和上网费用的大幅度降低，直接促进了网民人数短时间里的快速增长；

（5）政府对网络的扶持。目前，我国已将信息化带动工业化作为重要的战略来实施，以适应时代进步和世界发展的新形势，从中国现代化建设全局和战略高度出发，大力推进国民经济和社会信息化。同时也由于 WTO 等因素的影响，全国上下已初步形成政府、企业、城市信息化的热潮。在信息化大旗的指引下，我国加大了对互联网基础设施建设的力度，政府上网、企业上网、家庭上网等三大上网工程深入实施，各行各业纷纷投身到互联网络掀起的信息化浪潮中来。

（四）挑战

主要的竞争压力来自大型综合搜索引擎服务提供商，此类综合搜索引擎提供商积累了大量的资源优势。去哪儿网的挑战在于，开拓数据库资源必须和上游航空公司、旅游网站建立良好的合作关系，并通过业务拓展逐渐增强对上游市场的控制能力。

四、去哪儿的运营建议

（一）加强企业自身管理建设

根据麦肯锡 7S 模型分析，即结构（Structure）、制度（System）、风格（Style）、员工（Staff）、技能（Skill）、战略（Strategy）、共同的价值观（Shared Vision），对去哪儿网的发展提出以下建议。①

---

① 道客巴巴．基于 7S 模型的去哪儿网发展建议（http：/www. doc88. com/p-0002023323634. html）.

（1）结构（Structure）。构建网络型的企业组织结构。2011 年 6 月 24 日，去哪儿网获得百度公司 3.06 亿美元的战略投资，这使企业发展获得了充足资金支持，同时也对完善企业组织结构提出了新的要求。作为虚拟程度较高，并为消费群体提供交易机会的互联网企业，机会型网络组织的构建显得尤为重要。建议去哪儿网围绕顾客需求，健全完善企业相应的机构，具体可借鉴亚马逊、eBay 等电子商务平台企业的做法，将消费者与产品（服务）提供商联系起来，共同构成机会网络，实现相关各方的合作共赢。

（2）制度（System）。建立规范化的管理制度体系。建议根据实际情况，制定适合自身特点的、适用于企业的规范化管理制度体系，包括员工规范、绩效考核、服务承诺等方面，并根据发展需要，不断完善相应的组织运行规则，形成相对稳定的管理制度体系。通过该体系的实施和不断完善，达到管理工作井然有序、协调高效，提高整体效益的目的。

（3）风格（Style）。将企业文化建设寓于考核激励过程中。好的企业文化可以有效指导员工行为，改变一些不良的习惯，但习惯的改变不是一蹴而就的，需要不断进行强化。强化手段中最有效的就是考核激励，员工对企业文化最深刻的认识往往来源于企业对其的考核激励，这也是让企业文化落地的重要方式。为此，建议在考核指标设置上，加入文化塑造因素，进而推动特色互联网企业文化的形成和完善。

（4）员工（Staff）。大力实施人才战略。建议树立“以人为本”“重用人才”的理念，着力吸引四类人才，即一是具备敏锐市场洞察力和全局驾驭能力的职业经理人；二是具备丰富网络平台企业运营经验的专业人才；三是精通市场业务的营销人才；四是计算机等专业技术人才。同时，通过强有力的激励措施和富有吸引力的事业发展机会，留住人才、培养人才，逐步建立起一支结构合理、素质优良的员工队伍。

（5）技能（Skill）。不断提升员工技能。创建良好的学习氛围，不断鼓励和督促员工提升技能，建立健全有效的激励机制，鼓励员工进行岗位创新；建立健全培训与教育的长效机制，开展企业、研究中心和消费者的良性互动等。

（6）战略（Strategy）。制订科学合理的战略规划。随着中国在线旅游业的日益成熟和旅游消费群体的日趋庞大，建议去哪儿网将发展战略定位在成为中国旅游媒体行业的佼佼者上。在发展举措上，进一步了解消费者需求，协助消费者搜索到最有价值的机票、酒店、签证、度假线路和其他旅游服务。同时，主要针对消费潜力大的高端旅游者，提供个性化、有吸引力的广告服务，更精准地把握市场定位，从而在竞争中赢得先机。

(7) 共同的价值观（Shared Vision）。共同的价值观是企业文化的核心，不仅决定了企业发展的方向和企业的特征，而且直接影响到企业和员工的行为以及企业战略目标的实现，进而影响着企业竞争力的提升。

(二) 营造更好的市场环境

从市场角度，去哪儿网应该加强以下方面的工作：

(1) 继续依托先进的技术和强大的资源整合能力，专注旅游搜索引擎服务，推进传播渠道的多样化和全面性，继续提高知名度和市场地位。

(2) 以客户为导向，以服务为旗帜，加强用户服务管理和业务风险管理，提升品牌价值，提高客户依赖，不断推出创新性服务，如针对节日推出特色服务。对服务不到位的，应该向客户公开道歉，加强与客户之间互动平台的建设，做到诚信服务。

(3) 加强上游产品与服务供应商业务管理，降低价格，以提高其市场竞争力。

(4) 发展移动搜索，抢占移动互联市场。

(三) 拥有一个好的用户体验平台

(1) 加强技术管理，提高网页加载速度。有些页面由于图片原因加载速度相对缓慢，影响客户体验以及对品牌的忠诚度。

(2) 针对相关链接要更加专业化和精准化。有些页面提供的链接与旅游相关信息相差甚远，这会影响搜索者对信息准确性的获得，浪费用户时间。

第五节　阿里巴巴旅游平台运营案例分析

一、发展历程和现状

1999 年，以马云为首的 18 人，在中国杭州市创立阿里巴巴集团，旨在让小企业通过创新与科技扩展业务，并在参与国内或全球市场竞争时处于更有利的位置。自推出让中国的小型出口商、制造商及创业者接触全球买家的首个网站以来，阿里巴巴集团不断成长，成为网上及移动商务的全球领导者。

阿里巴巴集团及其关联公司目前经营领先业界的批发平台和零售平台，以及其他多项基于互联网的业务，当中包括广告和营销服务、电子支付、云端计算和网络服务、移动解决方案等，具体业务包括淘宝网、天猫、聚划算、全球速卖通、阿里巴巴国际交易市场、1688、阿里妈妈、阿里云、支付宝、菜鸟网络等（见图 7-7）。

（一）发展历程

1998 年 12 月，马云和其他 17 位创建人在中国杭州发布了首个网上贸易市场，名为“阿里巴巴在线”。

1999 年 6 月，阿里巴巴集团正式运营。

2000 年 10 月，公司推出“中国供应商”服务，以更好地促进中国卖家进行出口贸易。

2001 年 6 月，公司推出国际站“诚信通”会员，以更好地服务国际卖家。

2002 年 3 月，公司推出中国站“诚信通”会员计划，以更好地服务从事中国国内贸易的卖家和买家用户。

2003 年 10 月，公司推出交流软件工具“贸易通”，它可以使买方和卖方通过网络进行实时沟通交流。

2005 年 3 月，阿里巴巴中文网站推出关键字竞价服务。

2007 年 4 月，阿里巴巴推出香港“中国供应商”服务，以促进出口贸易。

2007 年 8 月，阿里巴巴向香港证券交易所递交上市申请。

2007 年 11 月，阿里巴巴成功上市。

2007 年 12 月，公司推出更新版阿里巴巴日本网站。

2008 年 4 月，中国交易市场推出“旺铺（Winport）”服务，为中小企业提供企业建站服务，帮助中小企业迈开网上生意第一步。同月，阿里巴巴战略级产品“旺铺”正式开放体验，该产品是企业级电子商务基础平台，帮助中小企业迈开网上生意第一步。

2008 年 5 月，与软银在日本成立合资公司，经营阿里巴巴在日本市场的业务。

图 7-7　阿里巴巴集团网页首页

2008 年 6 月，“诚信通个人会员”服务正式上线，帮助企业发展中国国内贸易。

2008 年 11 月，在国际交易市场推出新一代出口产品——“出口通”。

2009 年 2 月 14 日，阿里巴巴旗下公司阿里妈妈成功与返还网合作。3 月，在中国市场推出按效果付费关键词竞价系统“网销宝”。9 月 28 日，阿里巴巴网络有限公司发布公告，与中国万网已达成股权投资协议，阿里巴巴将支付人民币 5. 40 亿元的现金，分两期获得中国万网的股权。

2010 年 4 月，在中国淘宝网站推出 1688 体验版诚信通，在阿里巴巴中国站发行诚信通限量版（同期推出精准营销试运行）。

2010 年 12 月，成功收购已经破产的汇通快递，使阿里巴巴进入物流行业。

2011 年 5 月 26 日，支付宝经中国人民银行批准，获得第三方支付牌照，成为首批通过的 27 家企业之一。

2011 年 6 月 16 日，阿里巴巴集团拆分为三个独立的公司：沿袭原 C2C 业务的淘宝网、平台型 B2C 电子商务服务商淘宝商城和一站式购物搜索引擎一淘网。

2012 年 1 月，淘宝商城更改中文名为天猫，加强其平台的定位。

2012 年 2 月 21 日夜间，阿里巴巴集团向旗下子公司上市公司阿里巴巴 B2B（阿里巴巴网络有限公司）提出私有化要约。

2012 年 3 月 29 日，阿里云新一代手机工程机对外曝光，增加了手机与电商的紧密度。

2012 年 4 月 13 日，阿里巴巴重启搜域名，用于“淘视频”产品。5 月 25 日，阿里巴巴网络有限公司股东大会通过私有化要约。6 月 8 日，正式停止股票交易。6 月 15 日，阿里巴巴私有化计划获批。6 月 20 日，阿里巴巴退市港股市场，正式实现私有化。7 月 23 日，阿里巴巴集团宣布调整淘宝、一淘、天猫、聚划算、阿里国际业务、阿里小企业业务和阿里云为七大事业群，组成集团 CBBS（消费者、渠道商、制造商、电子商务服务提供商）大市场，加速推动 One Company 的目标。8 月，阿里资本投资 4000 万美元于陌陌，B 轮融资估值 2 亿美金。9 月 18 日，阿里巴巴集团宣布，雅虎 76 亿美金的股份回购计划全部完成。这也标志着阿里巴巴集团在过去 12 个月中总额超过 120 亿美金的并购和融资宣告成功。

2013 年 1 月 10 日，阿里巴巴宣布，根据淘宝上的各个重点领域，整个阿里巴巴集团除支付宝、阿里金融、阿里云等业务外，整个集团被拆分为物流事业部、商家业务事业部、航旅事业部等 25 个事业部。在这次架构调整中，阿里巴巴成立了专门的无线事业部。再加上此前阿里巴巴在云计算、阿里云操作系统等方面的布局，阿里巴巴正在探索无线互联网的发展之路。4 月 23 日，阿里巴巴集团宣布和国家“五部委”联手打击假冒伪劣商品。阿里巴巴董事局主席马云说，网络假货已成为经济领域的毒瘤和癌症，如果放任不管，对整个电子商务行业会产生很大的负面影响。马云说：“我也不希望被人说淘宝假货太多和虚假繁荣。”

2013 年 4 月 29 日，阿里巴巴与新浪微博正式联姻。双方将在用户账户互通、数据交换、在线支付、网络营销等领域进行深入合作，并探索基于微博用户与阿里巴巴电子商务平台的消费者的有效互动的社会化电子商务模式，与此同时，阿里巴巴获得了新浪的一项期权，允许阿里巴巴在未来按事先约定的定价方式，将其在微博公司的全稀释摊薄后的股份比例提高至30%。

根据新浪公布的数据，新浪微博拥有约5亿活跃用户，日活跃用户为4700万，75%的活跃用户通过移动终端登录微博。分析人士认为，阿里巴巴此举正在为其无线布局增添有效的社交类产品。

2014年5月7日凌晨，阿里巴巴向美国证券交易委员会提交了在美国进行首次公开募股（IPO）的申请。9月19日，阿里巴巴在美国纽约交易所上市，每股从68美元发行价涨到收盘价93.89美元，上涨约38%，市值达到2314亿美元。

2016年10月，在阿里云栖大会上，马云在演讲中第一次提出了新零售，“未来的十年、二十年，没有电子商务这一说，只有新零售”。盒马鲜生首家门店开张。阿里巴巴对于新零售的定义是：基于互联网思维和科技，通过整合线上、线下和物流，全面改革和升级现有社会零售，使商品生产、流通和服务过程更高效。

2018年，收购饿了么复活口碑网，新零售领域生态协同作用显现饿了么口碑，可以和盒马、大润发、银泰等形成分工配合，赋能线下的餐饮、快消、休闲娱乐等垂直行业全方位铺开新零售。根据易观发布的《2019上半年中国本地生活服务行业洞察》，从第二季度起，饿了么在生活超市、医药等非餐饮品类的订单猛增，同时，饿了么通过高速对接淘宝、天猫、盒马、大润发等商业体，使“到家、到店、新零售”三者更加融合交互，爆发出强大的生态协同效应。

2020年，阿里巴巴集团全年营收5097.1亿元，同比增长35.3%，在收入规模不断扩大的同时，增速放缓迹象较为明显。全年实现营业利润同比增长60.2%至914.3亿元，营业利润率为17.9%；归属于普通股股东的净利润同比增长70.4%至1492.6亿元，利润率为29.3%；经调整EBITDA同比增长29.3%至1576.6亿元。非公认会计准则自由现金流达1309.1亿元。

（二）阿里巴巴的融资情况

1999年起，阿里巴巴获得多次风投机会，风险投资商的注资投入使阿里巴巴获得了充裕的现金支持，使其在成本投入方面没有遇到很大障碍（见表7-7）。

表 7-7　阿里巴巴获取投资的情况

时间	投资者	投资额
1999 年 10 月	高盛	200 万美元
2000 年 1 月	软银+孙正义	2500 美元
2004 年 2 月	软银+富达	8200 万美元（其中软银 600 万美元）
2005 年 8 月	阿里巴巴收购雅虎中国全部资产，杨致远出资 10 亿美元获得阿里巴巴 40%股份和 35%投票权	10 亿美元
2007 年 11 月	香港上市	——
2011 年 9 月	云峰基金和新加坡淡马锡组成的投资团花费约 20 亿美元购买约 5%的管理层及员工持股	20 亿美元
2014 年 9 月	软银、雅虎、马云、蔡崇信	218 亿美元
2021 年 7-9 月	蚂蚁集团	28. 11 亿美元

二、阿里巴巴与旅游业的结合

近几年来，阿里巴巴逐步开始涉足旅游行业，主要包括淘宝旅行，其中投资入股的有穷游网、在路上、快的打车等网站。

（一）淘宝旅行

淘宝旅行是淘宝网旗下的综合性旅游出行服务平台。淘宝旅行整合数千家机票代理商、航空公司、旅行社、旅行代理商资源，为旅游者提供国内机票、国际机票、酒店客栈、景点门票，国内国际度假旅游、签证（通行证）、旅游卡券、租车、邮轮等旅游产品的信息搜索、购买、售后服务的一站式解决方案。全程采用支付宝担保交易，安全、可靠、有保证。

1. 淘宝旅行的发展

淘宝产品主要有机票产品、旅游产品、特色客栈、旅行团购等。这是一个成长的路径，淘宝旅行 2009 年只有 2 亿的交易额，到 2013 年年底做到了 100 亿交易额。2012 年 5 月淘宝旅行平台上线，2013 年 3 月团购业务上线，8 月手机客户端上线。

目前，在淘宝旅行平台上的每一天大概是这样几组数据：机票 2. 6 万张、酒店 2 万间、旅游 3. 5 万笔。业务模型有一部分已搭建完，还有一部分没有完成。已搭建三个模式——常规性 DIY、B2C、C2B 的频道，且搭建一个社区的平台。

现在的运营结构，淘宝旅行的店铺已经完全上线，除了店铺里面可以卖很多东西，现在也做很多直连的项目，为所有的企业提供一个直销的频道。

淘宝旅行上的用户和整个淘宝全网的用户结构有别，在旅游的板块里面有行业的特点，使用的人群也不一样；性别的比例和淘宝的全网也不同，女性多于男性；地区的分布主要为渤海湾、长江三角洲、西南等。

淘宝旅行朝着一个开放的平台开放一些资源，主要有七个方面：数据、店铺、商品（通过淘宝的联盟）、用户、产品（ISV 引入）、交易（OPNE 的 ID 和 ALIPAIY）、服务器。

淘宝旅行平台在社区性的网站上面可以植入。现在这个平台和一些地区性的官网如旅行局打交道，如与山东观光网结合。

这个平台上有一些企业级的用户。2013 年 2 月刚刚上线的中青旅，到 2013 年年底在这个平台产生的交易额超过 5000 万，现在正在植入的是南航。无线业务，淘宝希望做一些和别人不一样的。目前，在淘宝旅行上的团购平台，中青旅的马尔代夫线路成为经典案例，这个产品开始做得非常成功，现在基本上每个月都有一个六日的马尔代夫旅游。

2. 淘宝旅游的服务模式

淘宝旅行采用直销模式，为众多互联网旅游企业提供产品销售平台，其盈利来源是佣金，特点如下。

（1）差异化的产品定位

淘宝旅行第一次在在线旅游市场实现了一个可能，即“个性化定制”的团购，这意味着以消费者需求为中心、网络定制的个性化时代已经到来。消费者参与数量越多，最终形成的旅游线路越多元化，并采取“人越多越便宜”的模式进行团购。

（2）突出的低价优势

淘宝旅行是网店平台，各大旅游公司都可以直接在淘宝建立旗舰店销售，由于摒弃了中间环节，通过平台买家时常可以获得其他代理商渠道无法提供的最低价格，具有价格竞争优势。

（3）安全的支付系统

在目前国内信用保障体系不完善的情况下，阿里巴巴集团重要的第三方支付产品——支付宝的诞生为C2C买卖双方提供了安全保障，也是淘宝旅行等网站得到快速发展的重要原因。淘宝网开创了电子商务新时代，淘宝旅行在此基础上通过旅游团购等的创新，实现了旅游大众化的目标。

3. 淘宝旅游的核心能力

淘宝网依托阿里巴巴在企业网上交易市场服务的经验、能力及对中国个人网上交易市场的准确定位，迅速占领了国内个人交易市场的领先位置，创造了互联网企业的一个发展奇迹，真正成为有志于网上交易的个人的最佳网络创业平台，它的核心能力主要体现在以下两方面：

（1）第三方支付平台——支付宝

支付宝是阿里巴巴公司针对网上交易而特别推出的第三方支付平台，专门提供安全付款服务，其运作的实质是以支付宝为信用中介，在买家确认收到商品前，由支付宝替买卖双方暂时保管货款的一种增值服务。它是淘宝网安全网络交易的核心保障。旅游电子商务网站引进像支付宝这样的第三方支付平台，解决了游客在线预订最关心的问题，通过诚信的第三方作为中间人，从而确保交易的顺利完成。

（2）沟通方式

在双方无法当面交易的情况下，有效的沟通方法就显得特别重要，旅游电子商务网站可以借鉴淘宝模式，引进像“淘宝旺旺”之类的通信工具，这样不仅可以使用电脑屏幕及时显示双方对话内容，也可以通过麦克风、耳机、摄像头进行声音、图像等更加直观的交流，弥补无法当面交易的各项短处。最重要的是，也可为日后处理纠纷提供部分历史记录。

4. 淘宝旅游的营销模式

（1）优化淘宝网旅游网店的页面

百度推广、淘宝旅游频道等网络营销方式已成为当今大多数旅游公司获得客源的主要手段。电子商务不受区域和时间限制，直接面对消费者的特点，让更多旅游企业看到公司发展的一条新道路；网页便捷的产品展示的特点，让大多数的旅游公司更便捷地去做一些副产品开发的提前预订；隔日发货的网购特点，让更多的旅游公司减轻了压货的风险。

在中国，淘宝网作为电子商务交易最为频繁的网站，支付宝每日的交易量占中国第三方支付交易量的90%以上。90%以上的旅游公司，有需要通过网上支付的，都通过支付宝来完成交易。中国的旅游公司电子商务的营销，更多的是在淘宝上营销的。

要做好淘宝的营销，关键是必须做好对消费者需求的把握，以及怎样吸引消费者；而要在淘宝网上吸引消费者，最基本的是优化网店的界面（店铺装修、宝贝详情描述、宝贝分类）。店铺装修是网上营销的一个最基本要素，旅游网店尤为明显。网上的店铺和线下的实体店一样，是一个公司的脸面。而B2C模式的旅游网店不同于B2B模式，主要是靠产品的低价格吸引渠道商，由渠道商来做面对消费者的终端。B2C模式是直接面对旅游消费者，所以旅游网店的页面，就是消费者对网店的第一印象。淘宝店铺的装修，是按照其划分的模块分别进行装修的，一般要进行五部分的装修，包括商品店标、公告模板、分类、导航和商品描述。而店铺产品装修的精髓主要在于商品照片的处理和美化，要尽量把每一个产品的图片做得精细，与众不同，做到一种让消费者过目不忘、有极强购买欲的效果。

（2）巧用淘宝网旅游网店的工具软件促进营销

淘宝网作为中国目前发展最为成熟的电子商务平台，给旅游企业提供了很多便利的营销工具，我们可以利用这些工具软件促进旅游网店的营销。

量子统计软件是淘宝开发的功能强大的数据分析系统，它可以实时统计店面的访问量、平均访问深度、受访宝贝、访客来源、访客区域等。让旅游企业节约大量营销效果分析时间，节省大量数据搜集统计费用，提高企业生存竞争力。通过宝贝被访排行系统，可以轻松地了解旅游产品的受众程度；根据旅游产品的受众程度不同，合理地调配囤货的比例；利用旅游产品的转化率（成交用户数占产品访问数的百分比），可以测算出哪些旅游产品浏览的人数多却成交少，而哪些产品浏览的人数少却成交率高。再通过与其他一些旅游网店的比较，归纳出旅游产品销售产量多少的原因。是因为价格问题，还是因为客服问题，从而改善企业的内部环境，提高服务品质、产品质量，提升企业的核心竞争力。

同时，量子统计包含的实时客户访问系统也是可以被利用的一个非常好的营销工具。通过系统，可以提前预知客户的来源渠道（本地、外地），客户查看的产品，在消费者咨询前，客服已对消费者所需有大概的了解，通过与消费者的交流，挖掘出消费者潜在购买的旅游产品，提升与消费者的默契度，达到销售量的提升。

合理利用淘宝的搜索引擎，提高旅游产品搜索率。消费者如何通过淘宝网去寻找心仪的旅游产品，在旅游大类目下的哪种小类目下才能找到旅游企业销售的产品，是每个把消费者作为终端的旅游企业需要了解的。

（3）开展旅游网店线上活动营销

2012 年 5 月，淘宝网旅游频道正式启动淘友团丽江活动。2013 年，凭借聚划算（团购）、淘宝 VIP、淘宝天天特价等多个活动板块的宣传，活动共提供 100 多个展位，多家旅游公司参与其中，活动取得了丰厚的效益。类似的这种新型团购或者促销活动，已经成为淘宝网旅游网店的一个新型营销手段。凭借淘宝网大量的用户基数，这种先行预订、后根据人数消费的活动形式，已经得到大多数旅游企业网店的欢迎，让企业旅游网店的接待人数得到飞速提升，很多也许是大型旅游公司通过数以百计的线下门店才能达到的业务量，通过活动的形式，小型的旅游公司也能在短期内达到同样的量。等活动结束后，又可以策划新一批的活动，这样使淘宝网上一些旅游网店（公司），把营销的重点放在了电子商务的售后服务和产品更新上，别出心裁，避免了与大型的旅游公司在线下市场激烈的火拼。通过长期对消费者数量的积累，还可以将线上的新的活动传递给老的顾客，提升消费者对淘宝旅游网店的忠诚度。

（4）推出即时的消息营销

好的产品依然需要后期的宣传与营销，特别是类似于旅游产品这种即时消费产品。很多时候消费来源于客户看到活动产品的冲动。而怎样才能把活动有效直接地传递给消费者，一个不错的方法就是运用我们现有的聊天工具。首先，我们想到的是淘宝的即时聊天工具阿里旺旺。通过阿里旺旺的指定发送功能，可以把自己想要宣传的产品，通过链接图片、文字等形式传达给消费者。其次，还可以应用与旅游相关的 QQ 群、MSN 论坛、手机短信等，通过软文、电子邮件等形式进行宣传。不同的消息方式有不同的特点，还可以通过微博这种新型营销方式，赚取活动的噱头，引发广大消费者踊跃参与淘宝宣传的旅游产品。

（二）快的打车

快的打车由杭州快智科技有限公司研发，是中国首款便民打车的智能手机应用，也是国内最大的手机打车应用。该软件为打车乘客和出租司机量身定做，乘客可以通过 App 快捷方便地实时打车或者预约用车；司机也可以通过App安全便捷地接生意，同时通过减少空跑来增加收入。快的打车现已覆盖到全国45个城市，用户数超过2000万，司机数量超过35万，市场占有率超过50%，是目前国内最好用、人气最高的打车软件，被誉为打车“神器”。

2014年2月17日下午，支付宝和快的打车宣布，从18日起升级补贴方案，使用快的打车并用支付宝扫码支付的乘客每单返现11元，司机用App收款，北京、杭州、合肥三地首单奖励50元。

2014年2月18日，快的表示从15点开始，用快的打车并用支付宝付款每单最多给乘客减免13元，每天2次。

2015年2月14日，快的打车与滴滴打车宣布进行战略合并。

1. *发展历程*

2012年5月，杭州快智科技有限公司成立。

2012年8月，快的打车在杭州上线。

2013年4月，快的获得阿里巴巴、经纬创投1000万美金的A轮融资。

2013年6月，快的打车开通全国30个城市。

2013年7月，快的打车与去哪儿、高德地图、百度地图、支付宝形成战略合作伙伴，为其打车功能提供服务支持。

2013年8月，快的打车接入支付宝，成为全国唯一一家可以通过支付宝在线支付全部打车费用的打车App。

2013年8月底，快的打车在北京召开快的打车2.0版本发布会，首创起点精准定位、即时追踪距离、智能推送机制、用户积分等级和VIP功能。

2013年8月，快的打车用户下载量超过1000万，其中司机使用量超过20万。

2013年9月，快的打车进军香港，成为国内首家进入香港市场的打车App。

2013年10月，易观国际发布数据显示，快的打车占全国打车App行业整体市场份额的41.8%，位列行业第一。

2013年11月，快的打车城市数量达到35个，用户量突破2000万，司机数量达到35万，居行业榜首。

2013年11月，快的打车宣布收购大黄蜂打车，收购完成后，快的打车在上海、广州两个一线城市的市场份额超过80%，全国市场份额超过50%。宣布收购的同时，作为投资方的阿里巴巴宣布，将连同其他财务投资人一起注资近亿美元支持快的打车的发展。

2013 年 11 月底，快的打车与支付宝联合推广线下出租车市场，不到 1 个月的时间里，北京市内支持支付宝付车费的出租车已超过 2 万辆。

2013 年 12 月 18 日，快的打车旗下大黄蜂宣布推出商务车服务。12 月，快的打车城市覆盖数量超过 40 个，稳居行业第一。针对“快的打车补贴活动即将结束”的传闻，快的打车于 2014 年 1 月 10 日发声明辟谣，并无结束活动的打算，补贴政策仍将继续。快的打车宣布，活动期间，全国日均订单量已达 128 万，单日最高订单量突破 162 万，其中使用支付宝钱包付车费的日订单数最高突破 60 万。

2014 年 1 月 10 日，快的打车活动期间全国日均订单量已达 128 万，单日最高订单量突破 162 万，其中使用支付宝钱包付车费的日订单数最高突破 60 万。

2014 年 2 月 17 日，支付宝和快的打车宣布，将升级补贴方案。快的方面同时表示，其打车奖励金额永远会比同行高出 1 元钱。

2014 年 3 月 4 日，打车软件的“补贴”大战开始降温，快的打车和支付宝钱包发布了致用户的一封信，宣布调整打车补贴方案。

2014 年 6 月 11 日，快的打车宣布在全国推“打车返代金券”活动，乘客每次使用快的打车成功打车并完成在线支付后，都将得到一定金额的快的打车代金券，可以在下次打车支付时直接抵扣车费。活动将持续一周时间，乘客打车并支付成功后即可随机获得 1~10 元金额的打车代金券，并于次日返还到乘客的账户当中。

2014 年 12 月，快的打车旗下的一号专车宣布进军企业级市场，将上线国内商务租车领域的第一个企业版产品，将专车竞争从 C 端引入 B 端。

2015 年 1 月 15 日，快的打车完成新一轮总额 6 亿美元的融资，由软银集团领投，阿里巴巴集团以及老虎环球基金也参与了此次投资。

2015 年 2 月 14 日，快的打车与滴滴打车宣布进行战略合并。新公司实施 Co-CEO 制度，滴滴打车 CEO 程维及快的打车 CEO 吕传伟同时担任联合 CEO。两家公司在人员架构上保持不变，业务继续平行发展，并将保留各自的品牌和业务独立性。

2015 年 12 月 8 日，滴滴宣布，欢迎雅虎联合创始人及雨云创投（AME Cloud Ventures）创始合伙人杨致远出任滴滴快的董事会观察员和公司高级顾问。

2. 管理团队

陈伟星，杭州泛城科技董事长兼首席执行官（CEO），快的打车移动 App 应用创始人，泛城文化创意产业基金创始人。

3. 核心能力

操作更简单，男女老少都会用，界面简洁、清爽，完全不受广告的侵扰。操作功能一目了然，打车信息发布推送一气呵成，像微信一样简单容易。35 万司机用户，覆盖全国 45 个城市，60 秒应答率达 80%以上。发布打车需求后，司机一秒接收，乘客最短时间打到车，司机不再满街空跑。

GPS 自动定位，智能推荐目的地，拒绝烦琐输入。同时支持语音发单，只需说出要去的地方，软件就会识别要去的位置，定位目前位置，并显示附近出租车信息，随时随地轻松打车。

语音、图片、文字三重交流，双方实时顺畅沟通，还能查看司机位置和预计到达时间，乘客不再被拒载，司机收入更直观。

乘车之后双方互评、完善的信用评价体系，让打车出行更放心。

（三）穷游网

穷游网是中国一家运用互联网电子信息技术，提供跨国多目的地（以海外为主）的中文旅游资讯和在线增值服务的网站。网站 2004 年诞生于德国中国留学生宿舍里，2008 年正式成立公司运营，倡导以“节省费用”的方式自助旅行，提供关于旅行目的地、交通及住宿等资讯服务，并通过酒店、机票等佣金获取收入。为消费能力强且追求旅游品位和质量的全球旅游者提供旅游一站式服务。网站的服务宗旨是：“改变亿万中国人的旅行观念，提高亿万中国人的旅行质量。”

“穷游”精神是一种“背上行囊，清爽上路，简朴行走，自由心灵，穷尽天下美景”的潇洒生活方式。有两层含义：（1）节省费用。如何在享受自助旅游带来的尽兴和自由的同时，做到最大限度地省钱一直是其核心主题。（2）游遍。立志花最少的钱、最少的时间，靠自己的力量自助游遍整个世界。

1. 发展历程

2004 年 2 月，穷游网由一位在德国汉堡市留学的中国留学生创办。开始网站的名称是“穷游欧洲”。主要内容只是涉及在欧洲的自助游，主要用户来自欧洲华人。

2006 年 2 月，穷游网改版，名称改为“穷游”，加入了其他各大洲的自助游板块，使其旅游信息量覆盖到了全球，而且开始受到中国内地旅游爱好者的关注。

2006 年 7 月 3 日，中国中央电视台国际频道的《环球 360》栏目对“穷游”做了专题报道，“穷游”在中国内地的影响力进一步扩大。

2006 年 9 月 4 日，在中国《三联生活周刊》2006 年第 33 期中，被推举为对华人“最有用的旅游网站”之一。

2007 年 2 月 5 日，在中国《互联网周刊》2007 年第 3 期中，被评为中国 30 个酷网站之一。

2009 年 2 月 26 日，中央电视台财经频道《财富故事会》对穷游网给予了详尽的报道，以创办者自己的创办经历来启示人们在网络上寻找商机的灵感。

2012 年 3 月 20 日，穷游网启用更简短、更易于记忆和传播的全新域名 qyer，原域名作为穷游的副域名将以跳转的方式一直存在下去。

2012 年 5 月，穷游网和穷游锦囊两款 App 首次上线。

2013 年 1 月，穷游网推出核心工具产品“行程助手”，旨在帮助出境游用户更便捷地 DIY 旅行计划。

2013 年 3 月，穷游网推出汇集了自由行产品的电商平台——“穷游折扣”，后更名为“最世界 自由行”。

2013 年 5 月，穷游网与国际航班搜索网站“天巡”建立合作伙伴关系，共建“穷游机票频道”。

2013 年 6 月，穷游网推出“最世界 自由行”（原“穷游折扣”）电商 App，方便手机用户购买自由行折扣产品。

2013 年 8 月，穷游网完成阿里巴巴领投，挚信资本跟投的千万美元 B 轮融资。

2014 年 3 月，穷游网推出旅行生活美学品牌“穷游生活实验室 Q-Lab”，打造穷游文化周边产品。

2014 年 5 月，穷游网基于全部 PC 端的内容整合移动应用，升级了穷游 App，涵盖目的地、社区、锦囊、折扣等众多功能。

2014 年 6 月，穷游网与短租鼻祖 Airbnb 达成独家战略合作。

2014 年 11 月，穷游网与创新科技企业 Uber 达成海外战略合作，与穷游核心产品行程助手完成 API 接口对接，解决海外游交通痛点。

2014 年 10 月，穷游网 10 周年，在全国多地举办庆典活动。

2015 年 1 月，穷游网推出“行程助手”移动端 App，帮助用户快速制定旅行行程。

2015 年 3 月，穷游网与中国国家地理联合举办“发现最世界”2014—2015 全球榜单颁奖礼，发布《2014 出境自助游行业报告》。

2015 年 8 月，穷游网首家 Q-Home 在清迈成立，定位为海外旅行综合体，集旅行咨询中心、旅行社、穷游 er 海外据点、文化交流平台等功能于一身。

2015 年 11 月，新版穷游锦囊 App 上线，设计更优化，涵盖目的地更广泛。

2015 年 12 月，行程助手作为唯一旅行规划类 App，成功入围苹果 App Store“2015 年度精选”。同年也入选“小米应用商店的最佳应用”。

2016 年 1 月，穷游网携手 DJI 大疆创新共同推出首部专门针对无人机用户旅行航拍的中文指导手册。

2016 年 1 月，穷游网完成众信领投，挚信资本跟投的近 6000 万美元的 D 轮融资，市值估计达到 30 亿人民币。

2016 年 4 月，北京边检正式入驻穷游社区，在线解答签证疑问。

2016 年 5 月，穷游网发布旗下新品牌 JNE（原穷游生活实验室 Q-Lab），源自口号 Journey Never Ends，布局生活方式领域。同时，启动线下空间“JNE Gallery”，融合旅行图书馆、咖啡馆、沙龙分享会、美术展览等多种服务。

2016 年 5 月，穷游网与法国巴黎机场和巴黎大区旅游局签署合作协议，在巴黎推广中文旅行指南《穷游锦囊-巴黎》手册，帮助中国游客深度畅游巴黎。

2016 年 6 月，穷游网在泰国清迈 Q-Home 开设厨艺学校 Q-School。

2016 年 8 月，穷游网日本京都 Q-Home 开业，提供全方位的“一站式体验”，涵盖信息咨询、预订、行程规划、文化活动体验以及穷游特色 City Walk 线路售卖等多种服务。

2016 年 10 月 15 日，穷游网 2016 JumpDay 大型主题活动在上海开幕。

2016 年 11 月，穷游网与米其林指南签署战略合作协议。

2016 年 12 月，穷游锦囊 2016 旅行榜单出炉。

2017 年 3 月，穷游网举办“2017 穷游平台商家年会”，全球 200 多家出境游自由行产品供应商代表参加了此次盛会。

2017 年 5 月，穷游网与欧洲铁路公司签订商业合作协议，成为欧铁 GSA（全球一级代理商）。

2017 年 6 月，穷游网主办，并联合世界自然基金会（WWF）、国际野生物贸易研究组织（TRAFFIC）、森林管理委员会（FSC）宣布成立“负责任旅行联盟”。同时推出《负责任的旅行》指南。

2017 年 7 月，穷游网与新西兰旅游局携手达成未来一年内主推新西兰旅游目的地“走进‘长白云之心’”合作协定，并举行“走进‘长白云之心’，体验别样新西兰”新闻发布会暨主题分享会。

2017 年 9 月，穷游网与微信达成战略合作，联合发布了穷游智能攻略小程序，实时推荐游玩线路，帮助中国游客提升境外旅行体验。同月，穷游提出“用创造定义旅行”全新品牌价值主张，迸发出品牌创造新热情。

2017 年 10 月举办“2017 穷游年度旅行者峰会”，发布 TOP50“2017 穷游年度旅行者”榜单。

2018 年 11 月，穷游第二届年度旅行者峰会在上海举办，发布 TOP50“2018 穷游年度旅行者”榜单。

2019 年 7 月，穷游第七届“轻年计划”启动，免费提供 100 张国际往返机票，给 100 位年轻人一个“看世界”的机会。

2019 年 9 月，穷游加入“世界旅游城市联合会”，成为世界旅游城市联合会会员。

2019 年 9 月，穷游网与阿塞拜疆旅游局签署谅解备忘录，正式建立战略合作关系。

2019 年 9 月，穷游网正式加入“世界旅游联盟”。

2019 年 12 月，穷游第三届年度旅行者峰会在重庆举办，发布 TOP50“2019 穷游年度旅行者”榜单。

2020 年 2 月，穷游网上线“新冠肺炎疫情及出行信息动态”平台，实时为用户展现疫情最新动态、出入境政策、航司最新政策、疫情快讯等。同月，穷游发起“天使计划”活动，支持 50 位天使圆梦旅行计划。

2020 年 4 月，穷游网成为中国旅游景区协会的协会会员单位。

2020 年 8 月，JNE Group 品牌发布，穷游网正式成为其旗下品牌，并启用全新的 Logo。

穷游锦囊是由穷游网策划并组织网友集体编写的一份最精练、最实用、最新鲜的免费迷你城市系列旅行指南。

特色 1：穷游锦囊是全免费的。

不让网友多花一分冤枉钱，也符合穷游网一贯的宗旨。

特色 2：可以做到速度最快的更新。

由于不涉及印刷以及递送，电子版的穷游锦囊更新频率以分钟计。

特色 3：穷游锦囊是穷游儿们集体贡献的结果。

只有用户自己才最了解用户最需要什么样的信息。只有用户最清楚什么样的信息才会在用户的旅行中起到最大的作用。

特色 4：穷游锦囊最环保。

穷游锦囊系列是以城市来划分的。仅仅 10 页左右的穷游锦囊可以最方便快捷地存放在笔记本电脑、手机里。如果要打印，记得一定要双面打印。

特色 5：穷游锦囊的交友、应急、打折功能。

穷游网推出了长老手牌，可以随时在世界的任何一个地方下载，打印后带着它们一起去旅行。穷游锦囊还会摇身一变成为一个拥有打折功能的打折卡。

2. 优势与挑战

优势：专注海外自助游，多年来积累了不错的分享氛围以及丰富的实用锦囊。

劣势：整站用户体验不好。用户生成内容（User Generated Content，简称 UGC）网站如何留住核心用户，如何保证源源不断的游记内容，需要进一步加强。佣金模式、利润还不够丰富。

机会：海外自助游的年轻人会越来越多，社会化电子商务正火，可以好好利用。

威胁：战线拉得太开，很多方面将变得很难做细、做深。

三、阿里巴巴旅游的商业模式

阿里巴巴之所以会取得如此骄人的业绩，究其原因在于其良好的、明确的商业模式。其出色的赢利模式符合赢利的强有力、可持续、可拓展的特点。

（一）产品及产品特色

阿里巴巴旅游的主要产品有机票产品、旅游产品、特色客栈、旅行团购等，即淘宝旅行产品。

1. 机票产品

和航空公司、机票代理商合作，量身定做适合机票行业的支付宝担保交易流程，保障资金安全的同时节省资金到账时间。无须买家确认收货，系统可自动判断票号是否有效，确认后将资金转入卖家账户，保证买卖双方资金安全。

目前，淘宝旅行平台，已有东方航空、深圳航空、中国联合航空、昆明航空、幸福航空 5 家航空公司开设了旗舰店，向会员直接提供机票预订服务，航班信息第一时间与航空公司航班信息同步，24 小时支持快速自动出票，同样可使用支付宝进行在线交易。

2. 旅游产品

沿用淘宝现有担保交易流程，买家确认收货以后，资金转入卖家账户，买家可对卖家服务做出评价。

3. 特色客栈

平台拥有 3 万余家酒店、经济连锁、客栈、青年旅舍、个人公寓、家庭旅馆等。

4. 旅行团购

淘宝旅行联合聚划算，推出了旅行团购服务。每天提供特价周边游、长线游、国际游等旅行信息。

从以上产品不难看出，整个淘宝致力于打造一个在线商圈。淘宝旅行是淘宝网旗下的一个综合性旅游出行服务平台。截至 2014 年 4 月，有 2 万家旅行行业为买家进行服务。

（二）核心能力

阿里巴巴集团包括阿里巴巴 B2B 公司、淘宝网、支付宝、阿里软件和雅虎口碑 5 家公司，每一家公司都以服务为核心，其服务能力延伸至电子商务的多个环节，以客户、用户和合作伙伴为核心的开放思想，构成了完整的商业生态系统。

（1）阿里巴巴所独创的B2B模式。它可以把企业及供应商、制造商和分销商紧密联系在一起。

（2）极具凝聚力的企业文化。阿里巴巴的使命是让天下没有难做的生意，在此基础上凝练了阿里巴巴的价值观。

（3）坚固的管理团队。马云是公司创始人、首席执行官。他一直倡导中国企业要讲究团队精神，平凡的人在一起做一些不平凡的事，因此手下云集了大量的精英。

四、阿里巴巴旅游的运营评价

淘宝依托阿里巴巴强大的资源、客户量以及支付宝等优势，进军在线旅游搜索，一定会对去哪儿这类在线旅游搜索产生重大的竞争影响。阿里巴巴对在线旅游业务板块的野心越来越大。在之前进入机票预订、成立淘宝旅行，并将淘宝旅行及支付宝航旅统称为阿里巴巴航旅之后，阿里巴巴又开始进入在线旅游搜索领域，启动酒店搜索比价服务，还投入千万元建立用户成长计划。

（一）优势

依托阿里巴巴强大的资源、客户量以及支付宝等优势，可以吸引大量的客户。阿里巴巴目前在国内电子商务领域已发展为国内规模最大的电商企业，在品牌推广、客户服务、信誉保护、物流建设等方面已非常成熟，其建立的以阿里巴巴、淘宝为中心的“生态系统”，均以服务商家与消费者为中心。从目前的子公司布置来看，其体系建设已接近完善。坚持电子商务的专业化，并在外围构筑相关体系，使得目前的阿里巴巴旅游可以发展迅速。互联网企业普遍的有形资产优势使其不用过多考虑在有形资产上的成本，而将精力集中于技术、服务提升等方面。

（二）劣势

淘宝旅行网刚刚起步，其盈利模式也刚刚起步，并且市场认可度不高，在短的时间内不能开拓业务，品牌知名度需要进一步的提高，没有得到广泛的认可。以去哪儿网、酷讯网为代表的在线旅游平台近几年的崛起，已令更多的用户在订机票时养成了先比价再订票的习惯，而去哪儿网占据着酒店垂直搜索领域最大份额，对淘宝旅游造成巨大的威胁。

（三）机会

目前的机会在于中国在线旅游的迅速增长，还有许多线下旅游没有开发出来，旅游市场业务的互联网化，特别是机票、酒店、度假等旅游产品的查询业务将更多地在互联网上得到应用。其组织管理偏重于数字相关的高科技领域的开发与完善，公司开创的优越的数字服务给消费者带来高质量的享受，这都为阿里巴巴的进一步发展创造了机会。阿里巴巴可以通过电商平台和比价搜索的优势，与携程、去哪儿等分庭抗礼。

（四）威胁

相比携程、艺龙和去哪儿等专业的传统在线旅游服务商，阿里巴巴是后入行的门外汉，但是凭借其在电商平台和比价搜索领域的资源，正在不断打开进攻的缺口。近两年来迅速升温的在线旅游市场，巨头之间的对抗也将进一步升级。

五、阿里巴巴旅游的运营建议

自2010年5月推出淘宝旅行平台以来，阿里巴巴围绕在线旅游市场持续发展。2013年1月，阿里集团整合旗下旅游业务成立了航旅事业部；5月，宣布战略投资旅行记录及分享应用“在路上”；7月，一淘网高调进军旅游垂直搜索领域；阿里巴巴集团又发布公开消息，称将战略投资旅游资讯和在线增值服务提供商穷游网，为淘宝旅行提供旅游中的分享决策和旅游产品预订等服务。阿里巴巴采用了一系列措施来发展淘宝旅游。

（一）收购一些具有细分市场特色的旅游产品

2013年，阿里收购的各类和旅行有关的互联网产品已经达到4家，如在路上、穷游网、旅行资讯等，未来还将继续收购更多的移动互联网上的旅行产品。阿里巴巴集团旗下购物搜索淘宝网宣布，联手携程、艺龙、同程、住哪儿、芒果网、青芒果6家在线旅游代理商进军酒店垂直搜索领域。

事实上，以去哪儿网、酷讯网为代表的在线旅游平台近几年的崛起，已令更多的用户在订机票时养成了先比价再订票的习惯。而去哪儿网占据着酒店垂直搜索领域最大份额，对各大在线旅游服务商（OTA）的发展造成极大威胁，尤其是在百度注资之后，去哪儿网和众多OTA的矛盾越来越激化，

“TTS 系统”事件便是最好的例子。

淘宝也正是抓住了去哪儿网的“弱点”，拉拢“背叛”去哪儿网的 OTA 合作伙伴。一淘网的出现，让包括携程、艺龙、同程在内的各大 OTA 看到了打破行业垄断格局的机会，纷纷与一淘网展开合作。淘宝旅行相关负责人也表示，淘宝旅行会全力支持淘宝酒店垂直搜索，和一淘共享酒店的一些基础的数据库，还会在流量、市场上面有大的合作。淘宝涉足在线旅游是为了提升阿里在旅游板块的利润率，虽然没有采用去哪儿网的点击付费模式，但将会与合作 OTA 之间根据有效订单做结算分成，并在广告营销上获得不菲收入。

作为平台提供商，淘宝旅行能在短时间内异军突起，与其低价的竞争力密不可分。比如，在机票业务上，除了淘宝本身收取的服务费用低，其开放平台战略也为其积聚了大量的资源，包括入驻的不夜城航空、网逸航空等多家一线机票代理商，能够从航空公司拿到较高的代理费返点，因此在机票价格上也很有竞争力。

阿里集团此前公布的数据称，淘宝旅行已拥有 800 多个 IATA 认证的航空企业卖家、10 万间可预订酒店、200 万条旅游商品信息，携程、艺龙、同程、驴妈妈等旅游网站也悉数入驻。对于携程、艺龙、同程等 OTA 来说，淘宝网庞大的用户覆盖量和电商流量是吸引其入驻的因素。

（二）整合被收购企业和阿里现有的资源

在这一点上，阿里内部存在分歧，即整合到什么程度，如果不整合，如何避免对这些新收购的产品造成业务冲击，目前仍然在讨论中。目前，内部有一个不成熟的草案是：

1. 定型期——升级“在路上”这款产品

一种是将在路上旅行网团队和产品原型纳入事业部，并申请一个新的名字。另外一个方案是，研发制造一款新的产品，模式和体验接近在路上这款产品。唯一不同的是，可能会以国内市场为主。为了便于大家理解，我们姑且称新产品叫“云游”吧。

用户通过云游可以实现在路上 App 过去的全部功能，如上传和分享旅游地照片、私信沟通交流等。另外，还增加了支付功能，便于用户通过它购买穷游网、淘宝旅行乃至淘宝网的业务。另外，还要邀请旅游达人入驻（这是些可以提供旅游服务的个人或组织）。

2. 充实期——提供多种增值服务

道具购买、网盘空间、交流表情。线下则可以开展大量的同城会和交流会，促进旅行产品的集体展销。另外，由于移动互联网定向的特征，阿里希望“云游”能开展广泛的商务合作（如和高德地图合作），共享某些线下的服务商资源，让世界充满“亲”的声音，将本地化服务做扎实。

3. 成熟期——成为旅行信息银行

打通几款产品之间的数据界限，便于淘宝更精准地推荐商品和服务。同时，也能给所有的旅行服务提供商提供数据服务。

（三）未来的可能

移动互联网改变了人们获取服务的方式。一款产品是否足够移动，直接决定了它是否能在移动互联网条件下满足用户的需求。这些旅游产品对于PC端产品的冲击都是显而易见的。可以肯定，未来在PC端订票和开房的人会更少，OTA模式将面临更大的考验。另外，用户可以直接通过云游和各种提供旅游服务的达人与企业接触，OTA不再是唯一通路。

相比百度去哪儿的比价、携程的在线预订（其实还包括线下品质保证）仅仅满足一瞬间的需求外，阿里可以或者需要做得更多，它能在用户旅行时帮助用户解决所有困难，也可以帮助用户在非旅行时期分享别人的旅行乐趣，定制自己的旅行计划。

“细分市场”这一点决定它不可能彻底颠覆现有的所有旅游行业的商业模式，自然包括携程、艺龙、去哪儿，乃至QQ旅游。纵使未来阿里的云游做大做强，它也没打算通过这个产品颠覆谁，也不可能彻底取代谁。但是，如果它确实做好了服务，满足了它想要服务的白领和年轻家庭的话，它成为隐形冠军未必不可能。

参考文献

［1］Isaeva Dinara，李旭芳．中国旅游电子商务发展现状分析［J］．物流科技，2021，44（05）：79-80，83.

［2］埃弗雷姆·特班，戴维·金，李在奎，等．电子商务：管理与社交网络视角（第八版）［M］．占丽，徐雪峰，时启亮，等译．北京：中国人民大学出版社，2018.

［3］曹小英．旅游电子商务［M］．成都：西南财经大学出版社，2015.

［4］陈樱．旅游电子商务［M］．厦门：厦门大学出版社，2015.

［5］胡桃，陈德人．电子商务案例及分析［M］．北京：北京邮电大学出版社，2020.

［6］肯尼斯·劳东，卡罗尔·圭尔乔·特拉弗．电子商务［M］．袁勤俭，张一涵，李之昊，等译．北京：清华大学出版社，2018.

［7］李东进，沈哲，秦勇，等．电子商务实务教程［M］．北京：中国发展出版社，2016.

［8］李伟，魏翔．互联网+旅游："在线旅游"新观察［M］．北京：中国经济出版社，2015.

［9］李云鹏，张楠，郑忠阳，等．旅游电子商务［M］．重庆：重庆大学出版社，2019.

［10］刘侠威，赵晓萌，龚康．移动社交电商：电子商务的下一个风口［M］．北京：机械工业出版社，2016.

［11］陆刚，丁超，杨建朝．旅游电子商务［M］．北京：中国物资出版社，2011.

［12］陆慧，孙建竹，王秋明．旅游电子商务［M］．北京：清华大学出版社，2015.

［13］陆均良，沈华玉，朱照君．旅游电子商务（第二版）［M］．北京：清华大学出版社，2017.

［14］欧海鹰．旅游电子商务企业案例分析［M］．北京：旅游教育出版社，2015.

［15］乔向杰．旅游电子商务［M］．北京：旅游教育出版社，2020.

［16］乔向杰．旅游信息化基础教程［M］．北京：中国旅游出版社，2016.

［17］宋文光．电子商务实训［M］．大连：大连理工大学出版社，2014.

［18］孙杰，崔晓东，李秀兰．旅游电子商务需求及发展模式探析［J］．旅游与摄影，2022（07）：30-32.

［19］汤跃光．旅游电子商务［M］．重庆：重庆大学出版社，2017.

［20］王璐．旅游电子商务发展对策［J］．当代旅游，2020，18（36）：15-16.

［21］王晓晶，钟琦．电子商务与网络经济学［M］．北京：清华大学出版社，2011.

［22］吴应良，左文明．旅游电子商务［M］．广州：华南理工大学出版社，2012.

［23］谢健民．我国旅游电子商务发展现状及对策探究［J］．当代旅游，2021，19（09）：25-26.

［24］杨路明，陈昱，刘明．旅游电子商务理论及应用［M］．北京：化学工业出版社，2015.

［25］杨韬．我国乡村旅游电子商务发展现状研究［J］．旅游纵览，2022（08）：194-196.

［26］余扬，潘春辉．旅游电子商务［M］．北京：旅游教育出版社，2015.

［27］余扬．旅游电子商务［M］．北京：旅游教育出版社，2017.

［28］张保国．我国旅游电子商务发展的现状及改善措施探讨［J］．旅游与摄影，2021（20）：31-32.

［29］张敏．旅游电子商务［M］．郑州：大象出版社，2016.

［30］朱彬. 基于 OBE 教育理念的旅游电子商务课程教学改革探究［J］. 科教导刊，2023（01）：76-78.

［31］朱彬. 专创融合教育理念下旅游电子商务课程教学创新研究［J］. 财经界，2022（35）：69-71.

［32］朱松节. 旅游电子商务［M］. 南京：南京大学出版社，2015.

［33］耿健美 . 携程旅行服务公司商业模式研究［D］. 青岛：青岛大学，2007.

［34］曾鹏 . 携程旅游网经营发展战略分析［J］. 商业研究，2006（01）：10-14.

［35］陈默 . 在线旅游移动端大战初现端倪［J］. 互联网周刊，2013（20）：26-27.

［36］王明宇，刘淑贞 . 中国领先的互联网旅游搜索引擎企业——去哪儿网的商业模式分析［J］. 电子商务，2013（12）：20-21.

［37］李文娟，周怡 . 旅游电子商务营销模式初探——以淘宝网旅游网店的建立与营销为例［J］. 邵阳学院学报，2013，12（01）：63-68.

［38］张晓玲，李东，赵毅 . 商业模式构成要素间的匹配性对企业绩效影响研究——以创业板及中小板企业为例［J］. 中大管理研究，2012（02）：140-163.